COLLECTION
LES GUIDES CULTURELS SYROS
Collection dirigée par Gaston Haustrate

Face à la complexité du savoir d'aujourd'hui, la démarche culturelle de l'homme contemporain implique une synthèse permanente que cette collection se propose de satisfaire.

En priorité centrée sur les modes d'expression et les formes d'art issus du XXe siècle, elle entend également donner à examiner les visages modernes des arts de tous les temps.

D'où un programme encyclopédique où, de façon claire et compétente (sans trahison, ni simplification abusive), sont présentées les évolutions historiques et esthétiques des modes de communication qui nous gouvernent et nous passionnent.

Titres parus :

LE GUIDE DU CINÉMA, par Gaston Haustrate
    Volume I (1895-1945)
    Volume II (1946-1967)
    Volume III (1968-1985)

LE GUIDE DU JAZZ, par Jean Wagner

LE GUIDE DU POLAR FRANÇAIS,
    par Michel Lebrun et J.P. Schweighaeuser

LE GUIDE DU THÉÂTRE FRANÇAIS, par Simone Balazard

LE GUIDE DE LA CHANSON FRANÇAISE,
    par Gilbert Salachas et Béatrice Bottet

LE GUIDE DU DESSIN DE PRESSE, par François Forcadell

LE GUIDE DU ROCK, par Philippe Bouchey

LE GUIDE DE LA BÉDÉ FRANCOPHONE, par Yves Frémion

LE GUIDE DE LA CHANSON QUÉBÉCOISE,
    par Robert Giroux, C. Havard et R. LaPalme

Photos de couverture : Carlos Gardel (Music Memoria) et Astor Piazzolla (Joel Meyerowitz)

© 1991 – Syros / Alternatives, 6 Rue Montmartre, 75001 Paris, France
    – Triptyque, C.P. 5670, succ. C, Montréal, H2X 3N4, Canada

ISBN : 2-89031-141-4 (Triptyque)
       2-86738-754-X (Syros / Alternatives)

le guide du tango

DU MÊME AUTEUR :

- *poésie*
  Traduit du jour le jour
  Montréal, *Les Herbes Rouges*, no 61, 1978
  Temps supplémentaire
  Montréal, *Les Herbes Rouges*, no 72, 1979
  Ajustements qu'il faut
  Montréal, *Les Herbes Rouges*, nos 84-85, 1980
- *essais*
  Mouloud Mammeri, Langues et langages d'Algérie
  (en collaboration) Montréal, *Dérives*, no 49, 1985
  Macadam tango
  Montréal, Triptyque, 1991
- *roman*
  Trente ans dans la peau
  Montréal, Triptyque, 1990

Remerciements

Merci à Robert Giroux, qui a eu l'heureuse idée de parler de tango à Gaston Haustrate — merci à Gaston Haustrate d'avoir cru à cette idée; merci à Diane : ça me serait plus difficile d'écrire sans ta lecture; merci à Ramón Pelinski, le premier *tanguero* de Montréal : au plaisir de continuer nos discussions sur la déterritorialisation du tango ; merci à CIBL d'avoir cru à l'idée de mettre du tango sur les ondes de Montréal, et aux auditeurs de *Macadam tango* : sans votre écoute, à quoi me servirait-il de parler de tango ? Merci à Michel Dupuis de m'avoir introduit à CIBL ; merci malgré tout à Sophie Randone et à Paul De Strooper de m'avoir enseigné mes premiers pas de tango ; merci à mes collègues et amis du Cercle tango de Montréal : James Harbottle, le maître des fonds de tiroir, et le plus chaleureux merci à Denis Beauchamp : sans toi, il manquerait un trait d'union entre Montréal et tango et je serais encore seul dans mon coin à écouter mes tangos — ce livre t'est dédié.

PIERRE MONETTE

le guide du tango

SYROS ALTERNATIVES

TRIPTYQUE

Coup d'envoi

D'une fin de siècle à l'autre

Le tango est une musique suspecte.

Tous les « arts mineurs » du 20e siècle (cinéma, jazz, rock, chanson, bande dessinée, polar, etc.) se sont vu accorder, avec les années, quelques titres de noblesse. Le tango, lui, est encore le plus souvent relégué au seul domaine de la danse sociale ; à force d'y côtoyer les rumbas bedonnantes et les mambos de belles-mères, le tango et ses états d'âme sirupeux semblent tout juste bons à être offerts en pâture à des vieux beaux accompagnés de femmes défraîchies. Guindée dans un costume clinquant, une rose fatiguée entre les dents, cette musique flirte trop avec les maquillages lourds, elle cherche trop à cacher son âge pour ne pas être une musique qui aurait fait son temps.

Lorsque le tango apparaît pour la première fois sur les pistes de danse du tournant du siècle, les bien-pensants lui trouvent mauvais genre ; après avoir été aseptisé par les convenances à papa, voilà qu'il fait dans le mauvais goût... Jamais du bon côté de la barrière, le tango est sur la brèche, comme s'il devait constamment se tenir en équilibre sur le fil très mince qui sépare la coquetterie (cet art du détail qui fait tout) du kitsch (cette tare du détail qui fait tache)...

Entre krach et kitsch

Après un purgatoire d'un demi-siècle, et malgré le parfum suranné qui continue à l'envelopper, le tango persiste pourtant à se pointer au rendez-vous des goûts du jour.

Krach et kitsch riment avec décadence, comme 1920 rime avec Berlin, Argentin... et tango. Quand le kitsch se découvre avoir de la classe, c'est que la fin du monde est à l'agenda des p.-d.g. ! Lorsque l'imagination ne sait plus jouer d'autres cordes que celles du rétro, l'avenir est en marche arrière.

Le tango nous revient avec une odeur de roussi qui colle bien à la peau de notre époque. Il nous force à admettre une certaine coïncidence : des premières comme des dernières loges du siècle, on voit se dessiner le même fond de catastrophes ; écho du râle de moribond que laissent entendre nos cultures, le tango se retrouve de nouveau à la mode parce que, parmi les musiques inventées au 20e siècle, celle-ci se fait l'écho de préoccupations qui se retrouvent, plus que d'autres, d'une actualité pressante.

Les faux jumeaux

Le jazz est l'innovation musicale la plus importante de notre siècle. Sans lui, ni le rock ni la chanson ni même la musique dite sérieuse ou contemporaine n'auraient pu être ce qu'ils sont devenus. Ce qui n'était, à l'origine, que l'expression musicale de la détresse et des espoirs des esclaves du sud des États-Unis, s'est avéré être le lieu d'un ressourcement essentiel pour la musique occidentale. Mais on ignore que c'est en suivant les pas du tango que le jazz a pu connaître un tel développement.

Bien que les influences du jazz apparaissent incontestablement plus manifestes, celles du tango ont toutefois été prépondérantes : au tournant du siècle, c'est lui qui, le premier, a fait se tendre l'oreille européenne du côté des nouvelles musiques populaires nées en Amérique. Introduit à Paris aux environs de 1905, le tango y suscita immédiatement une remarquable « tangomanie ». Thés-tangos, champagnes-tangos, chocolats-tangos ; en 1914, on donne même le nom de tango à une nouvelle couleur à la mode : un orange lustré très vif ! Jusqu'à Marcel Proust qui, dans *À l'ombre des jeunes filles en fleurs*, fera danser le tango aux jeunes gens en villégiature à Balbec.[1]

Jazz et tango sont nés à la même époque et dans des conditions similaires : au dernier quart du 19e siècle, dans les bas-fonds de misère de deux ports, de deux villes ouvertes sur le large. À New Orleans apparaît une musique noire, expression d'esclaves en quête de liberté, pendant qu'à Buenos Aires, une musique blanche est créée par des immigrants qui tentent de se remettre de la blessure de leur exil.

Le phrasé syncopé du jazz est l'expression d'un peuple qui, pour faire entendre sa volonté de briser les chaînes de l'esclavage, met à son profit les cassures rythmiques des musiques de ses origines africaines afin de pénétrer d'une manière définitive les structures traditionnelles de la musique occidentale : le jazz est un chant de liberté, manifestation d'un désir inassouvissable de briser les contraintes s'exprimant entre autres par la part primordiale accordée à l'improvisation. Au contraire, le tango ne laisse pratiquement pas de place à l'improvisation. Sur un rythme de base en 2/4 ou en 4/8, le tango est une musique plutôt répétitive :

rien ne ressemble tant à un tango qu'un autre tango ; la personnalité de chaque pièce, de chaque interprétation, ne tient qu'à des nuances, à des touches d'originalité au sein d'une monotonie mélancolique. Les grandes interprétations de l'histoire du tango sont à peu près systématiquement des reprises de quelques tangos célèbres : on dénombre littéralement des milliers de versions de *La cumparsita* et de *El choclo* — pour s'en tenir aux deux pièces les plus emblématiques du genre.

Les grands créateurs du jazz s'arrangent pour sortir le plus souvent possible des sentiers battus par les *standards* ; la gloire des grandes figures du tango tient à l'ingéniosité qu'elles investissent dans leur incessante réactualisation d'un même répertoire. Un auditoire de jazz s'attend à être étonné par de nouvelles improvisations ; l'amateur traditionnel de tango s'attend plutôt à ce qu'on lui rejoue encore et encore sa *Cumparsita*...

Les cicatrices de l'exil

Le tango est une musique d'immigrants. Il est né de la rencontre des millions d'Italiens, de Français, de Polonais, de Russes qui, au tournant du siècle, sont allés grossir la maigre population du désert argentin. On peut comprendre que des esclaves espèrent transformer leur condition, ou tentent à tout le moins de l'oublier ; la psychologie de l'immigrant se caractérise par une volonté féroce de ne pas oublier ses origines, de demeurer fidèle, malgré les distances, à ses racines.

L'immigrant possède une personnalité mélancolique. Il chérit la tristesse de son exil ; il ressasse ses souvenirs, pleure sur le bon vieux temps d'avant son départ. Sa détresse lui apparaît définitive et insurmontable — car s'il se sentira longtemps sinon toujours un étranger sur la terre qui l'accueille, il sait qu'il ne sert à rien de retourner à sa terre d'origine. Il n'est plus chez lui nulle part : il ne lui reste que des souvenirs auxquels il s'attache avec une fidélité résignée.

Le tango présente la même lassitude obsédante qu'on retrouve dans la parole mélancolique. Une personne dépressive n'a de cesse de ressasser sa peine ; incapable d'oublier, le mélancolique voit dans tout ce qui l'entoure une commémoration des raisons de sa tristesse. Comme un trou noir de l'âme, on trouve au centre de la personnalité mélancolique un traumatisme émotif (le plus souvent la perte d'une personne aimée, qu'elle soit morte ou qu'elle nous ait banale-

Le tango en 1919, dessin d'Édouard Malouze.

ment abandonné) dans lequel sombrent toutes les émotions qui peuvent se manifester à la conscience.

Il n'y en aura aucune comme elle — aucune.
Aucune avec ta peau, avec ta voix ;
[...]
Il n'y en aura aucune comme elle,
toutes sont mortes
dès l'instant où tu m'as dit adieu...

Ninguna (Aucune)
Homero Manzi ; **Raúl Fernández Siro**[2]

Ce texte décrit avec une rare exactitude cette perception mélancolique de l'absence de la personne aimée — absence qui recouvre dès lors de solitude et d'amertume toutes les autres présences : tout devient la trace de son absence ; toutes ces traces mènent dans la direction de son départ ; rien ne vaut plus la peine si elle n'est plus là... Selon la même logique, dans le tango, tout est reconduit à la fracture immigrante : les blessures amoureuses qu'il chante font voir les cicatrices d'un exil originel, fondateur de la culture argentine.

Fruit des rêves et des désillusions d'une population de déracinés, l'univers imaginaire dont se dote la culture argentine avec le tango devient un lieu où l'immigrant se donne une identité. Du sein même de sa personnalité indécidable, il devient malgré tout quelqu'un : un *tanguero* [3]. Puisqu'il ne peut trouver lieu nulle part, il se fera un royaume des *arrabales*, de ces faubourgs plus ou moins mal famés de Buenos Aires dont le tango sera le cartographe sentimental et affectueux.

Les personnes dépressives n'apprécient jamais tellement qu'on essaie de leur changer les idées ; elles attendent plutôt une consolation qui les confirme dans leurs raisons de s'attrister. Le tango s'obstine également dans ses idées noires — tout comme les vieux immigrants s'obstinent à chercher, de boutiques en boutiques, les épices rares mais absolument nécessaires pour cuisiner les mets de leur pays...

L'étranger intérieur

Cette tourmente de la mélancolie immigrante contribue grandement à faire du tango notre contemporain.

Nous n'avons plus besoin de partir bien loin pour nous découvrir aux portes de l'étranger : il se manifeste au sein même de notre culture — comme si l'Occident se découvrait incapable de revenir de sa longue entreprise coloniale... L'Occident perd de plus en plus ses couleurs propres ; sa blancheur auparavant si fière se fait blême : elle n'est plus que le canevas de nouvelles expressions culturelles. Les seules couleurs sous lesquelles peuvent se deviner, sinon une renaissance, du moins une certaine survivance de notre culture, sont désormais celles de la multiethnicité et de la transculture.

Plus besoin d'aller à l'étranger : l'étranger vient vers nous ! L'immigration est en train de sauver notre imaginaire de la grisaille culturelle qui enveloppe l'Occident. Attiré et fasciné par l'étranger depuis son origine (ne serait-ce que pour y étendre ses marchés), l'Occident est désormais habité par les dépaysements sur lesquels il s'est ouvert. Après avoir entrepris d'imposer ses valeurs au monde entier, voilà que l'Occident se découvre lui-même habité par l'étranger. Le *world beat* qui imprègne les manifestations les plus dynamiques de la culture contemporaine rend compte du fait que les cultures périphériques sont désormais sorties du ghetto du rattrapage économique dans lequel les avait enfermées l'Occident colonisateur.

Né d'un mouvement d'immigration, le tango apparaît alors doublement justifié de se pointer au rendez-vous de notre fin de siècle : le goût suspect qu'on lui trouvait dans les années vingt coïncide avec les incertitudes des années quatre-vingt ; de plus, la configuration mélancolique qu'il a développée à partir des conditions de son apparition coïncide avec la fatigue de notre postmodernisme. Il participe directement à la déterritorialisation de la culture contemporaine — qui est souvent confondue avec l'américanisation « décadente » de la culture mondiale dénoncée par la vieille Europe.

Les chants de l'Amérique blanche

L'Amérique est la fille du déracinement. Les trois véritables Amériques ne sont pas celles du Nord, du Centre et du Sud : ce sont les Amériques rouge, noire et blanche. L'Amérique des Amérindiens commence à peine, après avoir été forcée à des siècles de silence et de patience, à faire entendre sa voix — la seule voix des véritables Américains. L'Amérique noire est une Amérique de déportés ; l'Amérique blanche également, bien que le mouvement ait eu une base plus volontaire.

Les voix de ces deux Amériques ont indiqué sa voie à la musique du 20e siècle : l'Amérique noire a donné le jazz ; l'Amérique blanche s'est manifestée dans la musique *country*. Celle-ci, à travers la musique *folk*, a laissé une marque indélébile sur la chanson contemporaine. La thématique mélodramatique du cow-boy solitaire qui rêve à sa belle découvre un écho très sonore dans le tango — cette autre musique blanche, qui présente une même mélancolie virile aussi fière que pleurnicharde. Et il ne faut pas s'étonner que le retour de la musique *country* au palmarès des nouvelles modes musicales coïncide avec celui du tango. (Il est exemplaire que, avant de signer **Western Shadows,** leur plus récent album ouvertement *country*, le tandem **Lewis Furey** et **Carole Laure** s'était, dix ans auparavant, donné des *Alibis* on ne peut plus tango...)

À l'adresse de l'anonymat urbain

La plupart des musiques dites ethniques voyagent avec un lourd bagage de costumes nationaux : dans la flûte des Andes, la texture de l'instrumentation nous souffle l'idée d'un décor altimontain ; les musiques africaines se dessinent à même la luxuriance des forêts équatoriales ou la sécheresse de la savane. Toutes ces musiques plus ou moins folkloriques ne peuvent s'empêcher de nous faire « *voir du pays natal jusqu'à loucher* », pour reprendre la formule de Georges Brassens.

Il est à peu près impossible d'être à l'écoute de la *sono mondiale* sans obtenir une prime de dépaysement. La latinité édulcorée du cha-cha-cha et du mambo se présente sur fond de plages et de palmiers en carton ! Il est impossible d'écouter une samba sans voir du Brésil, d'entendre des mariachis sans penser à une carte postale du Mexique. Même le rock & roll a besoin d'un certain décor ou, à la limite, d'une allure qui affiche les couleurs de l'Amérique. Le blues a de l'Alabama dans l'âme ou du Chicago dans la peau.

De toutes les musiques d'Amérique, seul le jazz semble s'être détaché de son décor d'origine. Il ne s'ouvre plus sur le seul paysage de sa Louisiane natale, ni sur celui des petits clubs enfumés de New York. Il demeure qu'il faudrait être Noir et Américain, ou à tout le moins s'identifier à une négritude et à une américanité du cœur pour être en mesure de faire du vrai jazz. Les conditions de création du jazz demeurent relativement territorialisées — non en termes de territoires historiques et géographiques concrets, mais tant que ceux-ci deviennent des espaces imaginaires pouvant être habités à peu près par n'importe qui et n'importe où. Pourtant, l'écoute du jazz se déterritorialise entièrement.

De la même manière, il faudrait être *porteño* (« portègne » : habitant de Buenos Aires), ou se reconnaître dans le personnage pour faire du vrai tango. Cependant, alors

Carlos Gardel et **José Razzano** en 1918.

Le jeune et *gordito* : « petit gros »,
Gardel : toute sa vie, il aura des
problèmes de poids.

Carlos Gardel : New York, 1934.

que l'écoute du jazz se détache de ses décors d'origine, il est à peu près impossible d'écouter un tango sans y voir des hommes coiffés de chapeaux inclinés sur l'œil, accompagnés de danseuses aux robes voyantes, la jupe fendue trop haut sur la cuisse. Ce paysage particulier du tango présente toutefois un certain anonymat urbain qu'on ne retrouve pas dans les autres musiques ethniques et grâce auquel il nous apparaît moins étranger.

Jusqu'au 19e siècle, les manifestations de l'imagination populaire (ce qu'on appelle avec un certain dédain le folklore) étaient toutes de sources plus ou moins rurales. Avec le jazz et le tango, surgissent deux créations populaires d'origines citadines. Jazz et tango conservent, collées à leurs semelles, les traces des trottoirs qui les ont vus naître — une poussière plus fine que celle qu'on retrouve sur les gros sabots de la culture rurale.

Au détour de l'appartenance

Les inscriptions de ce territoire imaginaire sont certainement moins reconnaissables dans le cas du jazz que dans celui du tango. Habité de personnages qui sont les mêmes dans toutes les grandes villes, le paysage du tango est celui des premiers jours de la modernité urbaine. Fille des fleurs de trottoir qui baladaient leur solitude dans les bas quartiers de Buenos Aires, cette musique se découvre à son aise sur tous les trottoirs du monde. — Sur un trottoir, aucune identité culturelle ne saurait avoir des racines bien profondes. Aussi s'arrangent-elles sans trop de difficulté de la moindre fissure dans le béton.

> *où l'on m'invite, je demeure,*
> *et même si je suis de trop!*
> *Milonga del 900 (Milonga de 1900)*
> **Cátulo Castillo**; **Aníbal Troilo**[4]

Né d'une société d'immigrants, sans domicile fixe, le tango est une musique dont les itinéraires s'inscrivent à même les dérives qui traversent n'importe quel paysage citadin. À Paris, à Buenos Aires, à Montréal ou ailleurs, le tango donne ses rendez-vous à des coins de rues qui sont partout les mêmes, quelles que soient les latitudes. Sous son chapeau noir, sa robe trop rouge, on retrouve des personnages qui ne changent guère d'une ville à l'autre : ces *Beautiful Losers*, pour reprendre le titre du roman de Leonard Cohen, ces paumés magnifiques, petits souteneurs, surineurs au grand cœur, putains du petit matin, bourgeois déboussolés qui peuplent l'imaginaire des *Rues sans joies* qu'on retrouve dans toutes les villes du monde.

L'habit peut changer mais le Julot parigot, le *ragazzi* romain ou le *pimp* (le souteneur) du Bronx affichent le même luxe de pacotille ; les chambres des filles se parent de la même bimbeloterie criarde ; leurs clients sont les mêmes laissés-pour-compte de la réussite, les mêmes immigrants esseulés qui se payent un peu de bon temps au prix de lendemains encore plus miséreux...

Le tango est né dans les quartiers populaires et plus ou moins mal famés de Buenos Aires et de Montevideo (sa voisine d'en face, en Uruguay, sur l'autre rive du Río de la Plata), où des dizaines de milliers d'immigrants attristés se retrouvaient en compagnie de pauvres types et de pauvres filles pas tellement plus gais. Sous cet habit argentin, l'identité que le tango s'est donnée appartient à toutes les villes. Son personnage est citoyen de la marginalité : délinquant, dévoyé, c'est ce qui le rend séducteur — et ses tangos nous détournent des lieux communs de l'appartenance.

Au rendez-vous de la fin de l'histoire...

Le tango est le compagnon de route de ceux qui savent qu'il est déjà trop tard pour attendre quelque chose du lendemain. Il est le contemporain du *No Future !* qui mine tous les espoirs du jour. Plusieurs lancent ce cri avec une assurance rebelle ; le tango en a vu d'autres ! Le tango a survécu à ses propres désillusions et il sait que c'est ça le plus dur : survivre, avoir à oublier. Cette musique n'a de cesse de nous répéter que nous sommes toujours perdants. Aussi, est-ce peut-être chez les grands perdants de ce siècle, les immigrants, les chômeurs, les paumés de la vie, ce n'est qu'au cœur des blessures de la modernité que la vie est encore à vif...

La vie est une blessure absurde

La última curda (La dernière cuite)
Cátulo Castillo ; Aníbal Troilo

En dépoussiérant le décor des Années folles, le tango nous prévient que nous sommes peut-être à la veille des mêmes horreurs ; nous entendons dans ses refrains mélancoliques l'écho de nos déchirements les plus contemporains.

Le tango est depuis longtemps à l'heure du rendez-vous de notre fin de siècle, compagnon de route d'une époque qui devra sans doute payer très cher pour avoir eu la prétention d'être celle de « *la fin de l'Histoire* »...

* * *

Il est d'usage d'affirmer, dans ce genre de livre, que l'auteur ne prétend pas à l'exhaustivité ; non seulement n'en ai-je absolument pas la prétention, j'ai pris le parti de présenter un ouvrage incomplet.

Un musicologue argentin serait on ne peut mieux placé que moi pour faire un portrait global du tango et de son histoire. Certains l'ont d'ailleurs déjà fait, dans des ouvrages qui ne sont malheureusement pas encore disponibles en traduction. Je ne suis pas Argentin et ne peux espérer avoir accès à tous les documents de référence et à des discothèques à peu près représentatives de l'histoire du tango. Aussi ai-je pris le parti d'écrire ce livre selon le point de vue d'un étranger, à partir de la perception nord-occidentale du tango. Il serait stupide d'essayer d'en apprendre aux Argentins sur les aléas de leur musique et de leur culture. Par contre, je crois être en mesure d'informer convenablement les amateurs étrangers.

J'ai également décidé d'éviter de renvoyer à une discographie truffée de titres épuisés ou disponibles seulement en Argentine. Dans la mesure du possible, je me suis limité à la présentation d'enregistrements relativement accessibles sur le marché international. Évidemment, pareille discographie présente un éventail incomplet de cent ans de tango ; il m'apparaît cependant qu'elle permet de rendre compte de l'ensemble du répertoire.

L'importance des différents disques de tango est beaucoup moins significative et pertinente que celle des différentes interprétations. Contrairement à ce qui se passe avec d'autres musiques populaires, un musicien de tango ne fait pas sa marque avec un album mais avec telle ou telle interprétation d'un classique du répertoire, ou par le nouveau répertoire qu'il peut établir. Sauf pour les productions les plus contemporaines, bon nombre de disques de tangos actuellement disponibles sur le marché sont des compilations d'enregistrements anciens. Un même enregistrement peut être reproduit sur plusieurs réimpressions, et des interprétations de différentes époques peuvent se retrouver sur le même album. Pour toutes ces raisons, plutôt que de faire référence aux disques, il m'est apparu préférable de renvoyer directement le lecteur aux titres des différentes pièces.

Les noms des interprètes, groupes, compositeurs et paroliers figurent dans le texte en **gras romain** ; les titres des œuvres en *italique* ; les titres des albums en ***gras italique***.

Notes

(1) *À la recherche du temps perdu*, *I*, Gallimard, La Pléiade (« ancienne » édition de 1968 en trois volumes), p. 739, 879. Aussi étonnant que cela puisse paraître, Proust fait ici une erreur dans la chronologie. Publié en 1918, les événements que raconte *À l'ombre des jeunes filles en fleurs* se situent quelque temps avant l'affaire Dreyfus, soit aux environs de 1895 — une époque où le tango n'est même pas encore sorti des quartiers populaires de Buenos Aires ! Il est impossible qu'on ait pu danser le tango dans une station balnéaire française de la fin du siècle dernier. C'est au moment de la rédaction de *À l'ombre des jeunes filles en fleurs* que Proust aura entendu les premiers tangos qui envahissent alors les salons parisiens à la mode. Il se produit ici une curieuse interférence entre le temps de l'écriture (c'est-à-dire les années pendant lesquelles Proust travaille à la rédaction de son livre) et le temps du récit (l'époque pendant laquelle se déroule l'histoire qu'il nous raconte). Trois quarts de siècle et des milliers de lecteurs parmi les plus savants sont passés sur la *Recherche du temps perdu* sans qu'on remarque l'erreur. Elle est certes anodine, et loin de moi l'idée de dévaloriser le travail de Proust. Elle est cependant très significative de la perception qu'on se fait du tango : qu'on puisse danser le tango dans un milieu mondain plus ou moins décadent du tournant du siècle, voilà une idée qui n'étonne pas ; le tango fait tellement « fin de siècle » qu'on ne songe pas à se poser de questions.

(2) À moins d'indication contraire, les traductions de tangos chansons ont été effectuées par moi à partir des textes reproduits dans *Las Letras del Tango, Antología Cronológica 1900-1980* — publiée sous la direction de Eduardo Romano (Córdoba, Editorial Fundación Ross, 1990). Chaque extrait est signé du nom du ou des parolier(s) suivi de celui du ou des compositeur(s).

(3) Pour tous les mots en espagnol *(en italique dans le texte)*, voir le glossaire à la fin de l'ouvrage.

(4) Traduction de Gil Jouanard (sous le titre de *Milonga du 900*) ; Henri Deluy, Saúl Yurkievich, *Tango, une anthologie*, Paris, P.O.L., 1988, p. 175.

1

Le mythe fondateur
Carlos Gardel (c.1890-1935)

Les origines du tango sont obscures ; ses filiations sont difficiles à établir. La généalogie de cette musique de déracinés manque d'archives. Et lorsqu'on tente de remonter les quelques pistes relativement sûres, elle s'arrange pour brouiller davantage les cartes. Dans un univers imaginaire peuplé de filles perdues et de filles-mères, les questions de parenté ne sauraient être que problématiques. L'absence de figures paternelles se conjugue avec la philosophie bien américaine du *self-made man*.

Dans une société où les immigrants ont effectivement été devant la nécessité de tout refaire à partir de zéro, le tango devait s'inscrire comme une musique qui s'est faite elle-même. Aussi, quand on tente de remonter aux origines du tango, on doit tenir compte de cette façon qu'il a de remettre en question et d'obscurcir sa propre généalogie. C'est au détour de la légende qu'on peut espérer trouver malgré tout les sources profondes du tango.

Entre l'histoire et le mythe

Carlos Gardel : le tango l'aurait attendu pour venir au monde — et quelque chose est définitivement mort dans le tango avec sa disparition.

La période qu'on considère être l'âge d'or du tango correspond aux deux décennies qu'a duré sa carrière professionnelle. Immigrant et bâtard, parti de rien, ce gamin des rues de Buenos Aires deviendra une vedette internationale. Il mènera un train de vie fastueux pour finir par mourir au sommet de sa gloire, dans un accident étrange.

On ne s'est pas encore véritablement attelé à la tâche de défaire les légendes qui entourent le personnage de Carlos Gardel : on se contente à peine d'y mettre de temps à autre un peu d'ordre. La plupart des études sur le chanteur pèchent par une nette tendance à l'hagiographie. Plus important encore, on confond l'histoire du tango avec la biographie de Carlos Gardel.

Les histoires que le tango se raconte sur ses origines, ainsi que sur ses fins, ressemblent tellement à la vie de Gardel qu'on se voit forcé de s'interroger : aurait-on arrangé la biographie de Gardel (et lui-même aurait éventuellement contribué à cette mystification) afin de la faire coïncider avec la mythologie du tango ; ou, à l'inverse, à cause de l'importance du personnage dans le développement de cette musique, serait-ce sur le modèle de cette biographie qu'on aurait défini, après coup, les différents aspects de la mythologie *tanguera* ?

Un même acte de naissance

Selon toute probabilité, Carlos Gardel était d'origine française. Il aurait vu le jour à Toulouse entre 1885 et 1887 — bien que ce soit en date du 11 décembre 1890 que le registre d'état civil de la ville de Toulouse rapporte la naissance d'un Charles Romuald Gardes, fils de Berthe Gardes.

Lorsque Gardel entreprend, en 1923, d'acquérir la citoyenneté argentine, il utilise le témoignage d'amis affirmant qu'il serait né en 1887, à Tucuarembo, en Uruguay (cette origine uruguayenne lui permettant d'être exempté du service militaire argentin). Mais dans un testament olographe rédigé en novembre 1933, Gardel confirme avec une parfaite exactitude les informations présentées sur le registre toulousain — peut-être avait-il pu le consulter lors d'un de ses séjours en France ?

Plusieurs témoins déclarent que, de la même manière que beaucoup de ses contemporains nés comme lui dans un milieu populaire (ou était-ce une coquetterie de star...), Gardel hésitait quand il s'agissait de préciser la date de sa naissance, la situant aux environs de 1885. On peut tenter de régler la question en supposant que la date indiquée sur le registre toulousain ne serait pas celle de la naissance de Gardel mais plutôt la date à laquelle Berthe Gardes décide de régulariser sa situation et celle de son fils lorsqu'elle entreprend les démarches qui la conduiront à émigrer en Argentine, où elle débarquera en mars 1893.

Si la date de naissance de Carlos Gardel demeure incertaine, s'il est pratiquement certain qu'il était d'origine française, une chose semble sûre : comme sa mère l'a reconnu en date du 22 décembre 1890 (tel qu'indiqué au registre d'état civil), Charles Romuald Gardes est le fils naturel de Berthe Gardes : un enfant illégitime, un bâtard.

Une des photos légendaires de **Gardel** (1935).

Gardel est un immigrant parmi les centaines de milliers d'autres qui arrivent en Argentine au tournant du siècle et dont les racines culturelles s'entremêleront pour donner naissance au tango. Il est également un bâtard, comme la grande majorité des individus que chante le tango et dont la famille se limite à une seule figure maternelle. De plus, la date de sa naissance coïncide avec l'époque où le tango commence à apparaître dans les cours communes des *conventillos* de Buenos Aires (les « petits couvents » : de modestes immeubles où s'entassent les familles des quartiers populaires périphériques de la capitale portègne). Le tango et Gardel semblent partager le même acte de naissance.

Le jeune *payador*

L'enfance portègne du *francesito* (le « petit français ») — dont le nom s'hispanise rapidement de Charles en Carlos, et de Gardes en Gardel — apparaît avoir été typique de celle d'un gamin des quartiers populaires, préférant l'école de la rue à celle que peine à payer sa mère et les quelques amis dont elle s'entoure pour constituer la famille du jeune garçon. Comme pour la plupart de ses copains, la jeunesse de Gardel est ponctuée de menus démêlés avec la police pour des larcins sans grande importance. La légende a évidemment grossi ces frasques jusqu'à parfois imposer à Gardel un séjour plus ou moins long en prison.

Le jeune homme fréquente les *almacenes* des faubourgs : l'*almacén* était une sorte d'épicerie doublée d'une salle qui servait de restaurant et où on pouvait même dormir pour quelques sous après y avoir écouté le *payador* (chanteur ambulant) du coin. C'est dans ces cafés des quartiers périphériques de la capitale que Gardel fait la découverte de la musique populaire de Buenos Aires et qu'il lui prend envie de devenir chanteur.

Il commence sa carrière dans ces mêmes cafés en y présentant un répertoire de *payadas* (chansons populaires). Dès lors, le *francesito* devient *el Morocho del Abasto* : le « noiraud » du quartier de l'abattoir. On remarque rapidement la qualité dramatique qu'il sait donner à sa voix de ténor (peut-être afin de compenser un registre vocal pas particulièrement étendu) et qui lui vaut le second surnom de *el zorzal*, d'après le nom d'une fauvette sud-américaine.

Gardel s'accompagne d'abord lui-même à la guitare — pas très bien par ailleurs. En 1913, il s'associe avec un chanteur guitariste et compositeur uruguayen, **José Razzano**, pour former le **Dúo Gardel-Razzano**. Leur collaboration durera jusqu'en 1925 ; Gardel rompra alors cette association en prenant prétexte que **Razzano** connaît d'importants problèmes de santé affectant sa gorge et son chant.

Le duo connaît bien vite un succès important. En quelques mois, il passe des cafés de la banlieue et de la province aux grandes salles du centre de Buenos Aires et de Montevideo. Leur première année de carrière n'est pas terminée que la compagnie Columbia ouvre ses studios aux deux chanteurs qui y enregistrent quatorze titres : des *vals*, des *estilos* et des *canciones* — des rythmes populaires, ruraux, d'influence gauchesque et hispanique. Quatre ans plus tard, en 1917, cette carrière de studio reprend chez Odeón, avec vingt enregistrements dès la première année.

« Des pieds aux lèvres » et de la rue à la scène

Le **Dúo Gardel-Razzano** ne chante pas encore de tangos. Aux oreilles des bourgeois du centre-ville, cette musique n'est rien d'autre qu'une danse lascive et provocante, qui ne se fait entendre que dans les bordels et qu'aucune jeune fille de bonne famille n'oserait danser, de crainte pour sa réputation. Pourtant, plusieurs tangos instrumentaux ont déjà acquis une certaine notoriété ; on émaille quelquefois ces airs de danse de couplets plus ou moins obscènes et bravaches qu'on improvise en *lunfardo* : l'argot des quartiers populaires, truffé de gallicismes et d'italianismes. Gardel connaît évidemment cette musique née sur les trottoirs des faubourgs de son enfance. Il en chante éventuellement mais seulement pour ses amis et les habitués des fins de soirée des *almacenes*.

Contrairement à ce qu'on entend souvent affirmer, Carlos Gardel n'est pas l'inventeur du tango chanson. **Linda Thelma** avait enregistré, en 1908, une interprétation gaillarde de *El pechador (Le mendiant)*, musique et texte de **Angel Gregorio Villoldo** ; l'année suivante, **Andrée Vivianne** chantait *El porteñito (Le petit portègne)*, du même auteur-compositeur ; **Alfredo Gobbi** interprétait en 1911 le texte qu'il avait écrit sur le *Don Juan* composé en 1898 par **Ernesto Ponzio**. Cependant, avant Gardel, personne n'ose présenter cette musique de parias devant le grand public bourgeois de Buenos Aires.

Un soir de 1917, Carlos Gardel sera le premier à chanter un tango dans une salle fréquentée par la bourgeoisie : le théâtre Esmeralda. Cet air s'intitule *Mi noche triste (Ma triste nuit)*, un tango dont la musique avait été publiée en août 1915 par le pianiste **Samuel Castriota** sous le titre de *Lita*. L'année suivante, **Pascual Contursi** accolait un texte à cette mélodie; on en change alors le titre en reprenant le premier vers de la chanson : *Percanta que me amuraste (Petite qui m'a abandonné)* — *percanta* est, à l'origine, le nom que le maquereau donne à sa « gagneuse ». Il faut attendre une année de plus et encore quelques changements autant dans le texte que dans la mélodie pour retrouver ce tango sous son titre définitif de *Mi noche triste*.

Du jour au lendemain, Gardel devient celui qui, comme le formulait **Enrique Santos Discépolo**, fait « *monter le tango des pieds aux lèvres* ». Le tango était essentiellement, jusqu'alors, une musique de danse : le changement qu'apporte Gardel tient au fait qu'il est le premier, non pas à chanter le tango mais à le chanter sur une scène reconnue de la vie culturelle et mondaine de Buenos Aires. Parce qu'il lui fait découvrir cette musique qu'on dansait depuis une trentaine d'années dans les rues des bas quartiers de la capitale, Carlos Gardel peut bien apparaître comme l'inventeur du tango chanson aux yeux de son nouveau public de petits-bourgeois dans la mesure où c'est grâce à lui que ce public commence à accepter cette musique (dont on a quand même un peu arrondi les angles pour l'occasion) auparavant réservée aux princes des trottoirs et aux madones de bordels.

Cette « création » du tango chanson devient une date inaugurale dans l'histoire du tango parce que, en plus de faire passer le tango « *des pieds aux lèvres* », Gardel le fait surtout passer de la rue à la scène, lui ouvrant ainsi toutes grandes les portes de la promotion sociale. Avec Gardel, le tango devient synonyme de réussite sociale, de prestige et d'argent : il devient une chance de « s'en sortir ».

Incarnation des milieux populaires qui ont vu naître le tango et dont il est le fils typique, Gardel devient également la personnification des espoirs de promotion sociale propres à ce milieu — une réussite dont Gardel fera d'ailleurs un certain étalage, avec la surenchère de luxe dont on rêve dans ces milieux populaires. Fils du tango dans la mesure où c'est le tango qui a fait de lui ce qu'il est devenu, Gardel devient également le père du tango : c'est lui qui fait naître le tango au monde entier. « Fils-père » né d'une fille-mère, Carlos Gardel brouille ses propres filiations, tout comme celles du tango — comme pour évacuer la question de leurs origines, affirmant du même coup qu'il n'y a d'origines que douteuses.

L'esthétique gardélienne

En faisant passer le tango « *des pieds aux lèvres* », on contourne la sensualité outrancière de la danse. Les textes du tango chanson préféreront s'abandonner aux peines de l'amour esseulé plutôt qu'aux joies érotiques. Le fait qu'il soit de tradition de ne pas danser sur un tango chanté, surtout s'il est chanté par Gardel, nous oblige à concevoir le chant comme un refoulement de la danse : on chante le tango afin de ne pas le danser, de ne pas céder à son érotisme originel.

Si Gardel n'est pas l'inventeur du tango chanson, il crée cependant un style qui lui survivra. Gardel chante avec une intensité dramatique qui faisait défaut aux autres chanteurs — encore aujourd'hui, ses interprétations contrastent remarquablement avec les prestations des autres artistes des années vingt et trente (que l'on demeure dans le répertoire du tango ou qu'on se tourne du côté des autres musiques de l'époque). Alors que la plupart de ses contemporains pèchent par un penchant pour le mélodrame sirupeux, le lyrisme de Gardel présente plus de retenue.

Carlos Gardel dans le costume « créole » dont il devait souvent s'affubler lors de ses tournées à l'étranger.

Surnageant quelquefois au-dessus d'une mêlée de violons pathétiques, la voix de Gardel sait se faire des plus touchantes tout en conservant une certaine pudeur. Il enveloppe les rancœurs amoureuses qu'on trouvera au centre de presque tous les tangos chansons d'une dignité qui les nuance et les enrichit, produisant ainsi une forme de distanciation presque ironique par rapport au texte. Au-delà de la tristesse, la voix de Gardel nous amène du côté des lendemains de veille du bonheur, quand la résignation commence à montrer, malgré tout, un sourire en coin.

Il suffit d'à peine quelques mois pour que Gardel établisse une manière définitive de chanter le tango que personne, jusqu'à maintenant, n'a vraiment tenté de changer. En même temps, les diverses thématiques que présentent les textes qu'il rend populaires deviennent emblématiques du genre. Le tango prend un nouveau tournant : après avoir été la manifestation égrillarde de ce que Saúl Yurkievich décrit comme une « *alliance de l'alcool, de la bagarre, des femmes et du tango* », cette musique se transforme en une « *mélancolique lamentation sur ce que le temps, fugitif, efface. Sur ce qui jamais ne reviendra.* » [1]

L'invention de la tristesse

Cette mélancolie que Gardel contribue à introduire dans le tango est tout à fait au rendez-vous de son époque. Les années vingt sont l'âge de la deuxième génération de l'immigration, où ce sont les fils des premiers immigrants argentins qui prennent la parole. Les tangos que dansaient leurs pères présentaient un entrain qui rendait compte des rêves qu'ils pouvaient espérer réaliser ; les fils chantent l'amour perdu et les lendemains de veille du désir où les femmes qu'on a dans la peau et la ville qu'on a dans les veines habitent les mêmes trottoirs de l'errance — la défaite amoureuse se moulant à celle de l'appartenance.

Gardel est, sinon le maître d'œuvre, du moins le porte-étendard le plus visible de cette première révolution du tango. Ce passage d'une musique de danse à une musique chantée s'accompagne, dans le même mouvement, d'un ralentissement du tempo original — qui coïncide avec la généralisation, à la même époque, de l'utilisation du bandonéon : un instrument difficile à maîtriser, qui oblige les musiciens à refréner le rythme des pièces s'ils veulent demeurer en mesure de jouer sans trop de fausses manœuvres. Plus lent, le tango devient songeur. C'est à l'époque de Gardel que cette musique commence à présenter le visage triste et mélancolique sous lequel on continue à la reconnaître de nos jours. En ce sens, on assiste effectivement à une naissance du tango : non pas parce que le tango apparaît à cette époque mais parce que c'est alors qu'il se présente sous une forme qui se donne comme définitive.

Jusque dans les années soixante, jusqu'au temps d'une seconde révolution — celle du *nuevo tango*, qui se fera sous l'égide d'**Astor Piazzolla** —, la très grande majorité des musiciens, des chanteurs et des amateurs n'accepteront de jurer leur allégeance au tango que dans la mesure où elle implique une fidélité inébranlable à cette esthétique qui se définit à l'ombre du personnage de Carlos Gardel.

L'invention de la mémoire

C'est aussi l'histoire du tango qui débute à l'époque de Gardel — dans la mesure où le tango commence alors à faire le récit de cette histoire. Personne n'était là, à l'origine, pour faire la chronique des premiers pas du tango. Avant 1910, c'est au compte-gouttes que le tango laisse des traces. Les journaux argentins en parlent rarement ; ni les romanciers du cru, ni les musiciens, ni les voyageurs séjournant en Argentine à la fin du 19e siècle ne rendent véritablement compte de son existence. Il est arrivé, avec le tango, ce qui arrive avec la plupart des créations populaires : le phénomène n'a commencé à laisser des traces qu'à partir du moment où les classes possédantes l'ont intégré à leur propre culture.

Dès qu'il s'est mis à chanter, le tango s'est mis à se raconter, à *se* chanter. Chose plutôt rare dans les autres traditions musicales, le tango ne cesse de se pencher mélancoliquement sur sa propre histoire. Souvent reliés à d'heureux souvenirs d'enfance, on y évoque régulièrement les tangos du passé qu'on entendait dans les rues des *orillas* (littéralement, les « lisières » : les quartiers de banlieue, à la frange de la ville et de la campagne) de la fin du 19e siècle :

> *Je me rappelle tes nuits, quartier du tango,*
> *avec les charrettes qui entraient dans la grande cour*
> *et la lune qui barbotait dans la boue*
> *et au loin la voix d'un bandonéon.*
>
> *Barrio de tango (Quartier du tango)*
> **Homero Manzi** ; **Aníbal Troilo** [2]

On pourrait même aller jusqu'à dire que le tango est foncièrement autobiographique : non pas parce que des paroliers profiteraient du tango pour raconter leur vie, mais parce que c'est lui-même qui nous apprend qu'il est né dans les faubourgs, qu'il a voisiné avec les vauriens, les putains et les laissés-pour-compte. Le texte de *Tango Argentino (Tango argentin)* — un tango de **Alfredo Bigeschi** et **Juan Maglio** que Gardel a d'ailleurs chanté — est un exemple particulièrement représentatif de cette tendance « automusicographique » du tango :

> *Il est fils de canaille, tristounet et sensible :*
> *il naquit dans la misère du vieux faubourg.*
> *Son premier ami fut un homme qui était craint...*
> *Sa première fiancée se vêtit de percale...*
> *Il reçut le baptême dans un coupe-gorge,*
> *et son parrain fut un homme d'action.*
> *Il se gagna la tendresse de la fille*
> *qui, dans un ravin, lui donna son cœur.*

> *Tango argentin*
> *t'es l'hymne de la zone,*
> *qui s'arrange toujours pour triompher*
> *dans le tapage et dans les troubles.* [3]

De prime abord, cette autohistoire du tango apparaît présenter au moins la qualité d'être de première main. Sauf que cette chronique a été écrite après coup : il aura fallu attendre que Gardel lance le tango chanson des années vingt pour que cette musique puisse se raconter d'une manière explicite. Il est étonnant que pratiquement aucun historien du tango n'ait tenu compte de ce décalage entre le temps des origines du tango et les temps où le tango commence enfin à faire le récit de ses origines. Cet écart devrait pourtant nous obliger à questionner l'objectivité du témoignage que présentent les tangos chansons : on a pu embellir, ou à tout le moins arranger quelque peu les choses.

Ces premiers récits sur lesquels se fonde l'histoire du tango s'écrivent au moment où Gardel en est la figure principale. On ne saurait s'étonner que, dans la mémoire du tango, l'histoire de Gardel et celle du tango interfèrent autant l'une sur l'autre. Le tango ne commence pas avec Gardel, mais l'histoire du tango, elle, commence bien avec lui : c'est lui qui donne au tango l'occasion de se raconter — ceci en lui fournissant éventuellement l'anecdote de ses récits.

L'âge d'or du tango

Comme Gardel avait été un chanteur des rues avant de devenir le chouchou du tout Buenos Aires, le tango a été une musique populaire avant de se faire une place dans les grands salons de la capitale argentine et du monde entier. À partir de 1920, le parallélisme continue et la carrière du tango, tout comme celle de Gardel, se présente comme un tourbillon grandissant de succès.

Dans le film *El día que me quieras* (1934) : **Gardel** au centre du groupe ; le jeune vendeur de journaux est interprété par **Astor Piazzolla**.

Gabrielle D'Annunzio et Ida Rubinstein : caricature de Sem publiée en 1913 dans un album intitulé *Tangoville*.

Gardel se produit d'abord en Argentine, mais il commence bientôt à faire de nombreux voyages qui le conduisent dans les pays avoisinants. Dès 1925, il entreprend des tournées européennes qui l'amènent, en 1928, à faire la conquête de Paris (il s'y achète un appartement, rue Jean-Jaurès, où il séjournera souvent pendant les années trente). Sur scène ou sur disque, Gardel chante quelquefois avec des orchestres, le plus souvent avec l'ensemble de **Francisco Canaro**. Cependant, ses accompagnateurs les plus fidèles sont les guitaristes **José María Aguilar, Guillermo Desiderio Barbieri, Horacio Pettorossi, José Ricardo, Domingo Riverol** et **Julio Vivas** qui, en duo, en trio ou en quatuor selon les circonstances et les années, le suivent dans ses déplacements.

Autour de Gardel, on voit graviter les meilleurs compositeurs, les plus importants paroliers et les musiciens les mieux cotés du Río de la Plata. Tous ses contemporains s'arrangent pour se retrouver dans son entourage : ses aînés deviennent enfin célèbres grâce à celui qui fait découvrir leurs tangos des premières heures ; ceux qui commencent leur carrière sont lancés grâce à son patronage.

Évidemment, on retrouve dans cette cour toute une coterie d'admirateurs plus ou moins intéressés où se côtoient autant de vrais créateurs que de starlettes, et quelques *bacanes* — des « grossiums » en mal de prestige (entre autres la baronne Sally de Waikefield, veuve Chesterfield, propriétaire des cigarettes Craven qui, d'une certaine façon, entretiendra Gardel lors de ses séjours européens). Gardel fréquente aussi des hommes de main à la solde de politicailleurs radicaux de droite — sans jamais avoir été véritablement manifestes, les allégeances politiques de Gardel semblent avoir penché, comme c'est le cas chez beaucoup de nouveaux riches et de parvenus, du côté du conservatisme.

Pendant près de vingt ans, Carlos Gardel vivra sur un billet aller-retour, toujours en route entre les grandes capitales du monde et Buenos Aires. Plusieurs fois, il séjourne de longs mois en France et aux États-Unis. C'est d'ailleurs à New York qu'il fait la connaissance du fils d'un coiffeur argentin, un jeune bandonéoniste de 13 ans dont Gardel n'apprécie guère le jeu, qu'il qualifie de trop *yoyega* (trop *gayeyo* en *vesre* : en verlan — *revés* : envers, à l'envers), c'est-à-dire trop gallicien, trop « espagnol ». Ce qui ne l'empêche pas de l'engager pour tenir un petit rôle dans *El día que me quieras*, l'un des deux films que Gardel tourne en 1935 : le jeune garçon se nommait **Astor Piazzolla**.

Gardel se produit dans les salles les plus prestigieuses du monde et enregistre dans les meilleurs studios américains et français. En 1931, il chante quatre pièces en français : une *vals* titrée *Déjà*, deux *canciones* : *Folie* et *Madame, c'est vous ?*, ainsi que *Je te dirai* : un fox-trot. — Un autre de ces quelques fox-trot que Gardel a concédé aux goûts du jour se présente sous le titre de *Rubias de New York (Blondes de New York)*.

Il se consacre également à une carrière de comédien. Entre 1931 et 1935, il tourne huit films pour la Paramount américaine : *Luces de Buenos Aires (Lumières de Buenos Aires)* en 1931 ; *Melodía de arrabal (Mélodie du faubourg)*, *La casa es seria (La maison est sérieuse)* et *Espérame (Attends-moi)* en 1932 ; *Cuesta abajo (La mauvaise pente)*, *El tango de Broadway (Le tango de Broadway)* en 1934 et, enfin, *El día que me quieras (Le jour où tu voudras de moi)* et *Tango bar* en 1935.

Toutes ces activités témoignent du fait que Carlos Gardel était indéniablement une des grandes stars internationales de son époque. Mais c'est justement à l'étranger qu'il connaît ses succès les plus importants. Au début des années trente, Buenos Aires boude un peu le chanteur qui ne lui est plus assez fidèle. On trouve son répertoire répétitif ; sa voix, qui se ternit quelque peu avec les années, ne suscite plus autant d'admiration qu'auparavant. Gardel n'a jamais connu de véritable insuccès dans sa carrière de chanteur (ses films, par contre, ne font pas de lui la vedette du box-office latino qu'espéraient les producteurs : ils manifestent, au contraire, de piètres talents de comédien). Cependant, son audience rétrécit quelque peu en Amérique latine.

Gardel renoue avec l'affection de son public d'origine en 1932 quand il s'associe avec le scénariste qui écrira tous ses films à partir de *Melodía de arrabal* : **Alfredo Le Pera**. Ce dernier lui écrit des textes que Gardel chante sur des musiques le plus souvent composées maintenant par lui-même. Ensemble, sur une période d'à peine trois années, ils créent des dizaines de tangos qui demeureront parmi les plus importants du répertoire — comme *El día que me quieras (Le jour où tu voudras de moi)*, *Mi Buenos Aires querido (Mon Buenos Aires chéri)*, *Melodía de arrabal (Mélodie du faubourg)*, *Amargura (Amertume)*, *Cuesta abajo (La mauvaise pente)*, *Arrabal amargo (Faubourg amer)*, *Recuerdo malevo (Souvenir de voyou)* et *Volver (Revenir)*, pour arrêter cette liste sur le plus célèbre de ces airs.

Bien que destinées à n'être que des chansons de films, ces pièces se découvrent être les plus beaux fleurons de ce qu'on peut proprement appeler le répertoire gardélien. Avec des textes manifestant une rare qualité d'écriture et des mélodies signées par celui qui peut sans aucun doute prétendre à la plus complète expérience du tango chanté, la qualité de ces créations est le fruit d'une incontestable maturité artistique. Mais une grande partie de leur prestige, qui n'est pas encore terni cinquante ans plus tard, vient également du fait que ces tangos sont arrivés à l'heure pour un tragique rendez-vous avec le destin.

Le tango inachevé

Le 19 mars 1935, à New York, Carlos Gardel enregistre *Volver*. Il y chante l'errance incessante de l'immigrant, cette façon de n'être jamais à sa place, toujours en retard aux rendez-vous de l'appartenance comme à ceux de l'amour et de l'affection — ces rendez-vous de l'attachement : ce même lien dans les deux cas à chaque fois trop serré ou trop lâche. Tous ceux qui sont les citoyens des parties perdues d'avance se reconnaissent immédiatement dans cette plainte résignée :

> *Revenir, le front fané,*
> *les neiges du temps*
> *argentant mes tempes.*
> *Sentir que la vie n'est qu'un souffle,*
> *que vingt ans ce n'est rien,*
> *comme il est fébrile le regard*
> *errant parmi les ombres,*
> *qui te cherche et qui te nomme.*
> *Vivre l'âme accrochée*
> *à un doux souvenir*
> *que je pleure une fois de plus.*
> *J'ai peur de cette rencontre*
> *avec le passé qui revient*
> *se mesurer à ma vie.*
> *J'ai peur de ces nuits*
> *qui, peuplées de souvenirs,*
> *enchaînent ma rêverie.*

L'appréhension du retour que chante ce tango allait se découvrir tragiquement prémonitoire, car Carlos Gardel n'allait jamais revenir...

Trois mois après avoir enregistré *Volver*, précisément le 24 juin 1935, Gardel est au cœur d'une tournée sud-américaine qui le ramène à Buenos Aires. Après une soirée triomphale à Bogotá, en Colombie, il prend place à bord d'un avion de propriété colombienne en compagnie de ses musiciens et d'**Alfredo Le Pera**. Il est prévu de faire une escale carburant à Medellin, toujours en Colombie. Au redécol-

Horacio Pettorossi, Guillermo Barbieri, Carlos Gardel, Domingo Riverol et **Julio Vivas** en 1933.

lage, l'appareil prend feu avant même de quitter le sol et entre en collision avec un autre avion stationné en bout de piste.

Explosion malencontreuse d'une cartouche de pistolet d'alarme ou sabotage orchestré par une compagnie d'aviation rivale (on est à une époque où l'on se bat littéralement pour la mainmise sur le trafic aérien sud-américain), plus d'un demi-siècle plus tard, le mystère n'est pas encore levé sur les circonstances de cet accident.

Le Pera et **Barbieri** périssent dans l'appareil. Grièvement blessé, **Riverol** meurt deux jours plus tard ; plus légèrement atteint, **Aguilar** survivra jusqu'en 1951. Parmi les décombres calcinés, on identifie le cadavre carbonisé de Gardel grâce à sa dentition. La nouvelle fait la une de tous les journaux. L'Argentine entre en deuil — un deuil qui, d'une certaine façon, n'est pas terminé et dont le tango ne s'est jamais remis.

Après plusieurs semaines de tribulations morbides, le corps de Gardel est enfin enterré au cimetière de la Chacarita de Buenos Aires. Le chanteur entre dans la légende. Encore aujourd'hui, à Buenos Aires, on continue à dire de Gardel qu'il chante chaque jour de mieux en mieux. Nul n'oserait se permettre de laisser entendre qu'il pourrait se trouver depuis un chanteur qui le surpasse. Bien que plus de cinquante années se soient écoulées, les *porteños* s'entêtent à nier la disparition de Gardel.

La célébration de sa mémoire présente un caractère disproportionné et quasi religieux qui fait bien sentir la dimension mythique du personnage. Si Carlos Gardel n'était que le souvenir chéri d'un âge d'or musical, on pourrait difficilement s'expliquer l'ampleur de cette vénération et l'importance des rituels qui l'entourent. Gardel a certainement bénéficié, de son vivant, d'une renommée des plus enviables. Cependant, depuis sa disparition, la mémoire que l'on conserve du personnage n'accepte plus aucune nuance, ni la moindre critique. L'identification entre Gardel et le tango est désormais absolue. Mais c'est après la mort du chanteur qu'ils sont devenus synonymes l'un de l'autre.

Le prix d'une éternelle jeunesse

Le tango est la musique d'un peuple de déracinés qui n'ont de cesse de rêver d'un passé idéal qu'ils savent irréversiblement perdu. Le passage destructeur du temps est une des thématiques centrales du tango, s'inscrivant dans une sorte de pessimisme serein dont la figure de Gardel est à la fois la cicatrice et l'antidote. Les effets du passage du temps se voient contrecarrés par l'image légendaire de Gardel. Dans l'éternelle jeunesse qu'il acquiert en mourant sans être dégradé par l'âge, le chanteur devient une personnification victorieuse mais morbide de l'espoir fondamental du tango : survivre à toutes les défaites, à toutes les blessures — celles de l'amour et de l'immigration mais, surtout, celles du temps qui, loin d'arranger les choses, se découvre être, avec la mort, l'arme dont se servent toutes les choses, tous les événements et toutes les personnes qui laissent des cicatrices sur nos vies.

Fixé dans la mémoire du tango, le visage inaltérable de Gardel dame le pion au passage des années. Mais il y a un prix à payer pour cette victoire : on ne peut plus dépasser cette image. De la même façon qu'on aime croire que le tango n'existait pas avant Gardel, il semble ne rien y avoir pour le tango après lui. Aller voir ce qui pourrait se trouver au-delà de Gardel, ce serait jouer le risque de reprendre la route du temps. L'éternelle jeunesse que le tango se donne en affichant le masque de Gardel est un temps immobile, figé. Une éternité n'est jamais une durée, serait-elle la plus longue : l'éternité, c'est du temps arrêté, des heures qui se mordent la queue au lieu de se suivre. Dans un Gardel éternel, le tango trouve une image qui lui permet de détourner le flot des ans. Mais ce faisant, il se prive du même coup de tout avenir et se condamne à ne jamais cesser de se répéter.

L'incroyable fidélité que le tango entretient avec le souvenir de Gardel entraîne un blocage, une immobilité de la temporalité tout à fait typique de la psychologie mélancolique. Les décennies passées depuis la mort de Gardel ont montré que, pour la majorité des créateurs et des amateurs, le seul avenir du tango consistait en une incessante réactualisation d'une esthétique ouvertement gardélienne. Cette fidélité exacerbée et foncièrement stérile à la mémoire du disparu contribuera à maintenir le tango dans un relatif immobilisme créatif qui ne sera ébranlé que dans les années soixante, au moment du scandale du *nuevo tango*.

Amère Amérique

Le tango est un univers où tout est posthume : il ne chante l'amour qu'au lendemain de la défaite et de la rupture ; il chante les quartiers disparus de son enfance ; il pleure sur les appartenances perdues de l'immigrant... Le tango est toujours en retard aux rendez-vous du bonheur. Dans le tango, tout n'existe que sous une forme passée et indépassable. Tout doit être passé pour se découvrir une présence significative — et Carlos Gardel ne pouvait occuper la place qui lui revenait qu'à partir du moment où il n'était plus.

On voit se dessiner ici, au plus profond du tango, une logique mélancolique qui semble être l'écho de tous les rendez-vous manqués avec l'Histoire dans lesquels se disperse la chronique de l'Amérique. C'est par ce caractère mélancolique que le tango est une musique typiquement américaine. Ce continent s'est fait en rupture avec le Vieux-Monde. Pourtant, l'Amérique ne réussit pas encore à devenir un nouveau monde : elle demeure une Nouvelle Espagne, une Nouvelle France, une Nouvelle Angleterre, etc. Comme chez le mélancolique, la culture américaine se vit dans une identification déchirante à une culture européenne dont elle s'est pourtant détachée depuis des siècles mais qu'elle ne réussit pas à oublier.

L'Amérique est aussi en deuil des civilisations amérindiennes ; cette identité première du continent est également perdue. La culture américaine garde en mémoire le traumatisme de cette amputation violente des cultures autochtones, de sorte qu'il ne reste pratiquement plus personne pour se pointer aux rendez-vous historiques que l'Amérique peut se donner avec elle-même — de la même façon qu'il ne lui est plus possible de coïncider avec son européanité fondatrice. (Il faut signaler que le titre du premier tango chanté par Gardel, *Mi noche triste*, rappelle explicitement une autre

Noche triste américaine, fort ancienne : on désigne par cette appellation l'unique défaite de Cortez lors de la conquête des Aztèques.)

Les Québécois gémissent sur les splendeurs françaises d'antan ; les Mexicains regrettent la grandeur perdue des Aztèques ; les Noirs pleurent une Afrique idéale — et les Argentins pleurent l'âge d'or du tango et de Gardel. Tout ce qui arrive sur ce continent, arrive trop tard. Le mythe de Gardel apparaît comme une cristallisation de ce qui fait le tango, cette musique s'avérant être l'écho des secrets les plus sombres d'une âme américaine aussi problématique qu'incertaine...

Au commencement était la voix de Gardel

Carlos Gardel devait mourir pour entrer dans la légende ; la plus grande voix du tango devait être une de « *ces voix chères qui se sont tues* » que chantait Verlaine, et dont il ne reste que des enregistrements aussi vieux que précieux, émaillés de fritures (en Argentine, on appelle d'ailleurs *frituras* les vieux disques de tangos).

Avec le tango chanson commence le récit des origines du tango. Dans les récits chrétiens des origines, tout commence avec la voix de Dieu ; dans le tango, c'est avec la voix de Gardel.

Gardel est une figure mythique, première, presque divine. Unique figure paternelle à se manifester dans le tango, Gardel est aussi le fils, celui dont la vie est elle-même un message exemplaire et qui, comme la plupart des prophètes, se devait de périr dans la force de l'âge afin de libérer les forces de l'esprit — un esprit gardélien qui flotte sur tout le tango, autant sur les tangos des origines que sur le tango postgardélien.

Notes

[1] « Son histoire, tout le monde la raconte » ; *Le Tango*, sous la direction de Saül [sic] Yurkievich, Annick Havraneck, Henri Deluy, *Action poétique*, n° 100, été 1985, p. 3 ; p. 2.

[2] Traduction de Henri Deluy ; *Tango, une anthologie, op. cit.*, p. 44.

[3] Cité dans Carlos Zubillaga, *Carlos Gardel*, Madrid, Ediciones Júcar, coll. Los juglares, p. 95, 96.

Le répertoire gardélien

La discographie de Carlos Gardel est incroyablement imposante. De 1913 à 1935, il enregistre plus de 800 titres qui ne sont malgré tout qu'une partie du répertoire entier de Gardel : on sait qu'il a chanté en spectacle des dizaines d'autres pièces qu'il n'a pas pris la peine d'enregistrer.

Depuis très récemment, les disques El bandoneón ont mis sur le marché une « reconstruction » numérique des enregistrements du chanteur, disponible sous le titre de **Carlos Gardel, Su obra integral** (Carlos Gardel, Son Œuvre intégrale). Les 16 albums de la collection proposent une compilation thématique de l'œuvre gardélienne. Avec plus de 300 titres, cette « intégrale » regroupe l'ensemble des enregistrements qui n'ont pas été trop dégradés par le passage des années.

Il est évidemment impossible de présenter dans ces pages chacun des enregistrements de Gardel : il faut se contenter d'en souligner les titres les plus significatifs.

Le Dúo Gardel-Razzano

Cette intégrale laisse malheureusement de côté les enregistrements les plus anciens, gravés sur rouleau de cire. C'est sur le premier (et unique) volume l'***Antología del tango rioplatense (Desde sus comienzos hasta 1920)*** (Anthologie du tango du Río de la Plata — Des origines à 1920), publié par l'Instituto Nacional de Musicología "Carlos Vega", que l'on peut entendre deux des plus anciens enregistrements de Gardel : El moro (Le noiraud) et, surtout, la version originale de Mi noche triste.

En 1917, ce premier enregistrement de Mi noche triste est signé par le **Dúo Gardel-Razzano**. Sur un rythme relativement rapide, les deux guitares ouvrent et ferment la pièce, mais Gardel chante en solo, accompagné par **José Razzano** — une interprétation sans doute très semblable à celle que le duo avait présentée sur scène quelque temps auparavant, et qui avait fait passer le tango de la rue à la scène. Le registre de la voix de Gardel apparaît nettement être alors celui d'un ténor lyrique.

Pour El moro, également enregistré en 1917, Gardel et **Razzano** chantent en duo, accompagnés par l'orchestre de **Roberto Firpo** — ce qui fait de El moro le premier enregistrement d'un tango chanté avec accompagnement orchestral. Gardel et **Razzano** en ont composé la musique sur un texte de **Juan Maria Gutíerrez**.

Ces deux premiers enregistrements du **Dúo Gardel-Razzano** sont un exemple particulièrement éloquent du tango des origines. Avec un rythme rapide et presque campagnard, cette musique n'est pas encore tout à fait devenue elle-même, ce tango mélancolique et songeur qu'on découvrira à partir des années vingt.

Enregistré en 1927, bien qu'il ne soit pas interprété par le **Dúo Gardel-Razzano** (Gardel y est accompagné par **José**

Ricardo, et **Guillermo Barbieri** aux guitares), *Mano a mano (Coup pour coup)* peut cependant être considéré comme un tango du **Dúo Gardel-Razzano** puisque ce sont eux qui en ont composé la musique, sur un texte de **Celedonio Esteban Flores**.

Déjà, la voix de Gardel est légèrement plus grave qu'auparavant — ou, à tout le moins, est-elle moins lyrique. D'ailleurs, *Mano a mano* se présente comme une interprétation plus typique du style de la maturité de Gardel. Il ne se contente plus de chanter avec une voix juste et nette : l'interprétation prend un aspect plus théâtral, et certaines parties du texte sont presque dites plutôt que chantées.

Renfermé dans ma tristesse,
aujourd'hui je t'évoque et
je vois que tu as été,
dans ma pauvre vie de paria,
la seule femme qui aura été
bonne.

Dès les premiers vers, ce tango s'ouvre sur la tristesse de la femme absente, de la femme qu'on a perdue et qui, par le fait même, devient une fille perdue dont les clients jouent les faveurs aux cartes,

comme le chat lâche joue
avec le pauvre rat.

Musicalement, *Mano a mano* est fort différent de *Mi noche triste* et *El moro*. Alors que les deux premiers affichaient leurs influences folkloriques (entre autres dans la rapidité ainsi que la régularité de leurs rythmes), *Mano a mano* est nettement plus mélancolique. La ligne mélodique de l'instrumentation diffère de celle du chant ; auparavant, comme on le fait dans beaucoup de musiques traditionnelles, l'accompagnement et le chant doublaient la même mélodie. De plus, le rythme présente des cassures et des contretemps qui seront, à partir de cette époque, typiques de la rythmique particulière du tango.

José Ricardo et **Guillermo Barbieri** sont les accompagnateurs attitrés de Gardel pendant toute cette période pendant laquelle le chanteur établit sa réputation, d'abord en Amérique latine puis en Europe. C'est également pendant ces années que Gardel contribue à définir le répertoire classique du tango.

En 1927, il enregistre la très célèbre *Cumparsita (La petite fanfare — cumparsa* est le nom d'une sorte de fanfare foraine), une pièce déjà ancienne, composée par **Gerardo Hernán Matos Rodríguez**, créée en 1916 à Montevideo, dans une version instrumentale pour laquelle **Pascual Contursi** et **Enrique Pedro Maroni** ont écrit par la suite le texte.

L'année précédente, Gardel avait enregistré *Caminito (Petit sentier)*, de **Juan de Dios Filiberto** et **Gabino Coria Peñaloza**, un autre de ces tangos qu'on nous a depuis servi à toutes les sauces. Puis ce sont *Carnaval*, de **Anselmo Alfredo Aieta** et **Francisco García Jiménez**, et *Noche de reyes (Nuit de rois)*, de **Curi** et **Pedro Maffia** : deux enregistrements où se dévoile la qualité dramatique des interprétations de Gardel.

Toujours en 1927, il enregistre *Un tropezon (Un faux pas)*, de **Raúl de los Hoyos** et **Luis Bayón Herrera**, et *A la luz del cadil (À la lumière de la chandelle)*, de **Julio Navarrine** et **Car-**

los **Vicente Geroni Flores** — deux tangos qui ont en commun les mêmes personnages de pauvres types acculés au crime par les mauvais tours que leur ont joué leur vie et leurs amours : pétris de remords, ils s'excusent et s'expliquent de leur méfait au policier qui vient les arrêter.

Gardel enregistre également *Barrio reo (Quartier louche)*, de **Navarrine** et **Roberto Fugazot**. Ce tango gémit comme tant d'autres sur les affres du temps qui passe :

Et moi, que suis-je ?
Trente ans et regarde,
regarde comme je suis
vieux !

Mais ce texte présente surtout une série d'images qui seront par la suite réactivées, après la mort du chanteur, dans les discours entourant le mythe de Carlos Gardel. De la même façon qu'on dit encore de Gardel qu'il chante de mieux en mieux chaque jour, **Julio Navarrine** écrit, dans *Barrio reo* :

Écoute la prière du rossignol
qui, maintenant qu'il est
aveugle, chante mieux...

Et le texte se termine sur l'évocation d'un des surnoms de Gardel :

l'âme du zorzal
qui se meurt d'amour...

En 1928, Gardel enregistre *Adiós muchachos (Salut, les copains)*, de **Julio César Sanders** et **César F. Vedani** (un autre des tangos les plus célèbres du répertoire) et *Siga el corso (Ça suit son cours)*, de **Anselmo Alfredo Aieta** et **Francisco Garcia Jimenez**. Il y est accompagné par **Ricardo** et **Barbieri** auxquels s'ajoute, à cette époque, **José Maria Aguilar**, qu'on retrouve

Mi noche triste.

en duo avec **Barbieri** dans *Duelo criollo (Duel créole)* de **José Razzano** et **Lito Bayardo**.

Avec Enrique Santos Discépolo

À la fin des années vingt, Gardel trouve enfin un parolier vraiment à la hauteur de son talent : **Enrique Santos Discépolo**, surnommé **Discepolín**. Avec **Celedonio E. Flores** et **Enrique Cadícamo**, **E. S. Discépolo** compte parmi les plus importants paroliers du tango. Son style et ses thématiques manifestent une virulence et un mordant qui font quelquefois défaut aux autres. Son pessimisme déborde l'univers des catastrophes sentimentales auquel se confinent beaucoup de *letristas (paroliers)* pour s'inscrire plus directement dans l'Histoire.

S'apparentant à la démarche de Bertolt Brecht, l'écriture discépolienne évite l'écueil du misérabilisme pour s'inscrire à l'enseigne du réalisme critique. C'est sans doute pourquoi, encore aujourd'hui, les tangos de **Discépolo** (pour lesquels il a d'ailleurs souvent composé lui-même la musique) demeurent d'une actualité très vive.

¡Que vachaché! (Qu'est-ce que tu vas foutre!), que Gardel enregistre en 1927 avec **Ricardo** et **Barbieri**, est sans doute le tango le plus typique de la critique désabusée, de la dénonciation de la pourriture idéologique et économique que **Discépolo** découvre être le terreau des Années folles :

Mais tu vois pas, petit minet empavoisé,
que c'est celui qui a le plus de pèze qui a raison ?
Que l'honneur se vend comptant
et que la morale se donne
pour de la petite monnaie ?
Qu'aucune vérité ne résiste
en face de deux « mangos »,
monnaie nationale ?
Tu ne reçois, à faire le moraliste,
qu'un déguisement...
sans carnaval...

Le même défaitisme se retrouve, également en 1928, dans *Chorra (Voleuse)* ainsi que dans *Esta noche me emborracho (Cette nuit, je me saoule)*, où **Discépolo** affirme qu'il n'y a que l'ivresse qui soit en mesure de faire oublier pour quelques instants que c'est une :

Fameuse vengeance que celle du temps,
qui nous fait voir défait
ce qu'on a aimé.

L'année suivante, c'est avec le duo de **José Maria Aguilar** et **Guillermo Barbieri** que Gardel enregistre *Malevaje (La pégraille)*, sur une musique de **Juan de Dios Filiberto**. Ici, un personnage de malfrat voit son courage l'abandonner quand, au lendemain d'un amour malheureux, il découvre toute la profondeur de sa détresse après avoir vu passer sa belle :

tanguant toute fière
sur un rythme si frondeur et sensuel;
te voir!— il ne m'en a pas fallu plus pour perdre
l'espoir, le courage et le goût de fronder.

Puis, en 1930, Gardel enregistre *Yira, yira (Rôde, rôde)* avec le trio de **Aguilar**, **Barbieri** et **Riverol** : un tango tout à fait caractéristique de l'esthétique classique du genre. Comme il arrivera très souvent, la musique gaillarde de *Yira, yira* accompagne un texte des plus pessimiste ; à l'inverse, dans d'autres cas, la musique sera d'autant plus triste que le texte sera rieur. Ce contraste contribue à donner au tango sa personnalité particulière, toute d'ambiguïtés et de contradictions, où l'on affirme que, du rire aux larmes, la distance n'est jamais bien grande...

En 1931, c'est au tour de *Confesión*, sur une musique de **Discépolo** et un texte que le parolier écrit en collaboration avec **Luis César Amadori**. Cette fois, Gardel est accompagné par l'orchestre de **Francisco Canaro** : un changement significatif qui signale un tournant dans la carrière de Gardel.

Il enregistrait encore, en 1930, *Lo han visto con otra (Je l'ai vu avec une autre)* avec **Aguilar**, **Barbieri** et **Riverol** (et un chœur de voix masculines). Mais au tournant des années trente, la carrière de Gardel prend une envergure nettement internationale et son prestige lui donne les moyens de produire des enregistrements plus sophistiqués. (Il en profite, la même année, pour réaliser une nouvelle version de *Mi noche triste* dont la qualité d'interprétation — pour ne pas parler de celle de l'enregistrement — est nettement supérieure à celle de la première version de 1917.)

Cette célébrité, le répertoire de Gardel la paiera cher car le chanteur se voit obligé d'abandonner les tangos plus mordants « à la **Discépolo** ». Le plus souvent écrits en *lunfardo*, cet argot portègne que les auditeurs non argentins sauraient difficilement comprendre, ces tangos présentent un langage et des thématiques trop « vulgaires » pour son nouveau public.

Cinq grands interprètes. Assis : **Mercedes Simone** et **Carlos Gardel** ; debout : **Osvaldo Fresedo**, **Francisco Canaro** et **Charlo**.

Gardel doit alors se retourner vers des tangos plus pondérés et dont la mélancolie sera quelquefois plus sirupeuse — comme dans *La mariposa (Le papillon)*, de **Pedro Maffia** et **Celedonio Flores**, qu'il enregistre également en 1930 avec l'orchestre de **Canaro**.

Le tournant des années trente

Gardel fait désormais carrière autant à Paris, New York qu'à Buenos Aires. On le sollicite alors pour enregistrer dans d'autres langues que l'espagnol. S'il accepte de chanter quelques chansons en français, Gardel refuse cependant de chanter des tangos dans cette langue, jugeant impossible l'adaptation de sa musique à une autre langue que celle de son pays d'adoption.

À partir de cette époque, ses enregistrements présentent des orchestrations beaucoup plus variées qu'auparavant — sans doute parce que le chanteur a l'occasion de travailler dans plusieurs studios européens et américains. Par exemple, en 1930, il chante *Buenos Aires*, de **Manuel Romero** et **Manuel Jovés**, en compagnie d'un quintette formé de **Aguilar**, **Barbieri** et **Riverol** aux guitares, avec **Rodolflo Biaggi** au piano et **Antonio Rodio** au violon— ce type d'orchestration est rare dans la discographie gardélienne et très original pour l'époque.

Autre arrangement particulier pour cette période, le duo de piano (**Juan Cruz Mateo**) et de violon (**Andrés Solsogna**) qu'on retrouve dans *Mentira (Mensonge)*, de **Celedonio E. Flores** et **Francisco Pracánico**, enregistré en 1932.

Dans les années trente, on privilégie plutôt les accompagnements traditionnels de guitares, comme celui de **Barbieri**, **Riverol** et **Julio Vivas**, en 1931, pour l'enregistrement que Gardel fait alors de *Tomo y obligo (Je bois, buvez aussi)*, de **Manuel Romero** sur une musique de Gardel, et de *Anclao en Paris (À l'ancre à Paris)*, de **Enrique Cadícamo** et **Guillermo Barbieri**. Ou bien on aura recours à l'*orquesta típica*, comme celui de **Francisco Canaro** qui se fait entendre, en 1931, dans une reprise de *Tomo y obligo* et dans l'enregistrement de *Madreselva (Chèvrefeuille)*, composé par **Canaro** sur un texte d'**Amadori**.

Musiques de Carlos Gardel, textes d'Alfredo Le Pera

C'est avec un autre orchestre, celui de **Alberto Castellanos**, que Gardel enregistre *Estudiante (Étudiant)* en 1933. La même année, pour *Silencio (Silence)*, il est accompagné des guitares de **Barbieri**, **Pettorossi**, **Riverol** et **Vivas**, ainsi que d'un chœur de femmes.

À partir de cette date, un changement très important apparaît dans la discographie de Gardel : il compose désormais la plupart des musiques qu'il chante (composition qui se fait quelquefois en collaboration avec ses musiciens, comme le guitariste **Horacio Pettorossi** dans le cas de *Silencio*).

L'année 1932 marque les débuts de la collaboration de Gardel avec le parolier **Alfredo Le Pera** (qui a signé le texte de *Estudiante* avec **Mario Battistella**). Gardel avait déjà tourné un premier film, en 1931 : *Luces de Buenos Aires (Lumières de Buenos Aires)*, sur un scénario de

Manuel Romero et **Luis Bayón Herrera**. À partir de *Melodía de arrabal*, en 1932, **Alfredo Le Pera** devient le scénariste attitré des films de Gardel et, par le fait même, son principal parolier. Car, à partir de cette période, la plupart des tangos que Gardel enregistre sont extraits des films qu'il tourne.

En 1933, accompagné par le quatuor de guitares de **Vivas**, **Riverol**, **Barbieri** et **Pettorossi**, Gardel enregistre d'abord *La canción de Buenos Aires (La chanson de Buenos Aires)*, de **Manuel Romero**, sur une musique de **Azucena Maizani** et **Oreste Cúfaro**, ainsi que *Milonga sentimental (Milonga sentimentale)*, de **Sebastian Piana** et **Homero Manzi**. Puis, ce sont les premiers tangos signés Gardel/**Le Pera**, comme les *Estudiante* et *Silencio* déjà cités, mais aussi, avec le même quatuor de guitares, *Melodía de arrabal (Mélodie du faubourg)*, *Recuerdo malevo (Souvenir canaille)* et *Me da pena confesarlo (Ça me fait de la peine de le confesser)*, écrits avec la collaboration de **Battistella**.

Musicalement, les tangos de Carlos Gardel n'ont rien à envier à ceux des plus grands compositeurs. Gardel n'est pas un innovateur mais il s'avère un excellent continuateur de la tradition établie. Par contre, les textes continuent à payer la rançon de la gloire de Gardel. Écrits avec une très grande habileté, reprenant les thèmes chéris du tango si bien servis par la langue de **Discépolo**, les textes de **Le Pera** présentent moins de mordant qu'on pouvait en trouver dans les tangos que Gardel avait pu chanter auparavant.

Dans la moulinette des superproductions, le tango gardélien connaît une certaine standardisation. Il reste que plusieurs des tangos écrits par **Le Pera** et Gardel feront date, comme *Cuesta abajo (La mauvaise pente)*, enregistré en 1934, le tango le plus emblématique du répertoire proprement gardélien.

Tous les tangos que Gardel enregistre à New York pendant les deux années 1934 et 1935 — *Sus ojos se cerraron (Ses yeux se sont fermés)*, *Golondrinas (Hirondelles)*, *Mi Buenos Aires querido (Mon Buenos Aires chéri)*, *Soledad (Solitude)*, *Amargura (Amertume)*, *Arrabal amargo (Faubourg amer)*, *Volvió una noche (Une nuit, elle est revenue)*, *El día que me quieras (Le jour où tu voudras de moi)* et, surtout, *Volver (Revenir)* — apparaîtront après coup comme le testament de Carlos Gardel, puisque ce seront les derniers tangos qu'il aura pu enregistrer avant sa mort, en juin 1935.

Tous ces derniers tangos, Gardel les a enregistrés avec l'orchestre de **Terig Tucci** — sauf son ultime tango, son dernier enregistrement effectué le 25 mars 1935 (à peine trois mois avant sa disparition). En effet, pour *Guitarra mía (Ma guitare)*, Gardel est revenu à **Riverol**, **Barbieri** et **Aguilar**, les trois guitaristes qui l'accompagnaient dans les années précédentes, et qui l'accompagneront d'ailleurs dans l'avion qui tuera Gardel, et où mourront **Riverol**, **Barbieri** et **Le Pera**.

La mort de **Gardel** à la une.

2

Du tambo *au tango* (Des origines à 1900)

Le territoire argentin est immense : 2 791 550 km², cinq fois supérieur à celui de la France. Malgré l'omniprésence de la *pampa* et du monde rural comme espace imaginaire et ressource économique, le tango sera pourtant l'expression d'un univers fondamentalement citadin ; l'apparition du tango est contemporaine de l'urbanisation de l'Argentine.

Naissance d'une différence

À la recherche d'un passage vers l'océan Pacifique, Juan Diaz de Solis découvre, en 1516, le large estuaire du Río de la Plata. Il faudra attendre vingt ans pour que Pedro de Mendoza fonde, en 1536, Santa María del Buen Aire *(Sainte-Marie du Bon Vent)*. Cette première installation sera détruite par les Indiens et il faudra encore patienter jusqu'en 1580 pour assister à la seconde fondation de Buenos Aires par Juan de Garay, qui lui donne le nom de Ciudad de la Santissima Trinidad y Puerto de Santa María de Buenos Aires *(Ville de Très-Sainte-Trinité et port de Notre-Dame des Bons Vents)*.

Jusqu'au 18ᵉ siècle, l'Argentine n'est qu'une des régions du vaste empire colonial espagnol dont le centre politique est dans les mains de la Vice-Royauté de Lima, au Pérou. Cependant, au fil du 17ᵉ siècle, la population de la future République argentine se distingue des autres par l'apparition graduelle d'une aristocratie autochtone. Le caractère inhospitalier de la région et la précarité des infrastructures d'accueil attirent en Argentine des colons un peu particuliers. Les Espagnols qui décident d'y tenter fortune doivent s'aventurer le plus souvent en solitaire avant d'éventuellement s'établir avec des Indiennes. Le territoire se voit ainsi rapidement peuplé de *criollos* : de *créoles*, gens du pays, plus ou moins métissés, qui développent un sentiment très net de différence et d'originalité par rapport à la population d'origine espagnole.

Au 18ᵉ siècle, les conflits dans lesquels s'engage l'Espagne l'obligent à morceler son empire sud-américain. Ce qui entraîne la création, en 1776, de la Vice-Royauté du Río de la Plata — un territoire administratif constitué de deux régions : la *banda oriental* (Uruguay et Paraguay) et la *banda occidental* (Argentine), selon qu'elles occupent les rives est ou ouest de l'estuaire du Río de la Plata. Buenos Aires n'était jusqu'alors qu'un établissement guère plus important que les autres postes de la région. Elle devient, à partir de cette époque, un centre politique d'importance où circulent, parmi la population *criolla*, les idées nouvelles avancées par les Lumières et la Révolution française.

L'Indépendance

Aspirant à libérer un commerce florissant de la mainmise de la métropole espagnole, les Argentins profitent des attaques de la marine britannique en 1806 et 1807 afin de cimenter un sentiment d'unité nationale. L'unité patriotique se maintient après les combats militaires pour se transposer sur l'arène économique et politique. Profitant de l'occupation de l'Espagne par les armées napoléoniennes, les élites argentines parviennent, le 22 mai 1810, à établir l'indépendance.

La densité de la population du pays est alors de 0,014 habitant par km² ! L'Argentine est peuplée d'à peine quatre cent mille habitants : des *criollos*, des Indiens et des esclaves. Cette population noire présente la particularité d'être relativement peu nombreuse, l'importation d'esclaves ayant été beaucoup moins importante en Argentine que dans les autres colonies de l'Amérique du Sud et des Antilles. L'esclavage est d'ailleurs aboli dans la foulée des réformes qui accompagnent l'Indépendance. La population noire ne vit pas pour autant dans de meilleures conditions. Au fil des décennies, les descendants d'esclaves seront rapidement décimés par diverses épidémies qui frappent spécifiquement les ghettos des banlieues dans lesquelles ils sont cantonnés. La quasi-extinction de cette population s'effectue dans l'indifférence générale.

En ce début du 19ᵉ siècle, l'ensemble des territoires de l'Amérique latine est en révolution. Simón Bolívar est le personnage le plus célèbre de ce mouvement d'indépendance, mais l'Argentine connaît également un héros national de grande envergure : le général José de San Martín dont les succès militaires permettent l'établissement, en 1816, des Provinces Unies de l'Amérique du Sud. Né en 1778 au Paraguay, San Martín mourra en exil, en 1850, à

Boulogne-sur-Mer. Car après les guerres d'indépendance, l'Argentine connaît des décennies de guerre civile. Unitaires (partisans de l'autonomie des provinces) et fédéraux (partisans de l'Argentine unie) s'affronteront jusqu'à la fin du 19e siècle, l'un et l'autre parti alternant au pouvoir. En 1826, le gouvernement de Bernardino Rivadavia est de tendance fédérale. Celui-ci doit quitter le pouvoir l'année suivante, ouvrant la porte au représentant des *caudillos* unitariens, Juan Manuel de Rosas, dont la dictature particulièrement musclée se maintiendra au pouvoir de 1829 à 1852.

L'Argentine des *estancieros*

Rosas consolide la puissance des grands propriétaires terriens. Sa politique fermement protectionniste contribue à l'établissement d'une bourgeoisie nationale dont le pouvoir économique se fonde sur l'exploitation des richesses naturelles de la *pampa*. Rosas contribue également, bien malgré lui, à l'émergence d'un mouvement intellectuel national en suscitant le regroupement de ses opposants. Les élites antirosistes veulent ouvrir l'Argentine à des idéologies plus modernes. La dictature de Rosas est établie sur les valeurs traditionnelles de l'aristocratie *estanciera* des *caudillos* : les propriétaires des vastes *estancias* qui divisent dans les faits le pays en une multitude de petits états privés. Ceux-ci profitent directement de la « conquête du désert », conduite par le gouvernement rosiste qui pratique une politique d'extermination des populations indiennes dont les territoires sont repris par les nouveaux latifundistes.

Rosas est finalement vaincu par le général Urquiza, représentant d'une faction unitarienne rivale. En 1853, ce dernier promulgue une nouvelle Constitution dont les principales dispositions demeureront en vigueur jusqu'au milieu du 20e siècle. Urquiza dote la république d'un état fédéral qui parvient à ménager les susceptibilités autonomistes des unitariens. Les troubles continueront cependant jusqu'en 1873, les gouvernements se remplaçant les uns les autres à un rythme effréné. Par contre, l'économie est particulièrement florissante. Suite aux nouvelles campagnes d'extermination des populations indiennes menées par le général Roca en 1879, l'ensemble du territoire argentin est désormais occupé par la nouvelle bourgeoisie nationale. La prospérité permet à l'État de se payer le luxe d'une politique sociale plus libérale ; sous la conduite de Domingo Faustino Sarmiento, le pays se dote entre autres d'un système d'éducation fort enviable.

Urbanisation et immigration

Le dernier quart du 19ᵉ siècle voit les débuts de l'industrialisation de l'Argentine et l'apparition d'une petite-bourgeoisie urbaine. À côté de cette classe moyenne montante qui délogera graduellement du pouvoir l'aristocratie *estanciera*, se développe une nouvelle classe populaire non plus paysanne mais ouvrière. La nouvelle classe montante est représentée par le parti Radical, qui prendra le pouvoir en 1916 avec Hipólito Yrigoyen comme président. Parallèlement à ce radicalisme petit-bourgeois, on assiste aux premiers balbutiements d'un mouvement ouvrier. Auparavant, les *gauchos* employés par les *estancieros* devenaient quelquefois les hommes de main des armées privées dont se dotaient les *caudillos;* les ouvriers citadins découvrent la lutte des classes et le socialisme.

En 1859, la population argentine ne dépassait pas 1 300 000 habitants; dix ans plus tard, elle en comptait à peine 400 000 de plus. Saignée de ses populations indienne et noire, l'Argentine s'ouvre à l'immigration. Entre 1857 et 1930, le pays reçoit 6 330 000 immigrants; parmi ceux-ci, 3 385 000 se fixent dans le pays. Combiné à l'urbanisation,

Immigrants de la fin du 19ᵉ siècle.

ce mouvement de population change complètement le visage de l'Argentine (l'Argentine demeure aujourd'hui le pays d'Amérique latine dont la population urbaine est la plus importante, constituant, en 1980, 85,7 % de la population nationale). En 1869, le pourcentage d'étrangers dans la population était de 12,2 %; en 1895, il est de 25,4 %, pour culminer à 42 % en 1914. Les Italiens constituent 44 % des immigrants qui arrivent en Argentine au tournant du siècle, les Espagnols, 31 % et les Français, 3,6 %. On compte également un grand nombre de Russes, de Polonais, de Turcs et d'Allemands.

Les chiffres sont très éloquents : entre 1900 et 1910, sont débarqués en Argentine : 746 544 Italiens; 541 345 Espagnols; 74 016 Russes et Polonais juifs; 52 663 Turcs; 32 960 Français; 29 606 Autrichiens; 16 782 Allemands et 11 362 Anglais. La moitié de ces immigrants s'installe dans la région de Buenos Aires. En un demi-siècle, la population totale de l'Argentine se voit sextuplée, pour passer, en 1914, à 7 885 000 habitants. (Depuis cette époque, la population argentine n'a que triplé : elle compte aujourd'hui environ 24 millions d'habitants.)

Les quartiers de la solitude masculine

Le nerf de l'économie argentine demeure l'élevage bovin, cependant que les villes, et surtout Buenos Aires, deviennent des centres de transformation des matières premières. La nouvelle petite-bourgeoisie, qui contrôle le commerce de la viande (laissant aux *estancieros* le marché de la production), occupe le centre de la capitale. Les faubourgs se développent pour accueillir les nouveaux immigrants en quête d'emploi, ainsi que les derniers *gauchos* qui conduisent les troupeaux jusqu'aux abattoirs de la périphérie.

Les conditions de vie précaires du 18e siècle ne pouvaient attirer que des colons solitaires, ce qui a eu pour conséquence le métissage de la population et l'apparition d'une société *criolla*. Au tournant du 20e siècle, la situation est similaire. Les *orillas* (les quartiers périphériques) de Buenos Aires attirent une population d'hommes esseulés, qu'il s'agisse des *gauchos* habitués à parcourir la *pampa* avec la seule compagnie de quelques confrères et de leur cheval, ou des immigrants qui tentent de se refaire une vie (entre 1857 et 1924, les statistiques nous apprennent que ces immigrants étaient à 70 % des hommes). Cette solitude masculine contribue à la création d'un réseau florissant de prostitution. De la même manière que des milliers d'Indiennes anonymes ont contribué à fonder l'Argentine *criolla*, la

Buenos Aires du 20ᵉ siècle naît des amours que partagent les pauvres filles et les pauvres types qui se noient dans l'anonymat urbain.

Les quartiers populaires font alors figure de quartiers louches. La pauvreté, l'âpreté de la vie et le commerce des amours ont fait se développer la pègre et la canaille. Mais il faut cependant souligner que les divers documents rendant compte de la vie faubourienne de l'époque proviennent de journalistes et de chroniqueurs œuvrant au sein de la nouvelle petite-bourgeoisie, leurs propos reproduisant, ainsi que le constatent Arturo Penón et Javier García Méndez, « *le discours d'un groupe social qui ne pouvait percevoir les quartiers populaires que comme un immense lupanar* ». [1]

La tradition rurale

L'urbanisation de l'Argentine se fait en rupture avec les premiers siècles de son histoire essentiellement rurale. Le tango, qui apparaît au moment de cette transformation radicale, qui naît des conditions de ce changement, sera également en rupture avec le passé historique. Musicalement, le tango n'est pas dans une relation de continuité par rapport aux musiques traditionnelles qui ont pu se développer dans l'Argentine campagnarde.

De part et d'autre des frontières de l'Argentine sont apparus différents genres musicaux. *Chacareras, estilos, cuecas, zambas* (samba argentine, très différente de la samba brésilienne), etc., participent d'un folklore rural, plus ou moins commun à l'ensemble des pays du Cône sud, qui connaît un développement parallèle à celui de la musique urbaine *rioplatensa* (de la région du Río de la Plata). Avec quelques grands noms — comme le compositeur et chanteur **Atahualpa Yupanqui**, ou cette immense interprète qu'est **Mercedes Sosa** —, ce répertoire où résonnent nettement les influences indiennes continue encore à manifester des racines terriennes que l'Argentine partage avec les nations voisines.

Des *tambos* au tango

L'histoire du tango se détache de cette filiation rurale — parce que son histoire ne commence qu'à la fin du 19ᵉ siècle, avec l'urbanisation de la nation. Cependant, sur la piste de l'origine du mot tango, nous pouvons remonter un peu plus en arrière dans le temps. C'est au tournant des 18ᵉ et 19ᵉ siècles qu'on trouve les premières traces d'un terme qui semble avoir donné naissance au mot tango. Sans doute d'origine arabo-africaine, *tambo* aurait d'abord désigné le tambour qui accompagnait les danses et les chants des esclaves. Par extension, on emploie alors le mot pour désigner « *une manière particulière de faire ou de se divertir chez les nègres* ». [2]

En 1807, les lois promulguées pour réglementer les fêtes organisées par la population d'origine servile parlent de « *tambos de negros* », et à partir de 1816, on utilise indifféremment les mots *tambo* ou tango. En 1862, un dictionnaire de régionalismes hispano-américains définit encore le mot tango comme une « *réunion de nègres* bozales *pour danser au son du tambour et d'autres instruments* » [3] (le mot *bozal*, ou *bozalón*, désignant les Noirs récemment arrivés sur le continent et qui, à la faveur des lois antiesclavagistes, prétendent à un mode de vie similaire à celui des Blancs). Mais son nom a beau être nègre, les origines musicales du tango ne sont sans doute pas africaines. Il faut d'ailleurs remarquer que le tango s'interprète sans section rythmique comme telle, celle-ci étant tenue le plus souvent par le piano et la contrebasse. Cette absence de percussions est rare dans les autres musiques américaines, voire impensable dans les musiques d'origines africaines.

Le candombé

Les musiques sur lesquelles on se divertissait dans les *tambos* ou *tangos de negros* du 18e siècle étaient sans doute très diverses. Elles devaient être à peu près les mêmes dans l'ensemble des communautés noires des Antilles et de l'Amérique du Sud. Selon les contacts que les musiciens noirs peuvent avoir avec le répertoire des musiques blanches qu'ils colorent de leurs propres traditions musicales, c'est au fil du 19e siècle que l'on verra s'esquisser de nouveaux genres qui, selon les régions et les contextes ethnomusicologiques, donneront naissance aux différentes musiques afro-américaines que nous connaissons de nos jours : samba, salsa, meringue, jazz, rumba, etc.

Dans le cas de l'Argentine, l'osmose des traditions africaine et hispanique donne naissance au candombé. D'un rythme rapide soutenu par le tambour, le candombé se présente comme la musique typique des Noirs argentins. Bien qu'il arrive encore de nos jours qu'on inscrive quelques candombes au répertoire des orchestres de tango, cette musique n'a guère plus d'autre intérêt que celui de curiosité folklorique. Car le candombé n'a pas pu connaître de développement, tout simplement parce qu'il apparaît à une époque où les descendants d'esclaves se voient rapidement décimés par la maladie et les mauvais traitements.

La milonga

Au 19e siècle, cette population noire est la première à occuper les faubourgs de Buenos Aires, ces mêmes quartiers où s'installent par la suite les paysans argentins et les immigrants en quête de travail. C'est alors que commence à apparaître une nouvelle forme musicale issue de cette rencontre : la milonga. Sous la forme de milongón, puis de milonga, comme dans le cas de *tambo* et de tango, le mot désigne d'abord le lieu où l'on danse. On l'utilisera par la suite pour nommer également la fille avec qui l'on danse ; les migrants solitaires devant sans doute souvent se résoudre à payer les faveurs de cette milonga (ou milonguera) avec laquelle ils passaient la soirée, le mot adoptera le sens d'entraîneuse, de fille facile.

Quand le mot milonga commence à être utilisé pour nommer la musique que l'on danse à la milonga avec des milongueras, le mot identifie des pièces d'un rythme relativement rapide, s'apparentant à celui du candombé. Mais la mélodie et l'instrumentation ont été transformées. Les couleurs africaines s'atténuent, le tambour disparaît. Moins nègre, la milonga manifeste à la fois des influences rurales et tout à fait étrangères. On y retrouve le souvenir de mélodies traditionnelles issues du folklore qui s'est développé dans les populations paysannes à partir de musiques d'origines espagnoles. Mais on commence également à y remarquer des influences immigrantes. La mélodie évoque la tarentelle italienne ; on la joue à la guitare, ce qui contribue à lui donner une couleur plus méditerranéenne ; on commence à employer le violon avec un jeu dont le mélisme rappelle les traditions de l'Europe de l'Est.

Cet amalgame se fait au hasard des rencontres qu'occasionne la multiethnicité des quartiers populaires de la capitale. On peut imaginer qu'un musicien noir, à qui on demandait de jouer un air campagnard, l'ait interprété en le colorant de sa manière particulière de faire ; un musicien immigrant à qui on demande un candombé le joue en y ajoutant malgré lui l'accent de ses origines. Graduellement, de nouvelles formes s'établissent, naissant de cette interinfluence des diverses traditions musicales que les migrants avaient amenées dans leurs bagages.

La milonga qui naît ainsi est une musique de fête. Souriante et gaillarde, elle devient rapidement la reine des bals populaires. On l'associe à la nouvelle société des *arrabales*.

Parce qu'on l'identifie à des gens qui font mauvais genre, la milonga se voit cantonnée dans les lieux de mauvaise vie ; c'est, sinon dans les bordels, en tout cas dans les fêtes populaires, considérées d'un très mauvais œil par les bien-pensants du centre de la capitale, qu'on jouera la milonga.

La habanera

Parallèlement à cette tradition populaire naissante, les quartiers du centre de Buenos Aires développent leurs propres amusements. Dans les salons de la nouvelle classe moyenne, on danse les mêmes valses et polkas qui agrémentent les soirées de la petite-bourgeoisie européenne, auxquelles on ajoute quelques danses américaines — entre autres la habanera. Née à Cuba, la havanaise (qui doit son nom à la ville de La Havane) est moins trépidante que la milonga et le candombé : elle présente ainsi une couleur moins nègre. Véritable musique hispano-américaine, la habanera est certes tout à fait créole, mais elle semble plus castillane que les autres musiques qui voient alors le jour sur le continent américain. — Tellement castillane que plusieurs musiciens du tournant du siècle, comme le feront

Le tango dans la haute...

entre autres **Georges Bizet** et **Maurice Ravel**, se laisseront prendre au jeu en inscrivant des havanaises dans leur répertoire qui se soumet à l'hispanisme qui fait fureur à l'époque en Europe.

Parce que ses influences africaines se font très discrètes, la habanera offre aux petits-bourgeois une musique du pays, mais sans être trop entachée de couleurs mulâtres. Pour ces nouveaux nantis, la civilisation et la culture, la classe et le bon goût demeurent associés, malgré la profonde créolisation de la population, à des valeurs européennes. La habanera leur offre un produit culturel d'une couleur locale idéale puisque, paradoxalement, il peut passer pour européen, ceci même aux yeux des Européens.

Les premiers tangos

Il arriva peut-être alors que des musiciens des quartiers populaires, voulant se donner meilleur genre, introduisirent dans leur répertoire *milonguero* quelques habaneras qui se faisaient entendre dans les beaux quartiers (et qui y avaient sans doute été introduits, de toute façon, par quelques marins cubains, beaux garçons en permission, qui frayaient également dans les quartiers populaires). Parallèlement, des fils de bourgeois en goguette fréquentaient de temps à autre les bas quartiers de la capitale afin d'y respirer goulûment un air de liberté. De cette rencontre hasardeuse entre la milonga et la habanera vont naître les premiers tangos.

De la habanera, le tango emprunte directement son rythme de 2/4 si caractéristique, ceci en lui ajoutant les couleurs mêlées qui lui sont apportées par les diverses cultures immigrantes. Au hasard des transformations sociales et des croisements multiculturels, cette nouvelle musique éclot en quelques années, manifestation culturelle hybride issue d'une population aux origines multiples. C'est le 30 août 1866 que l'on retrouve la première référence explicite au nouveau genre musical avec l'annonce, dans le journal *La Tribuna*, de la publication de *La coqueta (La coquette)*, une composition de **A. de Nincenetti** explicitement présentée comme un tango.

Bien qu'il apparaisse à la suite de la milonga, le tango ne la remplace pas. Les deux genres sont presque contemporains l'un de l'autre ; le temps qui sépare l'apparition de la milonga et celle du tango n'est environ que d'une génération. Encore de nos jours, même si le répertoire *milonguero* est maintenant moins important, les deux musiques continuent à se côtoyer comme elles le faisaient à la fin du 19e siècle. La différence entre milonga et tango tient surtout au fait que la première manifeste plus sensiblement ses influences nègres alors que le tango apparaît être une musique plus blanche — ce qui, dans la société argentine qui se vante encore d'être le « *seul pays blanc au sud du Canada* », a pu contribuer à l'auréoler d'un prestige moins « entaché » de négritude...

Ces premiers tangos conservent pour un temps le caractère primesautier de la milonga : ces couleurs souriantes sont l'écho des espoirs dont pouvait se nourrir la première génération des immigrants pour qui le rêve américain pouvait encore se présenter comme réalisable. Reflet culturel d'une ville où miroitent le déracinement tragique des populations indiennes et noires ainsi que celui de sa population immigrante, la personnalité du tango sera aussi éclatée et multiple que celle de Buenos Aires.

Notes

[1] *Petite histoire du bandonéon et du tango*, VLB Éditeur, p. 46.

[2] Jorge Novati, Ines Cuello, « I, Primeras noticias y documentos », *Antología del tango rioplatense, vol. 1 (Desde sus comienzos hasta 1920)*, Buenos Aires, Instituto Nacional de Musicología "Carlos Vega", 1980, p. 1.

[3] *Ibid*, p. 4.

Un *compadrito*, dessin de Luciano Payet.

Candombes, milongas et premiers tangos

La musique rurale traditionnelle d'Argentine mériterait une présentation beaucoup plus détaillée que celle que nous sommes en mesure de lui accorder dans le contexte du présent ouvrage. Pour se faire une idée des principales caractéristiques de ce répertoire, on pourra écouter avec beaucoup d'intérêt les enregistrements de **Mercedes Sosa**.

Parmi l'imposante discographie de cette immense interprète, signalons un enregistrement en spectacle diffusé sous le titre de *Mercedes Sosa en Argentina.* Présenté à Buenos Aires en 1982 (alors que, profitant du démembrement de la récente dictature, la chanteuse pouvait enfin revenir se produire dans son pays), cet enregistrement propose une sélection tout à fait représentative de *chacareras* et de *zambas* argentines traditionnelles.

Mercedes Sosa y interprète entre autres une *milonga pampeana* signée **Atahualpa Yupanqui**, le plus important des derniers *payadores* de l'Argentine rurale. Cette *milonga pampeana*, milonga de la pampa, est d'inspiration plus traditionnelle que la milonga « des villes » qui donnera naissance au tango. On retrouve également sur cet album plusieurs *canciones* (chansons) plus contemporaines, ainsi qu'une version tout à fait mémorable de *Los mareados (Les titubants)*, un tango de **Enrique Cadícamo** et **Juan Carlos Cobián**, le seul et unique tango traditionnel de toute la discographie de la chanteuse.

Ce tango avait été interdit par la dictature militaire à cause de ses allusions aux méfaits de l'alcool ; **Mercedes Sosa** le chante accompagnée du seul bandonéon de **Rodolfo Mederos**, dans une interprétation qui est unanimement considérée comme une des plus marquantes de tout le répertoire du tango chanté.

Le candombé

Les ensembles de tango puisent rarement dans le répertoire du *candombé*. On en retrouvera davantage dans des enregistrements effectués par des interprètes spécialisés en musique traditionnelle et folklorique.

Parmi les rares *candombes* contemporains, signalons celui qu'a composé **Astor Piazzolla** dans les années cinquante sous le titre de *Yo soy el negro (Je suis le nègre)*, chanté par **Jorge Sobral**. D'une facture très différente des œuvres habituelles du maître du *nuevo tango*, cette pièce affiche ses couleurs nègres avec un certain volontarisme — une même négritude un peu forcée que l'on retrouve dans *El candombé (Le candombé)* de **Roberto Davin** et **Lucho Gonzalez**, chanté plus récemment par **Valéria Munarriz**.

La milonga

Une *Milonga de marfil negro (Milonga de l'ivoire noir)*, composée par **Julian Plaza** sur un texte de **Jorge Luis Borges**, manifeste le lien qui unit directement le candombé à la milonga.

Alors que le candombé ne laisse que de rares traces, la milonga se manifeste beaucoup plus souvent dans le répertoire des différents ensembles de tango. Bien qu'on ait conservé peu de partitions des milongas les plus anciennes, certains compositeurs contemporains nous montrent que la mémoire de ce répertoire originaire ne s'est pas entièrement effacée. Tel est le cas de **Mariano Mores** avec l'une des plus célèbres milongas du répertoire contemporain : *Taquito militar (Petit pas militaire)*. Typique de la milonga traditionnelle, cette pièce présente la particularité de demeurer encore bien proche du candombé — parenté que plusieurs arrangeurs se plaisent à souligner ouvertement.

La *Milonga de mis amores (Milonga de mes amours)* de **Pedro Laurenz** et *Nocturna* de **Julian Plaza** témoignent du côté joyeux et souriant de la milonga. Moins trépidante que le candombé, la milonga affiche néanmoins un visage bon vivant qu'on retrouve également dans *La trampera (Le piège)*, de **Aníbal Troilo**, ainsi que dans *Corralera (De la basse-cour)* d'**Anselmo Aieta**, ou dans *Te vas milonga (Tu t'en vas, milonga)* d'**Abel Fleury**.

Tout en s'inscrivant musicalement dans l'univers gaillard et paillard des faubourgs portègnes de la fin du 19e siècle dont la milonga est l'expression la plus immédiate, *Milongueando en el 40 (« Milonguant » dans les années 40)* d'**Armando Pontier** rappelle plus particulièrement la vague *milonguera* qui traversera le tango pendant les années trente et quarante. Ces créations plus récentes présentent un écho très fidèle des premières milongas dont on peut constater l'entrain et le mordant original dans *La puñalada (Le coup de poignard)*, une pièce des années trente écrite par **Pintín Castellanos,** originalement sur un texte de **Celedonio Esteban Flores**.

Bien que *La puñalada* soit reconnu comme un tango, on l'interprète depuis longtemps avec des accents de milonga. Le tango et la milonga utilisent les mêmes rythmes en 2/4 ou 4/4, la différence entre les deux genres tenant essentiellement au tempo utilisé ainsi qu'à une accentuation différente de la mélodie. Le fait qu'il soit possible, dans certains cas, d'interpréter une même mélodie d'une manière tango ou dans un style milonga, rend compte de la parenté très profonde des deux genres.

Milongas paradoxales

On retrouve plusieurs pièces portant la mention de milonga dans les compositions d'**Astor Piazzolla**, mais le maître du *nuevo tango* se permet une grande liberté dans l'emploi de cette appellation. Des pièces comme *Milongo* et *Milonga loca (Milonga folle)* présentent un rythme relativement rapide, très proche de celui de la milonga des origines. Dans une *Milonga picaresque*, **Piazzolla** en profite pour donner un coup de chapeau au phrasé particulier qui a été introduit dans la musique argentine par les musiciens tziganes.

Par contre, dans des pièces comme *Milonga for three (Milonga pour trois)*, *Milonga* et

Rosendo Mendizábal.

Ernesto Ponzio.

d'une façon nettement prononcée dans *Milonga del angel (Milonga de l'ange)*, **Astor Piazzolla** propose quelque chose qu'on pourrait peut-être appeler des *milongadagios*, au rythme très lent. Ces compositions extrêmement mélancoliques sont directement en rupture avec la tradition — comme l'est d'ailleurs l'ensemble de l'œuvre de **Piazzolla**.

Habaneras

Comme dans le cas du candombé, les documents sur les premières habaneras sont rares. Par contre, le succès qu'a connu cette musique sur les scènes européennes a contribué au fait qu'il nous en reste plusieurs témoignages qui, quoique indirects, sont néanmoins extrêmement célèbres.

La plus connue des ces habaneras récupérées par des musiciens européens date de 1875 :

« *L'amour est un oiseau rebelle* ». Le célébrissime air du premier acte de l'opéra *Carmen*, de **Georges Bizet**, est en effet un havanaise dans laquelle on reconnaît déjà, très lent, le rythme que le tango lui empruntera.

Un quart de siècle plus tard, **Maurice Ravel** introduit, au troisième mouvement de sa *Rapsodie espagnole* de 1908, une *Habanera* des plus nuancée, d'un exotisme qu'on pourrait presque déjà qualifier de minimaliste.

On retrouve un des témoignages les plus anciens de la habanera (et aussi est-il sans doute pour cela plus proche de la habanera cubaine des origines) dans *La paloma (La colombe)*, du compositeur espagnol **Sebastián Yradier** (1809-1865). Grand prince du répertoire des petits orchestres de bals populaires, il suffit d'accélérer quelque peu et de marquer davantage le tempo de cet air archi-connu pour le confondre avec un tango.

Le tango avant 1900

Du tout premier tango, *La coqueta (La coquette)*, signalé en 1866, nous ne savions rien d'autre que le titre et l'auteur : **A. de Nincenetti**. La chronique a pu conserver le souvenir de plusieurs autres titres du répertoire originel du tango, et même a-t-on pu retrouver quelques partitions. Mais il est rare de pouvoir entendre ces tout premiers tangos : on ne les réactualise à peu près jamais dans des interprétations contemporaines.

Rosendo Mendizábal

Le plus ancien des tangos qui continue à faire partie du répertoire moderne date de 1897. Signé **Anselmo Rosendo Cayetano Mendizábal** (1868-1913), *El Entrerianno (L'« entre-riverain »)* — du nom qu'on donne aux personnes origi-naires de la province de Entre Ríos, au nord de Buenos Aires — est d'un rythme encore très proche de la milonga.

Petit-fils d'esclave, **Mendizá-bal** était pianiste au Z Club de Buenos Aires (il composera d'ailleurs un tango au titre de *Z Club*). Peu productif, des quelques pièces qu'il composa, seul *El Entrerianno* aura un succès important.

L'origine du titre de *El Entrerianno* est très significa-tive des conditions dans les-quelles travaillaient les pre-miers compositeurs de tangos. Les droits d'auteur étant plutôt maigres, voire inexistants pour ces musiciens à la petite se-

maine, la seule façon d'arrondir leurs revenus de compositeurs était de trouver un parrain qui, en échange de la dédicace de la composition, acceptait de payer l'artiste. Dans le cas de *El Entre-rianno*, ce parrain fut un riche propriétaire terrien du nom de Ricardo Segovia, originaire de la province d'Entre Ríos...

Parmi les autres tangos de **Mendizábal**, on retrouve des ti-tres qui rappellent les milieux plus ou moins mal famés dans lesquels a été cantonné le tango des origines. Entre autres, une pièce qui, avant d'être présen-tée sous le titre de *Las siete pa-labras (Les sept paroles)*, avait d'abord connu un certain suc-cès sous celui de *Las siete pulga-das (Les sept pouces)*...

Ernesto « Pibe » Ponzio

Comme **Mendizábal**, **Ernes-to Ponzio** (1885-1934) doit l'es-sentiel de sa célébrité à un seul titre : *Don Juan*, qu'il compose en 1909.

La légende veut que « **Pibe** » (le « môme ») **Ponzio** ait été un véritable mauvais garçon, pré-férant la compagnie de son re-volver à celle de son violon. Il fit plusieurs séjours en prison, dont trois années pour homi-cide entre 1925 et 1928. Il se servit des premiers couplets d'un tango de bordel au titre de *¡Que polvo que tanto viento! (Un coup bien tiré)* pour la com-position de *Don Juan*.

Très souvent repris par les orchestres de tango, *Don Juan* présente la caractéristique d'a-voir été l'un des tout premiers tangos chantés. Dès sa publica-tion, la partition a été accompa-gnée d'un texte de **Ricardo J. Podesta** expliquant que ce tan-go est un hommage au *taita* (chef de bande) Don Juan Cabello. En 1911, **Alfredo Gobbi** enregistra une nouvelle version de *Don Juan* en chantant cette fois un texte de son cru, au titre de *Mozos guapos (Jeunes gouapes)*.

La compilation ***Historia del tango*** présente une version très intéressante de *Don Juan* : jouée par un trio de violon, guitare et flûte, cette interprétation nous donne une idée de ce qu'ont pu être les couleurs instrumentales des premiers tangos de la fin du 19ᵉ siècle.

Manuel Oscar Campoamor

C'est à la même époque, en 1898 ou 1899, que le pianiste **Manuel Oscar Campoamor** (1877-1941) compose *El sargento Cabral (Le sergent Cabral)*.

Comme dans les cas de **Mendizábal** et de **Ponzio**, **Campoamor** compose peu. Au total, on connaît de lui tout au plus une dizaine de titres. **Campoamor** s'est d'ailleurs graduellement retiré de la scène à partir de 1910. Plusieurs des titres de **Campoamor** portent la marque des milieux marginaux qui accueillent les premiers ensembles de tango. L'un d'eux masque derrière un pudique *La c...ara de la l...una (La f...ace de la l...une)* une allusion au titre originel de *La concha de la Lora (La « figue » de Lora)*...

Quant à *El sargento Cabral*, il s'agit du plus ancien tango enregistré qu'il nous est possible d'entendre de nos jours. C'est en 1907 que cette pièce à été gravée sur rouleau de cire par l'orchestre de la Garde républicaine de Paris ! Les couleurs de musique de fête foraine que la fanfare policière donne à la pièce soulignent l'aspect souriant et joyeux des plus anciens tangos — une musique de temps heureux et insouciants.

La c...ara de la l...una.

Don Juan.

3

La guardia vieja
(1900-1915)

Il semble que le tango ait d'abord été une danse avant d'être une musique ; encore aujourd'hui, pour la plupart des gens, le mot tango, comme cha-cha-cha et rumba, évoque une manière de danser plutôt qu'une musique de danse.

Le mot tango a d'abord servi à désigner un lieu de fête et une manière particulière de s'y divertir avant d'être le nom de la nouvelle musique qu'on entendait dans les fêtes *criollas*. Cette « manière de se divertir » signifie sans doute une manière de danser qui semble s'être distinguée rapidement de la manière dont on pouvait danser ailleurs, autant en Amérique qu'en Europe.

Une danse qui efface les différences

Le tango est une musique au carrefour de la tradition créole et des influences culturelles immigrantes ; le tango dansé est également un amalgame interethnique dont les origines sont aussi difficiles à établir.

On peut certainement reconnaître des influences africaines dans l'ancêtre direct du tango dansé : la milonga. L'embrassement des corps rappelle les danses européennes mais les variations apportées dans les pas affichent un délié d'influence africaine. La milonga apparaît comme une sorte de polka dansée par des Africains : elle serait, à l'origine, une manière propre à la population mulâtre des quartiers populaires de Buenos Aires de danser les danses européennes.

À partir du milieu du 19e siècle, cette tradition créole entre en contact avec les danses que les premiers immigrants importent de leurs pays natals, ainsi qu'avec d'autres danses américaines, comme la habanera cubaine. S'opère alors, comme dans le cas de la musique, mais avec quelque peu d'avance sur elle, une fusion des styles et des genres qui se verra formellement chorégraphiée quelques dizaines d'années plus tard. Ce tango des origines se serait dansé uniformément sur les diverses musiques que les immigrants déballent de leur bagage culturel, le langage de la danse servant à passer outre les différences culturelles et linguistiques.

Une question d'allure

Mais avant même d'être une danse, le tango serait surtout une allure, celle du *guapo* ; la gouape des faubourgs portègnes et sa *percanta* (sa « gagneuse ») auraient été les premiers à investir les musiques qu'ils entendaient avec le chaloupé canaille qui fait la démarche fière et débonnaire de la noblesse des bas-fonds.

Les faubourgs populaires de la fin du 19e siècle étaient le rendez-vous de la misère immigrante et de la pégraille et le tango adopte des allures de truand romanesque à l'élégance provocante. Au sein de l'aristocratie *arrabalera*, les princes et les princesses du trottoir doivent montrer de la dégaine, une allure sur la brèche de la provocation qui est le signe de la distinction des bas-fonds — comme les bonnes manières dans la haute ! Les tout premiers tangos n'auraient été qu'une façon de danser en affichant cette gouaille populacière. Le tango qu'on continue à danser aujourd'hui apparaît comme une célébration de la frime et du bagou qu'affichaient ces marlous bravaches exprimant leur fierté canaille dans les chances qu'ils prennent à imaginer incessamment de nouveaux enchaînements de figures. Ces couples dansaient sans doute pour épater la galerie de leurs prouesses ; ce faisant, ils inventaient une toute nouvelle danse populaire dont la beauté demeure encore celle du risque.

Dans *¡Así se baila el tango ! (Le tango se danse comme ça !)*, **Marvil** et **Elías Randal** définissent d'une manière tout à fait explicite le parti-pris de sensualité, de provocation et de contenance canaille qui fonde l'esthétique de cette danse :

> *Qu'est-ce qu'ils en savent les richards ? les regardez-moi ? les je-sais-tout ?*
> *Qu'est-ce qu'ils savent du tango ? Qu'est-ce qu'ils savent du rythme ?*
> *Par ici l'élégance ! De l'allure ! De la silhouette !*
> *Quel maintien ! Quelle arrogance ! Faut d'la classe pour c'te danse !*

Sur l'horizon de la marginalité

Encore aujourd'hui, le tango se distingue très nettement de ses consœurs du répertoire de la danse sociale. Sur une piste de samba ou de salsa, les couples dansent dans un mouvement d'ensemble, chacun se déplaçant essentiellement de la même façon que les autres ; sur une piste de tango, chaque couple danse son propre tango. La chorégraphie de la plupart des danses sociales est constituée d'un pas de base agrémenté de quelques variations ; dans le tango, ce pas de base ne suffit pas à lui seul : il est un point de départ pour des dizaines de figures différentes que chaque couple enchaînera d'une façon particulière selon la musique et l'espace dont il peut profiter sur la piste de danse.

Seuls les professionnels de la danse sociale introduisent des figures dans leurs chorégraphies ; les couples qui se retrouvent dans les salles de bals du samedi soir se satisfont du pas de base. Dans le cas du tango, ne serait-ce que pour tourner sur place et éviter d'entrer en collision avec ses voisins, il faut apprendre une figure ! Même les amateurs doivent en connaître un certain nombre afin d'être en mesure de simplement se déplacer sur la piste. L'enchaînement de ces figures est entièrement régi par l'inspiration du moment. Toute la difficulté du tango est là, et c'est également dans cette improvisation chorégraphique que réside la beauté de cette danse : les spectateurs ne savent plus où donner du regard, chaque couple affichant sa propre personnalité et sa propre interprétation de la musique qu'il entend.

Les danseurs de tango ne peuvent pas faire autrement que de se risquer à danser un tango différent à toutes les fois qu'ils sont sur la piste. Ils commémorent ainsi ce goût de se faire remarquer qui habitait les premiers couples qui se sont ingéniés à inventer ces figures. Si le tango continue à se distinguer des autres danses, c'est parce que les mouvements qui ont été à l'origine de sa chorégraphie particulière ont été mis au point par des fêtards frimeurs qui désiraient se distinguer les uns des autres.

Le rythme secret des pas

Autre difficulté, autre distinction : pour danser le tango, il ne peut suffire de suivre la musique, de marcher dans les pas dessinés par le tempo. Contrairement aux autres musiques américaines qui, comme lui, sont à l'origine des musiques de danses mais dont la base est fondamentalement rythmique, le tango est essentiellement mélodique. On ne s'y laisse jamais vraiment emporter par le rythme ; ses violons, ses bandonéons chantent plus qu'ils ne marquent les pas. Dans les autres musiques de danse, le martèlement du tempo affleure à la surface de la mélodie ; dans le tango, le rythme demande à se faire extraire du cœur de la mélodie. Les figures du tango ont beau être très nombreuses, en elles-mêmes, elles ne sont pas particulièrement difficiles à apprendre : le plus difficile, c'est d'apprendre à suivre ce rythme discret qui, à l'intérieur d'une même pièce, peut changer plusieurs fois, ralentir et accélérer, s'entrecouper de syncopes, etc.

Pour danser la rumba, par exemple, les danseurs et la musique doivent ne faire qu'un, les pas et les percussions fonctionnant à l'unisson. Les différentes pièces peuvent être plus ou moins rapides mais chacune présente une relative uniformité rythmique : mouvement et musique aspirent à ne faire qu'un. Dans le tango, on assiste à une différenciation du geste et de l'oreille : ce que les discours de la danse et de la musique cherchent à exprimer ne se confond pas — la musique et la danse y sont en dialogue.

Une danse qui s'écoute

Danser le tango est une chose sérieuse : la concentration qu'il exige explique en partie la contenance des danseurs, ainsi que le masque tendu de réflexion, presque douloureux, qu'ils portent sur leur visage. Attentifs à la musique, les yeux dans les yeux, ou quelque peu égarés au-dessus de l'épaule du partenaire, les danseurs ne se parlent surtout pas.

L'homme dirige : il doit prévoir l'enchaînement des figures en tenant compte de l'espace disponible parmi les mouvements des autres couples sur la piste. Sa partenaire doit être entièrement à l'écoute des signes (différentes pressions de la main et du bras dans son dos) avec lesquels l'homme annonce les figures qu'ils danseront. La femme doit d'ailleurs avoir entièrement confiance en son partenaire dans la mesure où, se déplaçant presque constamment à reculons, elle n'y voit littéralement rien.

L'attention qu'il faut mettre à danser le tango, à cause de ses difficultés intrinsèques, se mêle à une tension des membres qui est celle d'une bête à l'affût. Le mouvement des jambes doit s'apparenter au piaffement d'un animal ; la cambrure du dos doit être fière — mais sans jamais de raideur ni de saccades : une tension souple, féline.

Il y a tango et tango... et tango...

Pourtant, quand on pense tango, on voit au contraire l'image d'un couple guindé, un bras entièrement étendu, ponctuant leurs déplacements de saccades des épaules.

Tango dans un café dansant du tournant du siècle.

Tango « prolo » vers 1920.

C'est qu'il y a tango et tango... et tango... : trois façons fort différentes de le danser.

L'image la plus répandue du tango est également la plus caricaturale. Le tango dit international, qu'on voit dans les compétitions de danse sociale, exagère la gravité de l'expression et la tension féline qui, chez les danseurs de vrai tango (qu'on appelle, en toute logique, tango argentin), donne l'impression d'une sorte de contenance émotive — le tango international donne plutôt l'impression d'une constipation des sentiments! En costumes lamés et en robes pailletées, le tango international propose de la frime de tango au lieu de son frisson originel.

Développé pendant l'entre-deux-guerres, ce tango de salon a littéralement domestiqué, récupéré le côté voyou et délinquant dont se souvient le tango argentin. C'est ce tango international qui a poussé le tango argentin qui se plaisait déjà à danser en équilibre sur le fil du mauvais genre pour le faire tomber du côté du mauvais goût et du kitsch. Le tango international s'apparente d'ailleurs moins au tango argentin qu'à ce qui a pris le nom de tango européen, celui qu'on apprend dans les cours de danses populaires (le tango international pouvant être défini comme la professionnalisation du tango européen destiné aux amateurs).

Le tango européen est une adaptation du tango argentin qui a commencé à se développer à l'époque de la Première Guerre mondiale, au plus fort de la tangomanie qui frappe alors l'Europe et surtout la France. On le danse sur les mêmes musiques que le tango argentin, les deux pas de base étant similaires. Mais le tango européen marque le rythme d'une manière différente de celle du tango argentin. Dans le tango européen, les danseurs se déplacent sur un rythme en quatre temps qu'on découpe en *lent, lent, vite-vite, lent* (ou *un, deux, trois-et-quatre*); le pas de base du tango argentin — qu'on appelle *pasito de Buenos Aires* : petit pas de Buenos Aires — se déplace sur les mêmes quatre temps mais en les marquant *vite-vite-vite, lent* (ou *un-deux-trois et quatre*).

À ce niveau, la démarcation entre tangos européen et argentin ne tient qu'à un déplacement de l'accent rythmique. La principale différence vient plutôt du fait qu'on a pu se sentir obligé, au moment où le tango commençait à entrer dans les grands salons européens, d'édulcorer quelque peu la sensualité canaille du tango des origines.

Danser l'un contre l'autre

La contenance piaffante et souple que le tango argentin emprunte aux allures canailles de ses inventeurs est profondément imprégnée d'une tension désirante. Les partenaires ne tournent pas l'un autour de l'autre : leurs pas vont et reviennent au lieu de tourner sur place, comme continuellement poussés à vouloir s'échapper, à se détourner mais sans jamais réussir à se détacher de la force d'attraction qui les relie. Les danseurs se laissent et se rattrapent au lieu de vraiment danser ensemble ; plutôt que l'un avec l'autre, ils dansent l'un *contre* l'autre, hésitant entre la proximité et la lutte que laisse entendre l'expression.

Tout en retournements, en cassures et en syncopes, alors que la mélodie est habituellement des plus coulante, il est impossible, dans un tango, de jouer de la nonchalance. La danse est habituellement une distraction ; le sérieux qui s'inscrit sur les visages des danseurs de tango montre qu'on ne danse pas un tango comme si de rien n'était, comme s'il allait de soi : il faut nécessairement y mettre du sien, y mettre du cœur — y mettre ce rythme qu'il est impossible de se contenter de suivre.

Les lois de la gravité

La gravité du tango est tout le contraire de la fausse contenance qu'on a coulée dans les poses stéréotypées de la danse sociale. Ici, il n'est pas question de retenue mais, au contraire, de débordement. Cette gravité ne doit pas se contenter de peser sur le sens premier du mot ; elle relève plutôt du principe de l'attraction universelle : des lois de la gravité. Si la gravité du tango a une loi, il s'agit bien de celle qui régit l'attraction qu'exerce un corps sur un autre. Dans le secret de la connivence et de la complicité qu'exige la communication entre les partenaires pour que cette danse mène quelque part au lieu de tourner en rond comme s'en contentent les autres, le choix du partenaire doit se faire avec une certaine gravité : en cédant aux forces d'une attraction, d'une attirance. Un tango ne se danse jamais sans gravité, sans attirance. Le tango se propose comme le lieu d'une rencontre : la loi de la gravité du tango veut que l'attraction des deux partenaires ne soit pas seulement un prétexte (on danse ensemble parce qu'on s'attire) mais une des conditions du tango : on se doit d'être attiré pour danser.

Dans bon nombre de figures du tango, la partenaire échappe au danseur qui doit la rattraper pour continuer. Le tango est aussi une des rares danses où l'approche des partenaires qui se choisissent sur la piste fait partie intégrante de la chorégraphie. Ils se rencontrent, s'enlacent, se défont et se refont : on ne peut voir un tango sans y voir du désir. Le torse droit et immobile, l'essentiel de cette danse se passe en dessous de la ceinture, ce qui est toujours un lieu où les choses se jouent avec un certain sérieux — tout en demeurant un jeu…

Ce n'est pas un couple qui danse mais un homme qui cherche de la compagnie. Il fut un temps où le tango se dansait entre hommes au coin des rues — ce qui n'était pas pour réduire le nombre des infamies dont les bien-pensants pouvaient s'offusquer quand ils ont commencé à se pencher avec un certain vertige sur la vie trop grouillante des bas-fonds de Buenos Aires (un règlement municipal, édicté en date du 2 mars 1916, interdira d'ailleurs aux hommes de danser le tango sur le trottoir, sous prétexte d'entrave à la circulation).

Le tango est une affaire d'hommes, et pas seulement dans le masque de fierté machiste que se doit d'afficher le visage imperturbable du danseur. Chaque tango raconte l'histoire d'un homme qui rencontre une femme — et le tango s'est d'abord dansé avec des prostituées ; les deux danseurs qui s'évitent du regard se souviennent de ce client et de cette fille : un couple toujours dépareillé.

De la rue au bordel

À son origine, cette danse était l'expression de la liberté morale des faubourgs populaires — d'une permissivité sexuelle qui a fait que cette danse a pu être perçue comme une musique de bordel. Mais contrairement à ce qu'affirme la légende endossée par la plupart des chroniqueurs, le tango n'est pas né dans les bordels. Il a vu le jour dans les fêtes populaires de la rue ou des cours des *conventillos* ; c'est par la suite qu'il se sera vu contraint de fleurir dans les maisons closes.

Dans la lunette de l'idéologie bourgeoise, ce qui relève de la culture populaire est souvent perçu comme un vaste bordel. Ainsi, quand les chroniqueurs de la bourgeoisie portègne affirment que le tango est une danse vulgaire et de maison close, cela revient à affirmer son origine prolétarienne. Expression d'une sensibilité populaire moins fine ou moins chatouilleuse que celle des gens de la haute, c'est parce que ce divertissement apparaissait vulgaire aux yeux des bien-pensants qu'on l'aura obligé à se réfugier dans les bordels — un lieu où ces classes possédantes reléguaient elles-mêmes leur relative permissivité sexuelle. Ne pouvant plus se manifester ouvertement dans les lieux publics, les maisons closes deviennent le seul lieu où le tango peut retrouver sa liberté en se cachant du regard des bien-pensants (qui forment une bonne partie de la clientèle de ces bordels).

Tant qu'il était la libre expression d'un sensibilité populaire, le tango outrait les valeurs bourgeoises; en s'enfermant dans les bordels, il se découvre prisé par les fils de bourgeois en goguette qui trouvent à s'encanailler dans les milieux populaires. Le tango s'est certainement quelque peu embourgeoisé pour se voir accepté par les classes possédantes mais, surtout, il aura ouvert la route à une nouvelle génération de fils à papa qui, à l'aube du 20e siècle, commençait à en avoir marre de la rigidité des valeurs victoriennes.

La socialisation de l'espace du désir

Dans toutes les danses se joue un rapprochement désirant des corps : inviter quelqu'un à danser est souvent la seule possibilité de rapprochement sensuel à pouvoir s'exprimer quand le désir cherche à sortir de l'espace du privé. Avec le tango, cette introduction du désir dans l'espace public est plus explicite que dans d'autres danses : le tango exprime cette loi de l'attraction avec une telle transparence qu'on a pu s'en offusquer et, comme Sem, le décrire comme une « *copulation rythmée* ». Le futur président Clémenceau en visite en Argentine se demandera lui aussi, dans ses *Notes de voyage en Amérique du Sud* de 1911, pourquoi on ne le danse pas plus simplement à l'horizontale ?

La chorégraphie du tango propose une interpénétration explicite des gestes et des corps. Dans les autres danses, les mouvements s'exécutent en face à face, chaque danseur se déplaçant à l'intérieur de son propre espace corporel : on danse ensemble mais en restant en quelque sorte chacun de son côté. Les pas du tango tricotent au contraire un entremêlement sinueux des jambes où chacun envahit l'espace de l'autre. Le tango ne mime pas un accouplement; il dévoile le rôle fondamental de la danse : être, pour un couple, le premier de ses préludes sexuels. Le tango n'est pas comme tel obscène, en ce sens qu'il montrerait au grand jour des gestes qui ne seraient à leur place que dans l'ombre d'une alcôve. Mais voilà qu'il nous oblige à penser qu'un couple qui accepte de danser comme il est en train de le faire, qui manifeste une pareille complicité gestuelle, doit éventuellement songer à pousser l'expérience un peu plus loin.

La sensualité du tango est provocante dans la mesure où il manifeste en public la finalité privée et érotique de toute danse — une finalité qui apparaît moins évidente maintenant qu'on danse désormais chacun seul de son côté, perdu dans la foule qui se piétine en disco sur la piste ; mais ne s'agit-il pas là d'une mise en scène très représentative de nos amours contemporaines ?... Par contre, cette finalité érotique de la danse était très bien sentie, il y a encore peu de temps, par ceux qui dénonçaient les rapprochements trop faciles des corps inaugurés par les premières valses du 19ᵉ siècle. Le tango bénéficia d'ailleurs d'une attention toute particulière de la part des curés de la morale et de la bonne conduite bourgeoises. Explicitement condamné par le Pape Pie X avant sa mort en 1914, Benoît XV se laissera par la suite convaincre de le réhabiliter, mais il aura fallu attendre le moment où, une fois débarrassé de la part la plus grossière de sa gouaillerie faubourienne, le tango acquiert droit de cité dans les salons bourgeois de Paris et de Buenos Aires.

Des faubourgs au centre-ville

Dans les salons bourgeois de la Buenos Aires du tournant du siècle, on danse les danses à la mode en Europe. Ouvertement francophile, la bourgeoisie *criolla* vit à l'heure des modes parisiennes. Elle n'ignore cependant pas le tango puisqu'elle prend la peine de dénoncer son indécence ; il demeure une danse littéralement vulgaire, dont la grossièreté est associée au fait de ses origines populaires.

Le peuple continue à danser le tango dans les *almacenes* où on peut entendre les orchestres du quartier. Les mêmes musiciens déménagent de temps à autre leurs intruments dans quelques nouveaux restaurants, comme « Chez Handsen » (ouvert en 1875, l'établissement fermera ses portes en 1912), qui commencent à accueillir des orchestres de tango pour agrémenter des soirées où l'on danse quelquefois entre les tables.

La clientèle de ces nouveaux cafés dansants est globalement constituée de familles issues de la nouvelle classe moyenne argentine, cette petite-bourgeoisie commerçante en train de renverser l'oligarchie des propriétaires terriens. Pour se distinguer d'une grande bourgeoisie moribonde et parce qu'elle demeure encore proche de ses origines travailleuses, cette nouvelle classe sociale se montre moins réfractaire au tango que les nantis du centre-ville. D'un autre côté, on peut imaginer qu'à partir du moment où le tango populaire commence à sortir de temps en temps chez les bourgeois, il se

La cour d'un *conventillo*.

met à prendre des précautions afin de ne pas trop se faire remarquer par des attitudes faubouriennes.

Mais ce sera seulement à partir du moment où le tango pourra satisfaire la francophilie des classes possédantes argentines qu'il commencera à avoir véritablement droit de cité. Le tournant décisif qui conduit à la pleine reconnaissance du tango et à son admission dans la culture argentine est, dans les faits, un détour : le tango devra attendre l'engouement que la danse suscitera à Paris au début du siècle pour se voir cautionné aux yeux des Argentins.

Détour par Paris

Le tango doit sortir des rues des bas quartiers de la capitale pour se voir reconnaître un certain statut, et ce n'est que lorsque Paris l'adopte que les Argentins commencent à se montrer fiers d'en être les créateurs. Dans les deux cas, c'est à **Carlos Gardel** que l'on doit d'avoir été l'un des principaux initiateurs de cette ascension sociale du tango. C'est lui qui, en le faisant passer « *des pieds aux lèvres* », conduit le tango des rues des faubourgs aux scènes du centre-ville, ceci après l'avoir transporté de Buenos Aires à Paris.

Au lendemain du siècle des Lumières, les idéaux de la Révolution française ont exercé une attraction politique et culturelle très forte sur l'ensemble des jeunes nations américaines. Dans la foulée de l'Indépendance de 1810, la culture argentine a secondé la rupture de ses liens économiques et politiques avec la métropole espagnole d'un processus de désaffiliation culturelle. Tant et si bien que cent ans plus tard, Jorge Luis Borges témoigne du fait que « *tous les Sud-Américains cultivés du début du [20ᵉ] siècle […] étai[ent] ou se sentai[ent], une sorte de Français honoraire* ». [1]

L'Argentine est alors une nation prospère : la richesse de la capitale était d'ailleurs tellement grande qu'il semble que le coût de la vie y ait été plus élevé que dans les grandes villes européennes. Sur la route de la viande de bœuf dont l'Argentine est l'un des plus importants exportateurs de l'époque, les liens commerciaux entre l'Europe et le Cône sud contribuent à établir un solide réseau d'échanges économiques. À cause du souvenir trop récent des luttes que l'Argentine avait dû mener contre l'Espagne et l'Angleterre dans le cadre de son accession à l'indépendance, même ces liens purement économiques ont pu privilégier un rapprochement plus particulier avec la France.

À côté de leurs dossiers commerciaux, on découvre du tango dans les valises des hommes d'affaires argentins.

Sans doute emporté à titre de curiosité folklorique, on s'est alors mis à le danser dans les salons de la bourgeoisie parisienne. À l'origine, il s'agissait sûrement pour les hôtes français de faire plaisir à leurs clients et fournisseurs argentins afin que les négociations d'affaires du lendemain prennent un ton plus détendu. Mais, très rapidement, Paris s'est laissé emporter par cette danse et cette musique, développant rapidement un goût immodéré pour ce que **Jean-Roger Caussimon** appellera cette « *fleur du guinche exotique* » [2].

Paulette Patout résume éloquemment le contexte et les effets de cette tangomanie européenne : « *le tango qui avait du mal à se faire entendre dans les milieux décents de Buenos Aires, parvient ainsi à Londres, ou à Paris. Sans doute quelque fils de famille l'a-t-il emporté dans ses bagages, peut-être pour épater les bourgeois du Vieux Monde. On a dit que l'écrivain Ricardo Güiraldes avait été l'un des premiers à interpréter sur sa guitare un tango à Paris, et même qu'il avait entraîné dans son pas langoureux la très belle et aristocratique poétesse Anna de Noailles. Et le tango argentin connaît un succès inouï chez nous. C'est un engouement, une frénésie, la "tangomanie". 1913 est, en France, "l'année du tango". On y organise des thés-tangos, des champagnes-tangos, des chocolats-tangos. Le vieux poète Jean Richepin prononce, tout tremblant, devant l'Académie française, un discours pour montrer les titres de noblesse du tango. Puis il écrit une pièce de théâtre,* Le tango, *que joue la grande Ève de Lavallière. Le phénomène tango est commenté dans les éditoriaux des journaux les plus sérieux de Paris.* » [3]

L'« importation » du tango

Cette spectaculaire récupération de la culture populaire portègne aura tout un effet sur les visiteurs argentins. On connaît la tendance des nouveaux riches et arrivés (ce qu'étaient les marchands argentins d'alors) à renier la culture de leur groupe d'origine au profit des signes les plus manifestes de la culture de la nouvelle classe à laquelle ils prétendent accéder. Fortement francophile, voilà que la nouvelle bourgeoisie argentine découvrait que le tango qu'elle décriait la veille chez elle devient à Paris le goût du jour.

Le tango faisait peuple et vulgaire à Buenos Aires ; Paris lui donne des lettres de noblesse ! Puisque cette musique et cette danse se découvraient tout d'un coup avoir une valeur aux yeux des Français, les Argentins pouvaient alors se permettre de s'afficher ouvertement tangophiles. En devenant un paradoxal produit d'« importation » française, le tango pouvait faire la fierté des Argentins. (C'est plus précisément à la faveur de la Première Guerre mondiale que, coupée de l'Europe, l'Argentine se retourne définitivement du côté du tango.)

Pour les Argentins, français était synonyme de luxe, de qualité, de bon goût et de promotion sociale : en devenant parisien, le tango acquiert une nouvelle valeur culturelle déterminante pour les Argentins eux-mêmes. Et les tangos aux titres évocateurs de la vie parisienne, comme *Siempre Paris (Toujours Paris)* de **Virgilio** et **Homero Expósito**, *Chau Paris ("Ciao" Paris)* ou *Río Sena (La Seine)*, ou même titrés directement en français, comme *Sens unique* — ces trois derniers signés **Astor Piazzolla** —, seront passablement nombreux. S'identifiant désormais au luxe des marchands en poste à Paris, le tango s'ouvre à de nouvelles thématiques qui se manifesteront dans les textes de ses chansons. Car l'ascension sociale du tango et l'évacuation de ses provocations canailles coïncident avec l'apparition, à partir de 1915, du tango chanson.

À l'ombre de la danse

Tant qu'il n'est pas chanté, le tango se voit confiné dans les faubourgs de la culture argentine. Pour s'être développé à la suite de la danse, le tango comme forme proprement musicale se trouvera à marcher sur le chemin que lui ouvrent les pas de la danse. Quand on commencera à le chanter, la forme musicale demeurera encore longtemps à l'arrière-plan, avec pour principale fonction de supporter et d'illustrer la poésie mélancolique des paroles. On écoute le tango pour le danser ou pour compatir à la tristesse de la chanson : il faudra du temps avant qu'on écoute la musique pour elle-même.

Les premiers airs qu'on identifie comme tels au répertoire du tango sont apparus à la fin du 19e siècle, une génération ou deux après la création du tango dansé. Ce décalage originel est peut-être ce qui explique pourquoi le tango comme forme musicale est à la traîne des pérégrinations de la danse : la danse devient à la mode, brisant les remparts des convenances victoriennes, la musique se manifeste dans son ombre. Les premiers enregistrements de tango coïncident avec l'introduction du tango dansé dans les salons bourgeois. Plus tard, dans les années soixante, la découverte du tango comme forme spécifiquement musicale coïncidera par ailleurs avec une période où on ne le danse pratiquement plus.

S'il est relativement difficile de retrouver des tangos de la fin du 19e siècle, entre 1900 et 1915, le répertoire se voit rapidement gonflé de centaines de nouveaux titres qui survivront plus aisément au passage du temps. C'est également par centaines qu'on dénombre les tangos enregistrés pendant cette période, ce qui signale l'importance de la valeur commerciale du tango aux yeux des premières grandes compagnies de disques.

Les tangos de cette génération qu'on appellera *guardia vieja* (vieille garde) doivent leur célébrité au succès qu'ils remportent sur les pistes de danse ; les grands noms de la *guardia vieja* doivent leur inscription au panthéon du tango au nombre de danseurs qu'ils attirent dans les premiers cafés et restaurants dansants. D'ailleurs, les contrats d'enregistrements se signent le plus souvent quelques mois ou quelques années après la création des pièces, une fois que l'intérêt populaire se voit confirmé sur les parquets de danse.

La *guardia vieja*

Musique de danse, le tango de la *guardia vieja* est encore une musique de fête. On continue à en jouer et à en créer pour les réjouissances de quartiers et dans les bordels. Bon nombre de musiciens et de compositeurs commencent leur carrière dans les faubourgs avant de connaître la consécration dans les nouveaux restaurants et cafés de la petite-bourgeoisie montante.

Après s'être graduellement détaché de la tradition de la milonga, le tango devient, depuis les dernières décennies du 19e siècle, une forme musicale autonome. Mais il conserve encore l'entrain de ses origines créoles. Cependant, les influences européennes apportées par les diverses populations d'origines immigrantes se font de plus en plus sentir, ceci surtout au niveau de l'instrumentation. Les premiers tangos ont été interprétés par des ensembles passablement réduits. Soumise aux allées et venues de musiciens non professionnels, l'instrumentation de la *guardia vieja* est aléatoire et instable. La formation la plus courante consiste en un trio regroupant un guitariste, un violoniste et un flûtiste. C'est à partir du moment où le tango se voit obligé de se réfugier dans les bordels qu'il découvre le piano qui y faisait office d'utilité luxueuse et décorative.

Si la personnalité des compositeurs les plus importants leur permet de marquer le tango de leurs différents styles, l'ensemble de la production de la *guardia vieja* montre, sinon une certaine monotonie, en tout cas une grande homogénéité. À un niveau strictement musical, mise à part une démarcation de plus en plus nette du rythme de la milonga, les tangos de la nouvelle génération de musiciens qui commencent leurs carrières pendant les premières décennies du 20e siècle ne se distinguent pas particulièrement de ceux de la génération précédente.

Une différence apparaît cependant au niveau instrumental. Les nouveaux musiciens ont, beaucoup plus que leurs prédécesseurs, l'occasion de jouer dans des établissements plus vastes et de fonder leur carrière sur des cachets sensiblement plus importants. Les formations deviennent plus stables, ce qui permet une meilleure cohésion entre les musiciens qui peuvent innover davantage dans les arrangements. La disponibilité d'un plus grand espace permet d'augmenter le nombre d'instrumentistes sur la scène, conduisant à l'établissement de ce qu'on appellera l'*orquesta criolla* (orchestre créole), constituée d'un ensemble de guitares et de violons accompagnés de temps à autre par des instruments à vent comme la flûte et la clarinette, réunis autour d'un piano faisant office de section rythmique.

Mais il manque un instrument à ces premières *orquestas criollas* : le bandonéon qui, à partir de 1910, contribuera, avec l'apparition du tango chanson, à changer le tango et à lui faire passer ces airs de fêtes pour devenir, selon la formule d'**Enrique Santos Discépolo**, la « *pensée triste qui se danse* » qu'il est devenu depuis.

Notes

[1] « Poèmes de Carriego », *Livre des préfaces*, Folio, p. 57.

[2] *Le temps du tango*, cité dans Léo Ferré, *Jean-Roger Caussimon*, Pierre Seghers éditeur, coll. Poètes d'aujourd'hui, poésie et chanson, 1967, p. 138.

[3] « Carlos Gardel et son temps », dans Jean Andreu, Francis Cerdan, Anne-Marie Duffau, *Le Tango, Hommage à Carlos Gardel*, Actes du Colloque International, Toulouse 13-14 novembre 1984, Université de Toulouse-Le Mirail, Eché Éditeur, 1985, p. 28, 29.

Tango entre hommes au coin d'une rue.

Danseurs de l'âge d'or.

Le répertoire de la guardia vieja

Entre 1900 et 1915, on compose des centaines de tangos ; l'époque compte plusieurs dizaines de compositeurs. Mais la plupart d'entre eux ne doivent leur postérité qu'à quelques rares titres.

Feliciano Latasa

C'est le cas de **Feliciano Latasa** (1874-1906). Né en Espagne, il fait ses premières écoles musicales dans son pays natal avant d'émigrer en Argentine à la fin du 19e siècle. On doit de se souvenir de sa trop courte carrière de pianiste et de compositeur à un seul titre : *Gran Hotel Victoria*. Écrit en 1906, il semble même qu'il s'agisse de l'unique tango de **Latasa** — mais quel tango ! *Gran Hotel Victoria* fait encore partie de nos jours de la vingtaine de pièces du répertoire fondamental du tango.

Gran Hotel Victoria (qu'on identifie également par le titre abrégé de *Hotel Victoria*) évoque les nouveaux établissements qui commencent à accueillir, au tournant du siècle, le tango qui sort des ruelles et des bordels des faubourgs. D'un rythme dansant et coulant, moins trépidant que les tangos de la décennie précédente, *Gran Hotel Victoria* témoigne d'un genre qui s'est désormais démarqué de la milonga.

Enrique Federico Zambonini

Malgré la vingtaine de tangos qu'on connaît de **Ernesto Federico Zambonini** (c. 1880-1917), on ne retient de lui

qu'une seule composition. Sous le titre évocateur de *La clavada (La bagatelle)*, cette pièce nous permet de suivre la trace du tango faubourien des origines.

Latasa a connu le succès dans les grands hôtels ; c'est dans les bistros et les bordels de la campagne que **Zambonini** fait ses premières armes de musicien avant de s'établir dans La Boca, le quartier des immigrants italiens de Buenos Aires. D'un rythme très enjoué, la mélodie de *La clavada* présente des contours très prononcés qui conservent un souvenir plus net du goût de la frime que les premiers danseurs des *arrabales* investissaient dans les figures de danse qu'ils inventaient.

Des succès solitaires

Du pianiste **Manuel Gregorio Aroztegui** (1888-1938), on ne se souvient que de *Champagne tango*, *El apache argentino (L'« apache » argentin)* et *El Cachafaz (L'« Éhonté »)*, des titres qui célèbrent la belle vie que pouvait s'offrir la canaille faubourienne.

De son côté, le violoniste **Peregrino Paulos** (?-1921) rend compte de la récupération bourgeoise du tango avec *El distinguido ciudadano (Le distingué citadin)* ; à l'inverse, *Bar Exposición*, du flûtiste et parolier **Luis Teisseire** (1883-1960), met en musique des ambiances de cafés populaires.

On ne sait pas tellement de chose sur **Ambrosio Radrizzani** (1889-1943), sinon qu'il serait l'auteur de *El llorón (Le pleurnicheur)*, une milonga. On ne saurait être certain de son œuvre car on confond souvent les compositions de **Rosendo Mendizábal** avec celles de **Radrizzani**. Il arrive que l'on voie le célèbre *El Entrerianno* signé de leurs deux noms. Les contrats d'enregistrements donnant à la carrière de **Radrizzani** une plus grande visibilité que celle de **Mendizábal**, l'instrumentiste et arrangeur en aurait éventuellement profité afin de s'approprier plusieurs tangos de son prédécesseur.

Du contrebassiste **José Luis Roncallo** (1873-1954), on ne retient que *La cachiporra (La massue)* ; même chose pour le pianiste d'origine uruguayenne **Luis Alberto Fernandez** (1887-1947), qui ne doit d'être cité au temple de la renommée du tango qu'à *El pollo Ricardo* (*Le poulet Richard*).

Angel Gregorio Villoldo

Parmi les compositeurs de l'époque qui, plutôt qu'à quelques titres, doivent leur célébrité à ce qu'on est en droit d'appeler une œuvre, **Angel Gregorio Villoldo** est le nom qui doit apparaître en tête de liste. Né entre 1864 et 1869, décédé en 1919, **Villoldo** a eu une carrière pour le moins diversifiée. Guitariste, pianiste, harmoniciste, mais aussi danseur, chanteur, parolier et compositeur, il ne faut pas s'étonner de voir en lui la principale figure de la *guardia vieja*. Surtout quand on découvre qu'il est l'auteur de *El choclo*.

Écrite en 1903, cette pièce est reprise, avec *La cumparsita*, sur presque tous les disques de tango. Comme *El esquinazo (La sérénade)*, composé la même

Agustin Bardi.

année, *El choclo* présente un rythme qui est presque encore celui d'une milonga. La plupart des tangos de **Villoldo** conservent d'ailleurs des allures faubouriennes assez marquées qui nous permettent de considérer leur auteur à la fois comme l'un des plus authentiques et, historiquement, l'un des derniers représentants du tango des origines.

Cette filiation populaire se fait souvent sentir dans les titres que **Villoldo** donne à ses tangos, ainsi que dans les textes qu'il écrit. C'est le cas de *¡Cuidado con los cincuenta! (Fais gaffe, c'est cinquante balles!)*, écrit en 1906 en réaction à l'établissement d'une amende de cinquante pesos punissant les hommes qui lançaient des *piropos*, des « compliments » aux femmes passant dans la rue !

Même tradition avec *El choclo*, dont le titre signifie *L'épi de maïs*. D'abord instrumental, *El choclo* fut par la suite chanté, à partir de 1905, sur un texte écrit par **Villoldo** lui-même :

Il y a des épis qui portent les grains d'or
que j'adore d'une tendre passion …

Une version différente aurait circulé à la même époque, chantée dans les bordels et qui devait souligner davantage l'équivoque phallique du titre...

En 1930, Irene Villoldo demanda au chanteur **Juan Carlos Márambio Catán** d'écrire un nouveau texte sur la musique de son défunt mari. Cependant, les paroles qu'on chante de nos jours sur *El choclo* ne sont plus celles de **Villoldo**, non plus de **Márambio Catán** (qui commençaient par *Vieille milonga qui, en mes heures de*

tristesse...). On chante désormais le texte que **Enrique Santos Discépolo** écrivit en 1947 d'après les deux premières versions de **Villoldo** et **Catán**.

Loin de reprendre ou de réactualiser la provocation canaille qu'on peut imaginer dans le texte original, **Discépolo** en profite plutôt pour consacrer la célébrité de ce tango :

avec c'te tango est né l'tango
et comme un cri
l'est sorti du quartier sordide
en cherchant le ciel […]
mélange de rage, de douleur,
de foi et d'absence
qui pleure dans l'innocence
d'un rythme enjôleur.

Villoldo fut l'un des tout premiers musiciens à faire chanter des tangos. En fait, plus que **Carlos Gardel**, c'est **Villoldo** que l'on devrait considérer comme le créateur du tango chanté. D'ailleurs, l'**Antología del tango rioplatense** nous permet d'entendre **Villoldo** chanter lui-même *La bicicleta (La bicyclette)*, un tango composé au tournant du siècle et qu'il enregistre en 1909, accompagné par **Manuel O. Campoamor** au piano.

Angel G. Villoldo est tout à fait représentatif du tournant social du tango qui coïncide avec le tournant du siècle. **Villoldo** contribuera directement à l'ascension sociale du tango en se produisant dans les nouvelles salles de la petite-bourgeoisie argentine. On le retrouve également, dès 1905, parmi les premiers musiciens qui exportent le tango vers Paris.

En plus d'écrire les textes de ses propres tangos, **Villoldo** collaborera souvent avec d'autres musiciens — entre autres **Enrique Saborido,** en écrivant le texte qu'on chantera sur l'air de *La morocha (La noiraude)*.

Enrique Saborido

Avec celle de **Villoldo**, l'œuvre de **Enrique Saborido** (1878-1941) demeure l'une des plus importantes de la *guardia vieja*. Né à Montevideo, pianiste et danseur, **Saborido** a laissé une œuvre moins abondante que celle de **Villoldo** et dont on ne conserve en fin de compte que deux titres : *La morocha*, composé en 1905, et *Félicia*, de 1907 (qu'on connaît de nos jours dans une version réarrangée par **C. Pacheco**).

Incessamment repris par les ensembles de tango les plus contemporains, *La morocha* laisse une marque indélébile dans le répertoire du tango. Comme *Gran Hotel Victoria*, *El choclo* et quelques autres, *La morocha* compte parmi les titres essentiels du tango. D'autres compositeurs ont pu présenter des créations d'un intérêt tout aussi grand à l'époque que celles de **Villoldo** et **Saborido** ; cependant, les tangos de ces derniers ont conservé plus d'intérêt pour les oreilles de notre fin de siècle. Comme pour *Felicia*, la mélodie de *La morocha* est empreinte de sentimentalisme, d'une langueur qui contraint le rythme dansant de la pièce. C'est peut-être ce qui explique pourquoi ces tangos conservent la faveur des auditeurs contemporains : ils annoncent déjà, avec une quinzaine d'années d'avance, la mélancolie qu'afficheront les tangos de la deuxième génération de la *guardia vieja*.

La morocha fait partie intégrante de la légende du tango, la tradition considérant qu'il

Angel Gregorio Villoldo.

La morocha.

s'agit du premier tango chanté. Cette affirmation est contredite par l'histoire, mais le fait que beaucoup de chroniqueurs continuent à lui accorder crédit est, en soi, extrêmement significatif de l'importance de cette pièce dans le répertoire.

Dans une entrevue de 1925, **Saborido** reste tout à fait dans ce ton légendaire quand il affirme que « *Villoldo, qui était aux vers ce qu'un Napolitain est aux macaronis, écrivit le texte en un clin d'œil.* » [1] Ce texte, tout en manifestant une naïveté poétique caractéristique de l'écriture de Villoldo, rend très bien compte du sentimentalisme sauce *criolla* qui imprègne la mélodie :

> *Je suis la noiraude,*
> *la plus gracieuse,*
> *la plus renommée*
> *des filles du pays.*
> *[...]*
> *J'suis la noiraude*
> *au regard ardent,*
> *celle qui sent dans son cœur*
> *le feu de l'amour.*
> *J'suis celle que le plus noble*
> *et vaillant*
> *des p'tits gars du pays*
> *aime avec ardeur.*

De Bassi et Bardi

Contemporains de **Villoldo** et de **Saborido**, on peut ajouter deux autres noms à la liste des principaux compositeurs de cette première génération de la *guardia vieja* — de ces premiers temps d'un tango qui ignorait encore le bandonéon. Mais malgré la très grande importance que **Arturo Vicente De Bassi** et **Agustín Bardi** ont pu avoir aux yeux de leurs contemporains, les discographies actuelles ne présentent, tirés de leur œuvre imposante, que deux ou trois titres.

Arturo Vicente De Bassi appartient à une famille de musiciens qui laissèrent tous une marque dans le tango de l'époque. Clarinettiste, **De Bassi** commence sa carrière autour de 1905. Son succès culmine vers 1915 alors qu'il devient chef d'orchestre dans différents théâtres du centre-ville de Buenos Aires. Si l'on se souvient fort bien de ses qualités d'instrumentiste, seulement deux de ses tangos restent inscrits au répertoire : *El caburé (Le séducteur)* et *La catrera (Le lit)*.

Comme **De Bassi**, **Agustín Bardi** (1884-1941) peut être considéré comme représentatif de la fin de la première génération de la *guardia vieja*. Surnommé *el chino* : le « chinois », violoniste et compositeur, à l'inverse de **De Bassi**, **Agustín Bardi** semble avoir été meilleur compositeur qu'instrumentiste — contrairement à la plupart de ses contemporains, il ne fut jamais à la tête de son propre ensemble.

Parce que sa carrière coïncide avec le milieu de la deuxième décennie du siècle (qui verra à la fois l'introduction du bandonéon et l'établissement de la tradition du tango chanté), les tangos de **Bardi** qui demeurent inscrits au répertoire du genre affichent déjà une mélancolie qu'on ne retrouvait pas dans le tango des origines. Les plus célèbres tangos de **Bardi**, comme *Madre, hay una sola (On n'a qu'une seule mère)*, sur un texte de **J. de la Vega**, et, plus tardif, *Nunca tuvo novio (Jamais elle n'eut de fiancé)*, sur un texte de **Enrique**

Cadícamo, sont d'ailleurs des tangos chantés.

Une partie de la postérité de **Bardi** est due aux tangos que les compositeurs des décennies suivantes ont écrits en mémoire de son nom — entre autres le célèbre *Don Agustín Bardi* que **Horacio Salgán** lui dédia dans les années soixante.

Note

[1] Cité dans « "El tango rioplatense/Antología" — Material sonoro », dans *Antología del tango rioplatense, op. cit.*

Chez Hansen.

La salle du Hansen en 1903.

4

L'instrument du destin
(1910 : le bandonéon)

L'emploi du bandonéon se généralise graduellement à partir de 1910, parallèlement à l'établissement de la tradition du tango chanté. Ces deux innovations contribuent à un changement radical dans l'esthétique du tango : elles permettent d'établir une distinction significative entre la première génération de la *guardia vieja*, et une deuxième génération, considérée comme celle de l'âge d'or du tango.

Jusqu'en 1910, les airs de fête qu'affichent les airs de danse du tango expriment les rêves de réussite qui palpitent dans le cœur des immigrants de la première génération. Avec l'apparition du tango chanté s'établit une nouvelle tradition : on ne danse plus sur ces airs qu'on chante et, surtout, le tango se met à chanter la désillusion et la résignation immigrantes avec une tristesse qui s'inscrit au sein même de la musique. Le fait que cette transformation soit contemporaine de l'apparition du bandonéon est loin de tenir à une simple coïncidence.

Les voix du bandonéon

De forme carrée, plus petit que l'accordéon, le bandonéon se situe à mi-chemin entre le minuscule *fisarmonica* polygonal en vogue en Italie et l'énorme « piano à bretelles » qui a fait les beaux jours des bals populaires. L'instrument se présente, pour reprendre l'excellente description technique formulée par Oscar R. Zucchi, comme un « *aérophone portatif à boutons, mû par des soufflets, se jouant à deux mains, et possédant deux caisses d'harmonie à l'intérieur desquelles vibre, par pression de l'air, un système de languettes métalliques. Le bandonéon chromatique joue la même note en ouvrant et en fermant les soufflets. Le bandonéon diatonique, aux possibilités plus grandes, est celui qu'ont adopté les professionnels du tango : son expression varie selon que l'on en joue soufflets ouverts ou soufflets fermés, produisant ainsi dissonances ou assonances.* » [1]

Les languettes métalliques des deux caisses d'harmonie sont l'âme de ce qu'on appelle les voix du bandonéon. Grâce à elles, la texture sonore de l'instrument présente une rondeur et un velouté qui le distinguent de l'accordéon au son plus grêle. Difficile à manipuler à cause de son poids et de son soufflet particulièrement souple et ample (complètement ouvert, un bandonéon dépasse un mètre de long), l'instrument possède une articulation large et nuancée. Le phrasé du bandonéon est en mesure de présenter un assortiment de modulations aussi vaste que celui de la voix humaine. Le bandonéon fait d'ailleurs entendre son souffle avec plus de chaleur et de profondeur que ne peut le faire l'accordéon dont l'articulation sonne toujours un peu mécanique.

Si l'on cherche un autre instrument dont l'expressivité s'apparente à celle du bandonéon, il faut aller du côté du saxophone. Les deux instruments présentent une mécanique extrêmement sophistiquée permettant à leur timbre très chaud de bénéficier d'une souplesse d'articulation très sensuelle. À chaque fois qu'on entend un bandonéon, on pense tango ; et quand on pense tango, on pense bandonéon. Le tango est la seule musique à faire de cet instrument l'élément central de ses orchestrations. Les bandonéonistes sont peu nombreux et ils sont tous de formation tango : il est donc très rare d'entendre un bandonéon ailleurs que dans le tango, et la seule présence de l'instrument dans une orchestration suffit à lui donner des couleurs de tango — sans doute parce que les bandonéonistes sont incapables de se défaire de leur accent tango.

De la même façon, les grands saxophonistes donnent des allures de jazz à presque n'importe quelle mélodie. Les deux instruments sont tellement identifiés aux deux genres qu'il devient pratiquement impossible de les en dissocier. Et il est intéressant de constater que le saxophone et le bandonéon sont deux instruments dont l'invention est tout à fait récente et, de plus, exactement contemporaine : le saxophone a été inventé par Adolphe Sax entre 1840 et 1845, et les premiers bandonéons ont été commercialisés aux environs de 1850.

Un immigrant allemand

On ne sait trop comment le premier bandonéon a été introduit en Argentine. Une seule chose est sûre : le bandonéon, comme à peu près tout ce qui constitue l'essentiel du tango et de la culture argentine, est d'origine immigrante. Il doit son nom à Heinrich Band, un facteur allemand d'instruments de musique né en 1821 dans la ville de Krefeld, en Rhénanie-Westphalie [2]. Heinrich Band est celui qui commercialise, à partir de 1850, sous le nom allemand de *bandonion*, ce nouveau type d'accordéon. Le mot est peut-être né de la déformation du nom de la marque de commerce du produit : Band Union, mais il semble plus certain qu'il s'agisse d'un mot-valise composé du mot accordéon et du nom de celui qui introduit le nouvel instrument sur le marché.

Mais Heinrich Band n'est pas l'inventeur de l'instrument. Son véritable concepteur serait un autre facteur allemand du nom de C. Zimmermann, originaire d'Erzgebirge (Carlsfeld selon la toponymie du 19e siècle), en Saxe. On ne sait pas grand chose de ce Zimmermann, dont on ne connaît que l'initiale du prénom. Mais on sait qu'il présenta un Carlsfelder Konzertina de son invention à l'Exposition industrielle de Paris de 1849. Band n'aurait fait que perfectionner ce concertina de Carlsfeld qu'on désigna, à Krefeld, sous le nom de bandonéon.

La paternité du bandonéon n'a jamais été revendiquée ni par Band ni par Zimmermann ; d'ailleurs, l'invention n'a pas été brevetée ! Heinrich Band mourut très jeune, en 1860, et à la même époque, Zimmermann émigra en Amérique. Avant de quitter l'Europe, ce dernier vendit son établissement d'Erzgebirge à Ernst Louis Arnold qui deviendra, à partir de 1864, le véritable maître du bandonéon moderne en fondant la Ernst Louis Arnold Bandonion und Konzertina Fabrik.

La dynastie des Arnold

Les Arnold vont devenir les principaux facteurs de bandonéon de l'histoire, établissant une véritable dynastie d'artisans. Ce sont d'ailleurs les instruments fabriqués par Ernst Louis Arnold (1828-1910) qui, sous la marque ELA, vont être les premiers bandonéons exportés commercialement vers l'Argentine. La qualité des bandonéons Arnold assure à l'entreprise la domination du marché. Avant cette époque, chaque atelier fabriquait des instruments quelque peu différents les uns des autres, ceci tant au niveau de la forme de l'instrument que du nombre de voix. Endossés par une Fédération allemande de la concertina et du bandonéon, les bandonéons Arnold servent de référence aux standards définitifs de fabrication et l'instrument devient la boîte sombre que l'on connaît aujourd'hui, carrée, avec ses 71 boutons de nacre offrant un registre de 142 voix.

À la mort de Ernst Louis Arnold, son fils aîné, Ernst Hermann (1859-1946), prend la direction de l'entreprise, mais c'est pour se voir concurrencé par l'atelier de ses deux frères Paul (1866-1952) et Alfred (1878-1933), qui fondent la Alfred Arnold Bandonion und Konzertina Fabrik. Ce sont eux qui mettent au point le modèle AA (pour Alfred Arnold), dit Doble A (Double A) en Argentine, qui s'avérera être le meilleur bandonéon de l'histoire. Richement ornés (et fort coûteux), robustes, d'une sonorité particulièrement expressive, les Doble A demeurent encore aujourd'hui les préférés des plus grands instrumentistes — **Astor Piazzolla** a d'ailleurs dédié à son instrument un mélancolique *Triztezas de un Doble A (Tristesses d'un Double A)*.

Après avoir été reprise par les fils d'Alfred et de Paul — respectivement Horst Alfred (1905-1979) et Arno (1893-1970) —, l'entreprise cesse graduellement la fabrication de bandonéons à partir de la fin des années quarante. Emportés par la remarquable baisse de popularité que connaît le tango après la Deuxième Guerre mondiale, les ateliers Arnold fermeront finalement leurs portes en 1971. Les Doble A originaux se font bien sûr, avec les années, de plus en plus rares ; mais voilà qu'en plus, aujourd'hui, on ne fabrique pratiquement plus de nouveaux bandonéons. Les Arnold avaient plusieurs concurrents en Allemagne ainsi qu'en Argentine et aux États-Unis, mais ces ateliers ont, pour la plupart, également cessé leurs activités. Et, dans le monde entier, on ne compte plus que quelques artisans encore en mesure de réparer décemment les bandonéons qui ont été conservés !

L'arrivée du bandonéon en Argentine

Au tournant du siècle, il existait déjà des entreprises qui exportaient des bandonéons vers Buenos Aires, ce qui implique que l'instrument était assez recherché par les musiciens argentins pour que sa commercialisation américaine soit rentable. On estime que l'introduction du premier bandonéon a pu être à peu près contemporaine des débuts de la commercialisation européenne de l'instrument. Le plus ancien témoignage de l'emploi d'un bandonéon par un musicien argentin date de 1865 : **José de Santa Cruz** — un musicien noir dont le fils, **Domingo Santa Cruz** (1884-1931), deviendra un bandonéoniste célèbre — aurait été le premier à agrémenter d'un bandonéon les veillées des militaires engagés dans la guerre dite de la Triple Alliance, qui opposait alors l'Argentine, le Brésil et l'Uruguay au Paraguay.

On a sans doute raison de dire que le bandonéon est entré en Argentine comme un immigrant illégal ; les premiers pas du bandonéon sur le sol américain le font tout de suite

Orchestre Argentin Genaro Espósito.

Café de l'âge d'or.

entrer dans la mythologie *tanguera*. Le manque total d'information sur l'arrivée de cet instrument nous oblige à nous contenter de la légende qui s'est mise à circuler avec les années, en présumant que, comme la plupart des légendes, elle peut supposer un fond de vérité. [3]

Le premier bandonéon aurait fait partie du bagage d'un marin européen. Pendant un séjour plus ou moins long à Buenos Aires, le permissionnaire se serait glissé de temps à autre parmi les musiciens des orchestres engagés dans les bordels qu'il fréquentait. Rapidement désargenté par ses frasques faubouriennes, le marin aurait été obligé de mettre au clou son instrument avant de reprendre la mer. Quelque temps plus tard, un musicien portègne se serait montré curieux du nouvel instrument qu'il découvre chez le boutiquier. Il l'achète et, sans méthode, il s'initie au maniement particulièrement difficile de ce *fuelle* — soufflet : l'un des noms qu'on donne au bandonéon en *lunfardo* ; on l'appelle aussi *jaula*, la cage, boîte de Pandore d'où cherche à s'évader la mélancolie ; ou encore *gusano*, le ver, qui se tortille sur le genou du musicien, accroché aux hameçons de ses doigts.

Inexpérimenté, trébuchant de tous ses doigts sur la multitude de boutons de nacre, ce premier bandonéoniste portègne ne réussit pas à suivre sur son nouvel instrument le rythme rapide des tangos du jour : ses collègues doivent ralentir avec lui la cadence des pièces inscrites à leur répertoire. Ce sont ces difficultés liées au doigté du bandonéon qui auraient obligé ce premier groupe de musiciens à ralentir le tempo de ses tangos. Cependant, cette nouvelle interprétation plus songeuse est loin d'avoir déplu aux auditeurs : la généralisation de l'emploi du bandonéon (qui, dans les orchestres, remplace le plus souvent la flûte devenue trop légère) coïncide avec les lendemains de veille des rêves immigrants.

La voix du tango

Nous sommes encore au temps des Années folles, mais le Nouveau Monde que souhaitait bâtir la première génération d'immigrants s'avère moins paradisiaque qu'on avait pu l'espérer. À la veille du krach de 1929, la désillusion commence à entacher le jeune siècle. Les temps sont de moins en moins à la fête. Le nouveau rythme que le bandonéon impose au tango se découvre aller de pair avec la mélancolie qui imprègne les pensées des immigrants de la deuxième génération. Non seulement doit-on jouer sur un rythme plus triste que celui des tangos de la génération précédente, mais la texture même du timbre de l'instrument a des couleurs de mélancolie.

Les voix du bandonéon ont quelque chose d'humain. Les voix pures et claires des chanteurs de tradition classique se veulent fondamentalement intemporelles ; les voix plus éraillées qui chantent le blues (et qui chanteront aussi le tango) sont des voix imparfaites : elles appartiennent à des personnes pour qui la vie semble passer avant la discipline vocale. Les voix mécaniques du bandonéon présentent une certaine rugosité qui s'approche de la texture de ces voix qui ont vécu, entachées de cigarettes et de nuits blanches. Ces voix portent la marque d'un passé, d'une expérience, d'un vécu ; elles semblent chanter malgré tout, malgré la détresse, malgré la tristesse. La texture de ces voix s'ouvre sur une épaisseur de souvenirs. Leur timbre érodé fait entendre l'écho d'un passé perdu, d'un temps passé trop vite.

La texture sonore d'un violon évoque le pincement d'une corde sensible, celle d'une flûte présente un flottement aérien — le tiraillement des voix du bandonéon est imprégné d'une fatigue de vivre qui est le lot de toutes nos nostalgies. Les voix du bandonéon présentent une certaine usure, celle des vêtements les plus confortables, auxquels nous sommes le plus attachés. De là la mélancolie intrinsèque de l'instrument, de ces voix dont la respiration est on ne peut plus humaine, dont la sonorité varie selon que le bandonéon inspire ou expire. Grâce à l'ampleur de ses voix et à la souplesse de son articulation, le bandonéon est en mesure de reproduire avec beaucoup d'expressivité la complexité tonale et harmonique de la parole humaine.

Au lieu de faire chanter leur instrument, les meilleurs bandonéonistes s'efforcent de le faire parler en calquant leur phrasé sur le rythme et la couleur de l'accent populaire de Buenos Aires. De leur côté, les chanteurs intégreront souvent dans leur style des effets similaires à ceux qu'inventent les bandonéonistes. Le style de **Roberto Goyeneche** est peut-être l'exemple le plus intéressant de ces échanges entre la voix humaine et le bandonéon. En plus de posséder une voix qui, surtout dans ses plus récents enregistrements, porte de plus en plus profondément les stigmates des années, du whisky et des cigarettes, l'articulation typique de **Goyeneche**, ceci jusque dans l'accentuation de la moindre syllabe, reproduit d'une manière particulièrement évocatrice celle du bandonéon. D'ailleurs, on dit de **Goyeneche** qu'il est moins un chanteur qu'un diseur de tango ; et quand on l'entend parler, on le croirait encore en train de chanter.

Il faut aussi écouter chanter **Aníbal Troilo**. Un des plus grands bandonéonistes de l'histoire, **Troilo** n'était pas un chanteur. Cependant, dans les dernières années de sa vie, il a enregistré d'une voix râpeuse une version incroyablement expressive d'un tango de sa composition : *Nocturno a mi barrio (Nocturne pour mon quartier)*, où il joue de l'articulation ainsi que de l'accent particulier de sa voix exactement de la même manière qu'il fait parler son bandonéon.

La voix de la mélancolie

Avec la généralisation de l'emploi du bandonéon, le tango établit sa forme classique. Les transformations amenées par l'emploi de cet instrument annoncent ce qui sera, de 1915 à 1935, l'âge d'or du tango. Mais si le tango attendait le bandonéon, il attendait également d'atteindre ce qu'on pourrait appeler l'âge de la mélancolie. De ses premières années, le tango conservera toujours un certain entrain. Celui-ci, en se mêlant au pathos du bandonéon et à la tristesse qui imprégnera les textes chantés, colorera cette nostalgie d'une note d'espoir qui permettra à cette musique d'assumer le paradoxe d'être certes une « *pensée triste* » mais « *qui se danse* ».

Avec son articulation et son timbre songeurs, le bandonéon était tout désigné pour devenir la voix centrale du tango. Cette époque est aussi celle de la voix humaine qui commence à chanter le tango. La similitude entre les voix du bandonéon et la voix humaine se découvre être le lieu d'une conjonction essentielle : c'est cette parole que le tango attendait pour définir les voies de son expression. L'articulation particulière du bandonéon fait découvrir au tango les potentialités expressives d'une parole dont le rythme et l'accent sauront rendre compte des mouvements les plus intimes de l'âme, des élans les plus profonds du cœur :

> Toi, poupée, écoute
> les accords mélodieux
> que module le bandonéon.
> Toi, poupée, écoute
> les battements angoissés
> de mon pauvre cœur.
>
> Che, papusa, oí (Toi, poupée, écoute)
> **Enrique Cadícamo ; Gerardo H. Matos Rodríguez**

Quand on commence à chanter le tango, on chante souvent nommément le bandonéon — comme si l'instrument était, au même titre que la fiancée perdue, la prostituée au grand cœur et la mère délaissée, un personnage de l'univers *tanguero*. On s'adresse au bandonéon, on lui parle comme s'il s'agissait d'une personne vivante ; on l'interpelle en utilisant l'interjection *che* — ce tic langagier à fonction phatique, extrêmement courant dans l'espagnol argentin, n'est pourtant habituellement adressé qu'à des personnes et jamais à des objets. **Homero Manzi** intitule *Che, bandoneón (Toi, bandonéon)* le texte d'un tango mis en musique par **Aníbal Troilo** et qui rend explicitement compte de la nouvelle force expressive que l'instrument introduit dans la musique :

> *Ton son de feu follet, toi, bandonéon,*
> *s'apitoie sur la douleur des autres*
> *et les pressions de ton soufflet paresseux*
> *s'arriment au cœur qui souffre le plus.*
> *[...] verre à verre, peine à peine, tango à tango,*
> *enveloppé dans la folie*
> *de l'alcool et de l'amertume.*
> *Bandonéon,*
> *pourquoi l'appeler aussi souvent ?*
> *Tu vois pas que le cœur est à l'oubli*
> *et qu'elle revient chaque nuit comme un chant*
> *dans les notes de tes pleurs*
> *toi, bandonéon ?*

Ce texte permet de définir la place qu'occupe l'instrument dans l'imaginaire tango. Sa voix particulière devient une parole dont le discours présente une teneur essentiellement triste et mélancolique. Cette parole ne *dit* pas la tristesse : elle *est* cette tristesse. Avec le bandonéon, le tango a trouvé plus qu'un moyen d'expression particulièrement adapté à la désillusion qui commence à entacher les espoirs des immigrants de la première génération : avant de posséder cette nouvelle voix, le tango ne pouvait se savoir aussi triste. Ainsi que **Cátulo Castillo** l'écrit dans *La última curda (La dernière cuite)*, également mis en musique par **Aníbal Troilo**, c'est dans la voix du bandonéon qu'apparaît cette détresse :

> *Pitié, bandonéon,*
> *qu'elle lâche mon cœur*
> *ta rauque malédiction canaille ;*
> *[...]*
> *Je sais, ne me le dis pas. Tu as raison !*
> *La vie est une blessure absurde [...]*
> *Raconte-moi ta condamnation,*
> *dis-moi tes échecs.*
> *Tu ne vois pas la peine*
> *qui m'a blessé ?*
> *Et parle-moi, simplement*
> *de cet amour absent*
> *à travers un morceau d'oubli,*
> *en pleurant ma promesse d'ivrogne.*
> *[...]*

> *Un peu de souvenir et de chagrin*
> *s'égoutte de ton grognement maladroit.*

Le bandonéon devient un personnage qui initie le tango à une douleur de vivre qu'il ignorait auparavant : c'est au récit des peines et des échecs du bandonéon que le tango découvre ses propres blessures — et on dirait que le tango aime à ce qu'on retourne ainsi le couteau dans la plaie. Le bandonéon nous remet sous le nez nos bassesses : si on souffre tant de sa « *rauque malédiction canaille* », c'est parce qu'on est coupable. L'imagerie qui voit le jour au contact du bandonéon révèle ce qui serait peut-être l'inconscient pervers et masochiste du tango : la tristesse qui envahit la musique à partir de cette époque se présente comme une punition méritée. Cette culpabilité du narrateur s'exprimera d'une façon particulièrement éloquente sous la plume de **Enrique Santos Discépolo** quand il écrit, en 1935, la musique et le texte (avec la collaboration de **Luis César Amadori**) de *Alma de bandoneón (Âme de bandonéon)* :

> *Je me suis moqué de toi :*
> *je ne t'avais pas écouté.*
> *Je n'avais pas compris ta douleur.*
> *Il m'avait semblé*
> *que ton chant cruel*
> *tu l'avais volé, bandonéon.*
> *Maintenant je comprends*
> *le désespoir*
> *qui te soulève dans un sanglot.*
> *Tu es une chenille*
> *qui veut être papillon*
> *avant de mourir.*
> *[...]*
> *Pouvoir de joie et d'amour.*
> *Je te chercherai à l'heure de la mort,*
> *je t'appellerai dans mes adieux*
> *pour te demander pardon ;*
> *et je te prendrai dans mes bras*
> *pour te donner des morceaux de mon cœur.* [4]

Ce n'est pas le lieu ici de se lancer dans une analyse détaillée des métaphores qui se dessinent autour du bandonéon. Sauf peut-être pour signaler que le bandonéon sera, dans les textes du tango, la seule figure masculine à revenir aussi fréquemment. À côté de la multitude de personnages féminins et maternels que l'on verra être l'objet de la tristesse d'un tango qui sera presque toujours chanté par un sujet masculin et infantile, le bandonéon pourrait s'avérer être la figure paternelle (manquante) d'une structure œdipienne du tango.

L'*orquesta criolla* de **Vincente Greco** en 1911 ; à gauche, derrière **Greco, Francisco Canaro**.

Flûte, bandonéon, violon et quitare : un quatuor de la *guardia vieja*, avec **Genaro Espósito** au bandonéon.

Dans l'étau de la tristesse

Le tango refuse d'admettre que la tristesse qu'il se découvre est l'écho de la désillusion contemporaine ambiante. Dans ce bandonéon qui lui dévoile une tristesse oubliée, le tango donne de nouvelles fondations à sa détresse. Afin d'amoindrir et d'accepter le désespoir qu'il découvre, le tango se dit que ce désespoir était là depuis le début des temps, et que le bandonéon s'est en quelque sorte contenté de lui faire découvrir cette évidence.

Incapable d'accepter la tragédie qui la frappe, une personne déprimée se console paradoxalement en s'inventant rétrospectivement une destinée malheureuse. Trop amoureux pour admettre que l'être aimé ait pu vouloir le blesser, le déprimé s'invente une biographie malheureuse où c'est lui qui tient le rôle du coupable : si elle l'a laissé, c'est parce qu'il ne méritait pas d'être aimé. Le dépressif s'explique la défaite ou la rupture qui ont enclenché le repliement mélancolique en leur donnant la valeur de banales illustrations de sa destinée malheureuse.

Le tango du tournant des années dix et vingt élabore la même logique perverse. Devant la ruine des espoirs immigrants, cette musique entend dans le bandonéon une voix qui lui apprend que, si elle est tombée, c'est parce qu'elle n'était pas à la hauteur de son bonheur. Avec la catastrophe de la Grande guerre, on découvre que le 20e siècle n'a pas tenu ses promesses — et encore, quand il dira après coup que c'était « la der des ders », il ne tiendra toujours pas parole. Le rêve américain subit un fameux coup. Les nouveaux immigrants prennent la faute sur leur dos. Non seulement en Argentine, mais sur l'ensemble du continent, les populations d'origines plus anciennes ne manquent certainement pas de les aider en faisant, comme toujours, des étrangers les premiers boucs émissaires de ce qu'on appellera (et la coïncidence est significative) la grande Dépression.

En quittant leur pays d'origine, les immigrants fuyaient le mauvais sort ; une génération plus tard, celui-ci les rattrape. Il y a de quoi s'imaginer qu'on est né pour souffrir ; le tango, après avoir été l'écho de l'espoir des premiers immigrants, se dira exactement la même chose :

Pourquoi
m'ont-ils appris à aimer
si c'est pour déverser sans raison
mes rêves à la mer ?
Si l'amour
est un vieil ennemi
qui incendie les châtiments

et apprend à pleurer...
Je le demande : pourquoi ?
Oui, pourquoi m'ont-ils appris à aimer,
si mon amour est mort de t'aimer ?
Atroce farce de tout donner pour rien,
et, à la fin d'un adieu, de se réveiller
en pleurant.

Canción desesperada (Chanson désespérée)
Enrique Santos Discépolo

Dans les textes du tango chanté qui apparaît à la même époque, la détresse immigrante se voit déplacée du côté de la détresse amoureuse. Le bandonéon donne le souffle de tristesse nécessaire pour accompagner l'apitoiement qui gagne la musique. Et, pendant les cinq décennies suivantes, le tango reprendra sans cesse ces rengaines mélancoliques qui le tiendront au chaud dans l'aveuglement de la destinée malheureuse qu'il s'invente.

Notes

[1] Cité dans Horacio Salas, *Le tango*, Actes Sud, 1989, p. 82.

[2] Les renseignements sur l'histoire du bandonéon sont tirés de l'article de Manuel Román, « Notes pour une histoire du bandonéon », que Arturo Penón et Javier García Méndez ont reproduit intégralement dans leur *Petite histoire du bandonéon et du tango, op. cit.*, p. 31-37.

[3] Cette légende connaît maintenant une version définitive formulée au cours des années soixante-dix dans « La llegada » (« L'arrivée »), une nouvelle de l'écrivain argentin Humberto Costantini, recueillie dans *Háblenme de Funes*, Mexico, Editorial Nueva Imagen, 1980, p. 225-234.

[4] Traduction de Henri Deluy, dans *Tango, une anthologie, op. cit.*, p. 45, 46.

Le répertoire des premiers bandonéons

Les têtes d'affiche de la première génération de la *guardia vieja* pratiquaient des instruments variés ; à partir de 1910, une bonne partie des compositeurs et des grands chefs d'orchestre seront des bandonéonistes. Il va sans dire que le phrasé mélancolique de leur instrument imprégnera profondément les nouveaux tangos écrits à cette époque. Et les pianistes ainsi que les guitaristes composeront eux aussi en fonction du nouvel instrument chéri des amateurs.

La chronique conserve de cette époque le souvenir de dizaines de compositeurs et d'instrumentistes, ainsi que de centaines de tangos. Comparativement à la période précédente, le nombre des compositions qui conservent de nos jours la faveur des auditeurs et des musiciens est passablement plus grand. Sans doute parce que la mélancolie de ces nouveaux tangos colle plus à l'esprit qui traversera le siècle ; notre sensibilité contemporaine y trouve un écho plus évocateur que dans la production de la première génération.

De plus, le tango commence aussi à être mieux desservi par les différents moyens de diffusion ; davantage accepté par les nouvelles classes possédantes, on en parle dans les journaux, on en édite et on en enregistre davantage : on en aura conservé d'autant plus. Un nombre grandissant de compositeurs sont en position de travailler à une œuvre considérable. Cependant, comme à l'époque de la génération précédente, plusieurs musiciens ne doivent leur postérité qu'à quelques rares succès.

Gerardo H. Matos Rodríguez

Du pianiste uruguayen **Gerardo Hernán Matos Rodríguez** (1897-1948), on ne retient qu'un seul tango vraiment important — mais quel tango ! Composé aux environs de 1916, *La cumparsita* est, avec *El choclo*, l'autre tango essentiel du répertoire.

La mélodie de *La cumparsita* est tout à fait typique de l'attristement que connaît alors le tango. Son titre a beau évoquer les fêtes de quartiers, cette pièce affiche une nostalgie qui contraste avec l'entrain canaille et d'influence *milonguera* qu'on retrouvait une dizaine d'années auparavant dans *El choclo*. Cette mélancolie se verra d'ailleurs explicitement accentuée dans la version chantée qui sera créée quelques années plus tard avec la complicité des paroliers **Pascual Contursi** et **Enrique Maroni** :

Si tu savais que dans mon âme encore
se conserve cette tendresse
que j'ai eue pour toi.
Qui sait, si tu savais
que jamais je ne t'ai oubliée,
revenant sur ton passé,
tu te souviendrais de moi.
[...]
Dans la planque abandonnée
maintenant le soleil du matin
ne se montre plus à la fenêtre
comme quand t'étais là,
et le petit chien, mon compagnon,

*qui ne mangeait plus à cause
de ton absence
de me voir seul, l'autre jour,
lui aussi, m'a laissé.*

Résigné et songeur, ce tango compte d'innombrables versions. Incessamment repris à toutes les sauces par tous les interprètes (il existe même une épouvantable adaptation « disco » chantée par **Susana Rinaldi**), *La cumparsita* est devenu l'archétype du tango classique. *La cumparsita* et *El choclo* sont les deux faces du tango de la *guardia vieja*. La décennie qui sépare ces compositions coïncide avec le temps qu'il aura fallu pour passer de l'effronterie canaille à la contenance nostalgique des petits-bourgeois.

La cumparsita a beau être un des tangos les plus appréciés des amateurs, il flotte autour de cette pièce une telle odeur d'apitoiement sur soi-même que Borges a pu la décrire comme une « *baliverne navrée que beaucoup de gens aiment parce qu'on leur a fait croire qu'elle est ancienne...* » [1]

Juan « Pacho » Maglio.

Domingo Santa Cruz

Le bandonéoniste **Domingo Santa Cruz** (1884-1931) est un autre compositeur dont le souvenir ne tient qu'à un seul titre devenu célèbre pour des raisons essentiellement politiques. Composé aux environs de 1910, *Union cívica (Union civique)* fut choisi par le Parti Radical pour lui servir d'hymne partisan. **Santa Cruz** avait pourtant dédié ce tango au *caudillo* Manuel J. Aparicio, chef de l'« Union civique nationale », un groupe politique de tendance conservatrice.

Domingo Santa Cruz exerça d'abord le métier de chemi-

Eduardo Arolas en 1917.

101

not. Il se résolut à une carrière de bandonéoniste après un accident de travail qui le rendit boiteux. Étrange destinée pour celui dont le père, **José de Santa Cruz**, aurait été le premier bandonéoniste argentin ! Malgré un certain succès d'instrumentiste et de professeur, **Santa Cruz** mourut dans la misère, emporté par la tuberculose.

Un trio de ritals

Parmi les musiciens dont les œuvres plus considérables ont laissé davantage de traces dans le répertoire du tango, les cas de **Genaro Espósito** (1886-1944), de **Juan Felix « Pacho » Maglio** (1880-1934) et de **Vicente Greco** (1888-1924) sont particulièrement intéressants. Tous trois fils d'immigrants italiens, ces bandonéonistes ont connu un remarquable succès comme instrumentistes et les dizaines de tangos qu'ils ont composés ont été parmi les plus populaires de leur temps.

« El Tano Genaro »

Né à Buenos Aires, **Genaro Espósito** (ou **Sposito**) fut connu sous le surnom de **El Tano Genaro** (Genaro le rital) et doit l'essentiel de sa célébrité à ses succès d'interprète. **Espósito** forme son premier orchestre en 1908 et, au fil des années, il aura le génie de réunir autour de lui les meilleurs musiciens et compositeurs de l'époque. Pour ne nommer que les plus célèbres des instrumentistes qui ont travaillé sous sa direction, signalons les violonistes **Agustín Bardi** et **Enrique Zambonini**, et les pianistes **Roberto Firpo** et **Juan Carlos Cobián**.

En 1919, **Espósito** se joint pour un temps à l'orchestre d'**Eduardo Arolas** avant d'entreprendre une carrière européenne où, de 1922 à 1939, son **Orchestre Argentine Genaro Espósito** connut énormément de succès. C'est en France qu'il enregistre une grande partie de ses compositions, et c'est à Paris qu'il meurt, peu de temps avant la Libération.

Les ensembles contemporains incluent rarement les tangos d'**Espósito** à leur répertoire. Cependant, l'influence que ses succès purent avoir sur les autres ensembles de l'époque ainsi que sur les compositeurs qui travaillèrent avec lui nous oblige à reconnaître sa contribution à l'établissement de l'esthétique du tango.

« Pacho » Maglio

« **Pacho** » **Maglio** fut un compositeur beaucoup plus prolifique qu'**Espósito**. Mais encore une fois, on ne retient de nos jours que quelques titres parmi les dizaines de tangos qu'il a composés.

Armenonville célèbre les nouveaux cafés dansants où le tango gagne ses lettres de noblesse. L'Armenonville fut le plus célèbre des cabarets de Buenos Aires ; pour plusieurs générations d'instrumentistes, le passage à l'Armenonville était une première étape obligatoire sur la route du succès. Avec *Sábado inglés (Samedi anglais)*, **Maglio** évoque directement l'amélioration des conditions de vie des milieux ouvriers : ce « samedi anglais » fait référence au jour supplémentaire de congé hebdomadaire introduit par les industriels britanniques. À ce titre, les tangos de « **Pacho** » **Maglio** demeurent encore dans la tradition de la première génération de la *guardia vieja* — ou chante-t-il déjà la nostalgie de la belle vie de la décennie précédente ?

Après avoir lui-même travaillé dans les orchestres de bordel (une période de sa vie qu'il cherchera toujours à faire oublier), **Maglio** est de ceux qui introduisent le tango dans les cafés du centre-ville. En fait, au sein de la désillusion générale des années vingt, « **Pacho** » est justement l'un des rares fils d'immigrant qui connaît la réussite.

Comme **Espósito**, **Maglio** fut surtout reconnu pour ses talents d'instrumentiste. Élève de **Domingo Santa Cruz**, il fut le premier, en 1912, à enregistrer des tangos en version bando-néon solo. D'ailleurs, les disques de « **Pacho** » **Maglio** connurent un tel succès que, dans les cafés, son surnom devint synonyme de musique de fête ; lorsque les clients demandaient un *Pacho*, ils signifiaient un disque sur lequel on puisse danser !

Maglio montrait lui aussi un certain flair dans l'engagement de ses musiciens. C'est ainsi, qu'en 1929, il accueillit au sein de son orchestre un jeune bandonéoniste de quatorze ans du nom d'**Aníbal Troilo** — le même qui, une génération plus tard, engagera dans son propre ensemble un autre jeune bandonéoniste du nom d'**Astor Piazzolla**.

Vicente Greco

Tous les musiciens célèbres de cette époque ont vécu le passage du tango populaire des faubourgs au tango bourgeois du centre-ville. **Vicente Greco** ne fait pas exception. Après avoir commencé sa carrière dans les cours de *conventillos* et dans le café du quartier de la Boca (la « petite Italie » de Buenos Aires), **Greco** connaît le succès quand il commence à se produire dans les cabarets du centre de Buenos Aires.

Greco se fit surtout connaître dans les salles de danse avec des ensembles qui rassemblaient eux aussi des jeunes talents qui laisseront leur marque dans l'histoire du tango — entre autres, le violoniste **Francisco Canaro**, qui deviendra l'un des principaux chefs d'orchestre de l'entre-deux-guerre. C'est d'ailleurs une de ces salles de bal que **Vicente Greco** célèbre explicitement dans la plus connue de ses compositions : *Rodríguez Peña*, dont le titre reprend le

Vicente Greco.

nom du *dancing* où il établit définitivement sa réputation de musicien et de compositeur.

Musique de fête et de danse, la cadence de *Rodríguez Peña* est presque celle d'une milonga. Si ce tango est un air de fête, *Ojos negros (Yeux noirs)*, l'autre tango de **Greco** qui, parmi les dizaines qu'il a écrits, conserve la faveur des amateurs, est une belle illustration du nouvel air de mélancolie que commencent à adopter les mélodies de l'époque. Ces deux compositions nous font passer de l'ambiance bruyante des fêtes populaires à l'intimité feutrée du dialogue amoureux : elles deviennent l'illustration, chez un même musicien, des transformations que connaît le tango de la deuxième génération de la *guardia vieja.*

Même si on ne joue pas tellement plus ses tangos que ceux de **Maglio** et d'**Espósito**, l'œuvre de **Vicente Greco** conserve une aura de prestige plus grande que celle des deux premiers. C'est que le destin de **Greco** a été plus tragique et, par là, plus tango que celui de ses confrères. **Greco** avait à peine trente-six ans lorsqu'il est mort : voilà sans doute pourquoi, dans la mythologie tanguera, on associera directement la carrière de **Greco** à celle d'**Eduardo Arolas**.

Eduardo Arolas

Surnommé *el tigre del bandoneón (le tigre du bandonéon)*, **Eduardo Arolas** (1892-1924) est la figure la plus importante de cette deuxième génération de la *guardia vieja*. Fils d'immigrants français, Lorenzo Arola de son vrai nom, fut un excellent instrumentiste qui aura su,

lui aussi, s'entourer de nouveaux talents qui tiendront leurs promesses, comme **Juan Carlos Cobián** et le violoniste **Julio De Caro**.

Un peu plus jeune que la plupart de ses contemporains de la deuxième génération de la *guardia vieja*, **Arolas** commence sa carrière après la transition du tango *milonguero* traditionnel au tango mélancolique. Quand il commence à composer, le bandonéon a déjà remplacé la flûte dans la plupart des ensembles et ses tangos n'auront pas l'entrain canaille qu'on continue à retrouver malgré tout dans les créations de ses aînés.

Écrit en 1921, *La cachila* (le mot a deux sens : petit oiseau des champs et vieux tacot) est considéré comme le chef-d'œuvre d'**Arolas** ; il fait également partie des tangos essentiels de l'histoire du genre. Plusieurs autres pièces, comme *Derecho viejo (Droit ancien)*, *Fuegos artificiales (Feux d'artifices)* — écrit en collaboration avec **Roberto Firpo** —, *Lágrimas (Larmes)*, *Retintín (Rintintin)*, *Una noche de garufa (Une nuit à faire la virée)* et *Viborita (Petite vipère)* continuent à se voir régulièrement inscrites au répertoire des ensembles contemporains de tango.

Musicalement très innovateurs, les tangos d'**Arolas** sont d'une construction mélodique beaucoup plus complexe que celle des tangos des générations précédentes ainsi que des compositions de ses contemporains. Poussé par ses qualités de virtuose, **Arolas** impose au bandonéon et au tango de nouvelles articulations et un nouveau phrasé. Du fait de l'agilité particulière de sa main gauche, **Arolas** a pu libérer la moitié des voix du bandonéon de leurs fonctions d'accords, créant ainsi la possibilité d'un dialogue mélodique entre les sons issus des deux caisses d'harmonie.

À partir de 1920, **Arolas** effectue plusieurs voyages en Europe et séjourne surtout en France d'où il ramène plusieurs tangos dont certains sont titrés en français : c'est le cas de *Comme il faut* où il évoque directement les paysages dans lesquels il séjourne, comme le très célèbre *El Marne (La Marne)*. C'est d'ailleurs à Paris que **Arolas** meurt de la phtisie, après avoir à peine passé le cap de la trentaine.

Tout au long de sa carrière, **Eduardo Arolas** a toujours soigné son allure de mauvais garçon. Par sa tenue vestimentaire, par les histoires qu'il laissait circuler sur son compte, le musicien s'est bâti une solide image de *compadre*, de *váron* (viril : le mot est également un nom en espagnol). Et était-ce bien, justement, une image... de marque ! Le tango est, déjà à cette époque, presque définitivement sorti des rues des faubourgs mal famés de ses origines. Par contre, on commence à entretenir volontairement le parfum canaille qui

auréole cette musique et dont s'enticheront les petits-bourgeois en quête de frissons populaires. Ce n'est pas le tango qui, comme tel, s'embourgeoise ; ce sont plutôt les bourgeois qui s'encanaillent à son contact, mais sans plus tellement de risques réels.

Quand, sa santé minée par l'alcool, **Arolas** meurt à Paris dans des conditions passablement sordides, on s'empresse de laisser courir une rumeur selon laquelle il aurait été tué par un maquereau dans une histoire de règlement de comptes. Son jeune âge et le mystère relatif qu'on a entretenu autour de sa disparition contribuèrent à faire très rapidement de lui un personnage de légende.

En fait, la postérité d'**Eduardo Arolas** doit autant à son indéniable talent de compositeur et d'interprète qu'au mythe qu'on a réussi à bâtir autour de sa personne — et qu'il avait lui-même contribué à fonder. À ce titre, la figure légendaire d'**Arolas** présente une certaine similitude avec celle de **Gardel** ; leur mémoire est d'ailleurs célébrée avec une même indéfectible affection. Comme si les plus grands noms du tango devaient nécessairement payer leur gloire au prix de la tragédie...

Note

[1] « Dialogue sur un dialogue », traduction de Paul et Sylvia Bénichou, *L'auteur et autres textes*, Gallimard, coll. L'Imaginaire, 1983, p. 25.

Alfredo et **Flora Gobbi** en 1913.

Azucena Maizani, à une époque où les femmes se déguisaient pour chanter le tango...

5

L'âge des paroliers
(1915 : le tango chanson)

Nées de leur désillusion devant les promesses que le siècle ne tient pas, la nostalgie et la détresse des immigrants s'expriment déjà dans la plainte du bandonéon. En 1919, **Juan de Dios Filiberto** mettra en musique ces *Quejas de bandoneón (Plaintes de bandonéon)* : une mélodie où se manifeste avec une rare férocité l'apitoiement douloureux qui imprègne désormais le tango. Mais, chez **Filiberto**, ces plaintes sont hargneuses, profondément marquées par l'articulation mordante du bandonéon ; ce tango ne gémit pas de tristesse : il ahane à lutter contre le désespoir qui l'habite. *Quejas de bandoneón* est une des rares compositions de cette nouvelle époque qui n'est pas destinée à être chantée. La révolte qui sourd de cette mélodie ne pouvait s'exprimer autrement que dans la danse ; les textes que l'on se met à chanter à partir des années vingt seront trop empreints de résignation et de rancune stérile pour réussir à faire front à la détresse.

Les premiers mots

Dans les bordels du tournant du siècle, on chantait sur des airs de tango des couplets plus ou moins improvisés et obscènes dont il ne reste malheureusement pratiquement aucun témoignage direct. Les rares textes qu'on se permet de retranscrire dans les journaux de l'époque sont grossièrement censurés : des passages trop choquants, il ne reste qu'une ligne en pointillé ; les mots vulgaires sont remplacés par de vagues synonymes ou encore par des expressions tout à fait antinomiques. C'est ainsi que *Las siete pulgadas (Les sept pouces)* deviendra *Las siete palabras (Les sept paroles)* une fois « écrit » par **Juan « Pacho » Maglio** et **Alfredo Bigeschi** (c'est-à-dire une fois qu'on édite l'air que les musiciens populaires jouaient depuis longtemps par oreille).

L'idée d'accoler des paroles à un air de tango semble être née sur les parquets de danse. Elle dériverait de l'habitude qu'avaient les danseurs de s'interpeller les uns les autres pour saluer une figure particulièrement bien réussie ou souligner un faux pas. Ces exclamations auraient été lancées en suivant plus ou moins le rythme de la musique sur laquelle on dansait. Graduellement, certaines séries de salutations se sont plus ou moins stabilisées en se voyant chacune associée à une mélodie déjà connue. Les fragments de textes les plus anciens sont des suites semblables d'exclamations et d'apostrophes.

Ainsi, c'est pratiquement depuis ses origines que le tango connaît une tradition chantée. Sauf qu'il faut attendre le tournant des années vingt pour qu'elle commence à laisser des traces marquantes, une fois que le tango se voit reconnu et admis par le nouveau public petit-bourgeois pour lequel on l'édulcore.

De la vulgarité au vaudeville

Entre 1900 et 1910, le nombre de tangos chantés est relativement important. Cependant, mis à part *La morocha* (écrit en 1905 par **Villoldo** sur une musique de **Enrique Saborido**), rares sont les chansons de cette époque que les interprètes contemporains continuent à inscrire à leur répertoire. Le personnage sans doute le plus important de cette période est l'Uruguayen **Alfredo Eusebio Gobbi** (1887-1938) — dit *el viejo Gobbi* : le vieux Gobbi, pour le distinguer d'**Alfredo Gobbi** fils, violoniste, qui sera l'un des grands instrumentistes des années trente. Ce premier **Gobbi** a connu, à partir de 1905, une florissante carrière de chanteur, mais également de compositeur, de parolier et de directeur d'orchestre — carrière qu'il mène en étroite collaboration avec son épouse d'origine espagnole, **Flora Gobbi** (c.1880-1952), également chanteuse. Le couple fut d'ailleurs l'un de ceux qui introduisirent le tango en France où ils séjournèrent en 1907 en compagnie de **Villoldo**.

Les textes que chantent les **Gobbi** sont aussi différents de ceux qui ont fait les belles soirées des bordels que de ceux qui feront les beaux jours du tango chanson de l'âge d'or. Souvent d'inspiration bucolique, d'un ton parfois caricatural, ces chansons s'inscrivent dans un répertoire qu'on pourrait qualifier de vaudevillesque. Les **Gobbi** étaient des artistes de variétés gagnant leur vie à faire des tournées dans les faubourgs de Buenos Aires et dans la province. Leurs chansons devaient s'inscrire dans le cadre de spectacles composés de saynètes entrecoupées de numéros de danseurs, de magiciens, d'acrobates, d'illusionnistes, etc., et de chanteurs. Ces premiers *tangos canciones* (tangos chansons) présentaient un visage souriant et bon enfant. On y trouvait un peu de place pour quelques couplets de mièvreries qui, entre un éclat de rire et quelques ébahissements, donnaient l'occasion aux jeunes filles sentimentales de se laisser prendre la main par leur fiancé — les mêmes garçons qui, le soir venu, allaient éventuellement écouter quelques couplets plus crus dans les lupanars du quartier.

Au début de la décennie suivante, le *tango canción* se fait pour un temps plus discret avant de reprendre les devants de la scène à partir de 1917 avec la création de *Mi noche triste*, l'air de **Samuel Castriota** sur lequel **Carlos Gardel** chante les paroles de **Pascual Contursi**. Bien que loin d'être, comme on le dit souvent, le premier tango chanson, *Mi noche triste* est cependant le début d'une tradition, en ce sens qu'il inaugure ce qui sera la manière définitive de mettre en paroles le tango. Le succès que connaît **Gardel** en chantant ce tango, et le fait que l'événement soit considéré comme la date inaugurale de ce que l'on considère être l'âge d'or du tango, sont l'aboutissement d'un processus complexe de transformations autant esthétiques que sociales.

Chanter avec un nœud dans la gorge

Les nouvelles classes possédantes sont mûres pour accepter cette musique d'origine populaire qui vient d'être auréolée de ses succès parisiens. Parallèlement, le populisme canaille du tango s'est assagi. Le tango présente désormais une allure qui, sans s'être complètement défaite de ses couleurs suspectes, lui permet de proposer les frissons à bon marché que la nouvelle petite-bourgeoisie peut s'offrir sans prendre trop de risques. Le tango conserve son image de musique de rue mais les passages où il continue à déambuler sont mieux éclairés et on trouve moins de danger à s'y promener. Le tango a aussi perdu son goût de la frime et de la provocation qu'il exprimait dans la danse. Les temps ne sont plus aux bagarreurs frondeurs : la bataille est perdue d'avance. L'immigrant abandonne la détermination qu'il devait montrer pour réaliser son rêve de *self-made man* : il se résigne à son pauvre sort et se met à soupirer sur les bonheurs d'antan.

Ces transformations s'opèrent chacune en suivant un fil différent d'événements, mais voilà que ces fils se nouent, et c'est avec ce nœud dans la gorge que l'on commence à chanter le tango. L'introduction du bandonéon venait de permettre au tango de se découvrir une voix qui savait exprimer la tristesse qui le gagnait : il lui restait à la mettre explicitement en paroles. Dans le sillon du succès de *Mi noche triste* s'établit alors très rapidement une esthétique du tango chanté qui se caractérise autant par une forme spécifique d'interprétation que par un ensemble déterminé de thématiques.

L'âge des paroliers

Le chant tango se caractérise par un refus de tout effet de vocalise. L'interprète doit faire correspondre chaque syllabe à une seule note de la ligne mélodique — une contrainte qui a pour effet de donner l'impression que l'interprète parle davantage qu'il ne chante. Hésitant entre la parole et un véritable chant, ce style d'interprétation favorise le texte au détriment de la musique. Le tango chanson est hanté par une volonté de dire, de faire entendre un certain nombre de choses qui formeront ses différents thèmes fondamentaux — qu'on retrouve d'ailleurs à peu près tous dans le texte de *Mi noche triste*. Du jour au lendemain, à partir de 1917, on se met à écrire des milliers de tangos destinés à être chantés et, jusque dans les années cinquante, les tangos purement instrumentaux seront rares.

Il faudra attendre quelques années encore, précisément jusqu'à la création, en 1920, de *Milonguita* (*Petite « milonga »* — au sens d'entraîneuse) pour découvrir le premier véritable tango chanson. Musique de **Enrique Delfino** (1895-1967), texte de **Samuel Linning**, *Milonguita* est le premier tango créé avec et pour un texte. Auparavant, on écrivait les textes sur des airs qui avaient d'abord connu le succès comme musique de danse, les paroliers se contentant (peut-être parce qu'ils étaient plus ou moins expérimentés) de faire coïncider directement la métrique de leurs vers au rythme des phrases musicales — ce qui est sans doute à l'origine de la contrainte du chanté parlé.

La célébrité de la plupart des musiciens de cette période est tributaire de leur association à un parolier : on les connaît moins parce qu'ils ont écrit telle ou telle musique mais parce qu'ils ont mis en musique les textes de tel ou tel *letrista* (« lettriste » : forme argentine du mot parolier). Par exemple, *Bandoneón arrabalero (Bandonéon faubourien)*, écrit en 1928 par **Pascual Contursi** sur une musique de **Juan Bautista « Bachicha » Deambroggio**, sera le plus souvent identifié comme étant un tango de **Contursi**, la signature du compositeur devenant quelquefois, dans les cas des plus grands tangos chansons, très secondaire.

Des histoires conjuguées au passé

La plupart des tangos chantent des histoires d'amour — plus précisément des histoires d'amours passées. Sous sa forme dansée, le tango exprimait les bonheurs et les risques de la rencontre amoureuse en se proposant comme étant le lieu d'une semblable rencontre. Le désir et la séduction ne sont pas racontés par la danse ; ils y sont pleinement vécus : sur la piste, la rencontre amoureuse se réalise au présent.

Les histoires d'amour que racontera le tango chanson seront, elles, conjuguées au passé. Le tango ne chante que des amours malheureuses. Il ne s'agit pas pourtant d'amours impossibles ou de rendez-vous manqués : l'amour est malheureux parce qu'il est une chose du passé. Ce qu'il y a de foncièrement triste dans les histoires que raconte le tango, c'est que ces histoires sont finies :

> *Depuis qu'elle est partie,*
> *moi je vis dans la tristesse,*
> *petit sentier ami,*
> *moi aussi, je m'en vais.*
> *Depuis qu'elle est partie,*
> *jamais elle n'est revenue.*
> *Je vais suivre ses pas,*
> *petit sentier, adieu.*

Caminito (Petit sentier)
Gabino Coria Peñaloza ; **Juan de Dios Filiberto**

Tous les tangos se situent au lendemain du bonheur et de l'amour. On connaît d'avance la triste conclusion des aventures dont ils rendent compte (il n'y a pas de suspense dans le tango : on sait que ça va mal finir, qu'il n'y a surtout pas de *happy end*). Le malheur ne vient pas du fait qu'une histoire d'amour s'est plus ou moins mal terminée. Quels que soient les événements qui ont ponctué le cours des années ou des heures qu'auront durées ces histoires, la fin est à chaque fois la même : heureuses ou malheureuses, toutes les amours finissent un jour.

Une histoire finie, une histoire passée dont il ne reste que le souvenir est toujours une histoire qui a mal fini ; les seules histoires ayant une fin heureuse sont celles qui ne finissent pas — mais comme tout finit un jour par passer... Le tango n'a de cesse de se plaindre de cet irréversible passage du temps. Un tango commence là où quelque chose finit, et l'utilisation récurrente du passé comme forme verbale devient extrêmement significative — tellement que cette particularité grammaticale devient un trait de style et doit être considérée comme une des principales caractéristiques formelles du genre.

De l'amour à l'amertume

Dans le tango, l'amour est une chose du passé et l'expérience continuellement répétée de ces amours déçues débouche sur l'amertume et le pessimisme. L'amour est plus que la blessure de la veille : il demeure comme une écharde dans la peau pour imprégner de cette douleur la moindre de nos pensées, le moindre de nos espoirs. Si tout est passé, rien ne peut apparaître autrement que sous la figure du souvenir qui survit à la perte de l'amour, et c'est bien cette mémoire douloureuse qui cause le plus de peine :

> *Implacable, sa bouche —*
> *son rire me persécute.*
> *Il hante mes insomnies*
> *ce souvenir cruel*
> *[...] ces dures peines*
> *d'amour et de désillusion*
> *comme les mauvaises herbes*
> *sont dures à arracher.*

(Amargura) Amertume
Alfredo Le Pera ; **Carlos Gardel**

Le temps présent semble entièrement écrasé sous le poids du passé et on découvre que les souvenirs, loin de réactualiser ces bons moments, loin de soigner les blessures que nous inflige le passage du temps, sont plutôt les cicatrices du bonheur. Le plus difficile, nous dit le tango, n'est pas d'avoir vécu une rupture, ni d'avoir connu la défaite ; si on pouvait vraiment mourir d'amour, la peine serait plus facile à supporter. Le véritable malheur, c'est de survivre à tout ce qui est fini pour nous, d'être hanté par ces souvenirs des bonheurs perdus. C'est pourquoi le tango ne cherche pas tellement à se remémorer la douceur des temps heureux du passé. Au contraire, on désire ardemment se débarrasser du poids du souvenir :

> *Je veux saouler mon cœur pour éteindre*
> *cet amour fou*
> *qui plus qu'amour est souffrance...*
> *Et je viens ici pour ça,*
> *pour biffer de vieux baisers*
> *sous les baisers d'une autre bouche*

Nostalgias (Nostalgies)
Enrique Cadícamo ; **Juan Carlos Cobián**

On s'apitoie moins sur son sort qu'on ne s'y résigne avec une certaine rancœur. On essaie malgré tout de se débarrasser de ces souvenirs malheureux mais en sachant que le prix à payer pour cette libération est celui de nouvelles illusions perdues. L'alcool se présente comme une des ressources de

Mercedes Simone.

Amelita Baltar.

l'oubli. Le tango est peuplé de buveurs qui cherchent un peu de consolation au fond de leur verre. Nulle part le tango ne fait comme telle l'apologie de l'ivresse : on sait que l'alcool n'est qu'un pis-aller. Au moins cette ivresse peut-elle nous soigner pour quelques instants des blessures du souvenir :

> *À la tienne ! Envoie-toi derrière la cravate*
> *ce coup qui a besoin de tuer le souvenir.*

> *Tomo y obligo (À la tienne)*
> **Manuel Romero** ; **Carlos Gardel**

La résignation nous prévient du risque inhérent à tout engagement amoureux. Mais ce défaitisme ne conduit pas à l'évacuation de toute émotion : pour se garder d'être blessé, le tango ne choisit pas de ne plus aimer. On voudrait être capable d'aimer encore, car seul un nouvel amour saurait refermer la blessure des amours passées ; seule une nouvelle blessure saura nous faire oublier la blessure plus ancienne. Elle n'effacera pas la première mais, plus fraîche, elle sera peut-être moins douloureuse. Cependant, le souvenir des baisers perdus se retrouve sur toutes les lèvres qui s'offrent désormais à notre bouche :

> *Si j'avais un cœur,*
> *le cœur que je donnai...*
> *Si je pouvais comme hier*
> *aimer sans mauvais pressentiment...*
> *Il est possible que tes yeux*
> *qui me crient leur tendresse,*
> *je les fermerais avec mes baisers...*
> *Sans penser qu'ils sont comme*
> *ces autres yeux, les pervers,*
> *ceux dans lesquels ma vie s'est noyée...*

> *¡Uno !... (N'importe qui !)*
> **Enrique Santos Discépolo** ; **Mariano Mores**

La résignation amoureuse consiste ici en une acceptation mélancolique du fait qu'il faille aimer encore malgré tout — malgré l'ineffaçable douleur passée, malgré qu'on sache que toutes les histoires que nous pouvons vivre connaîtront la même fin. La seule chose sûre, c'est que l'amour connaîtra un jour une fin, que rien n'est éternel. Que le prochain amour qui nous permettra d'oublier le souvenir malheureux ne sera lui-même, un jour, qu'un autre souvenir tout aussi douloureux...

La trahison féminine

« Aujourd'hui un serment, / demain la trahison », chantent **Le Pera** et **Gardel** dans *Amores de estudiante (Amours d'étudiant)* [1], exprimant ainsi le pessimisme lucide qui imprègne le tango. C'est toujours « elle » qui trahit l'amour dans lequel l'homme s'était engagé. La trahison féminine est une des thématiques fondamentales du tango chanson, dans la mesure où cette trahison est précisément ce qui fait de l'amour une chose du passé. Un tango, c'est un homme qui souffre des promesses qu'une femme n'a pas tenues. La femme est ici un personnage foncièrement volage ; l'homme, lui, est un être fidèle. Cette fidélité s'exprime surtout dans l'attachement que ce dernier conserve une fois la séparation consommée : elle est une incapacité typiquement mélancolique, voire dépressive, de se détacher de ses souvenirs :

> *Quand je veux m'éloigner du passé...*
> *c'est inutile, me dit mon cœur.*
> *Ce piano, cette table, ces tableaux*
> *gardent des échos de l'écho de ta voix.*

Ninguna (Aucune)
Homero Manzi ; Raúl Fernández Siro

L'homme ne trompe pas la femme — ou, en tout cas, ses frasques amoureuses ne sont jamais à l'origine de la séparation. Peut-être est-ce parce que dans l'univers machiste du tango, le fait qu'un homme trompe une femme ne peut être la raison d'une rupture : le tango ne parle jamais de l'infidélité masculine parce que ça ne vaut pas la peine d'en parler ! À l'inverse, un homme trompé par sa compagne se doit de rompre avec elle. La trahison féminine est inacceptable parce qu'elle fait perdre à l'homme toute sa dignité masculine ; elle blesse moins son amour que son orgueil.

Le tango chante peu d'histoires de vengeances jalouses. On se résigne amèrement à sa défaite en promenant son âme en peine de café en café et d'amour en amour. Penché sur son verre, on continue à parler à celle qui nous a quitté. La grande majorité des textes de tango contiennent d'ailleurs des apostrophes à la femme qui est partie. On parle à l'absente : le texte se présente souvent sous la forme d'un soliloque explicitement adressé à une destinataire directement inscrite dans le texte par une récurrence du tutoiement :

> *Que ta présence a été brève dans ma lassitude,*
> *que tes mains ont été tièdes, et ta voix,*
> *ta lumière arrive comme un ver luisant*
> *et dissipe l'ombre de mon coin.*

Sombras, nada más (Ombres, rien de plus) [2]
José María Contursi ; Francisco Lomuto

Face à la trahison féminine, l'homme se fâche moins qu'il ne se plaint d'avoir été aussi dupe. Le personnage masculin, narrateur de la chanson, est habituellement présenté comme celui qui avait tout investi dans cet amour et qui, en perdant la personne aimée, a tout perdu. Surtout que cet investissement déborde généralement le seul domaine des émotions. L'argent est le ciment de ces relations qui se dévoilent être foncièrement intéressées :

> *Je t'ai connue il y a un an*
> *sur une piste de danse ;*
> *tu étais brune, rondelette,*
> *je ne sais plus exactement,*
> *mais je sais qu'avec le fric*
> *que j'ai gagné en travaillant*
> *je t'ai rendue blonde et mince,*
> *je t'ai changée en bonbon.*
>
> *Se pasó tu cuarto de hora (Ton heure est passée)* [3]
>
> **Carlos A. Petit**

Cette présence de l'argent au sein du rapport affectueux fait que la plupart de ces amours ressemblent à la relation qu'entretiennent un souteneur et sa gagneuse. Mais contrairement à ce qui se passe habituellement dans la réalité, la fille profite égoïstement de la situation au détriment de l'homme. Malignement opportuniste, elle se sert du piédestal où on l'a mise comme d'un tremplin d'où elle plonge dans un univers de luxe et de plaisirs. C'est alors que le tango se reprend pour venger l'honneur masculin. Car la fille que l'homme a perdue devient, du même coup, une fille perdue :

> *Tu sautes sur la nappe, hurlant une chanson,*
> *Ivre, obscène, cruelle, sans pudeur tu te livres*
> *Nue au cabaret, lourde d'alcool, morte de rire,*
> *Et tes pas couchent les verres, piétinant tes illusions.*
>
> *Novia de ayer (Fiancée d'hier)* [4]
>
> **Enrique Santos Discépolo**

La rupture amoureuse est, pour la femme, le premier pas du côté de la déchéance. Quand il arrive à l'homme de retrouver sa compagne, c'est le plus souvent pour constater qu'elle est devenue une putain. Après s'être longuement plaint sur son propre compte, c'est sur celui de son ancienne compagne qu'il s'apitoie maintenant — avec à peine un peu de compassion : après tout, elle connaît le sort que lui mérite sa trahison ! Et s'il lui arrive de vouloir revenir, l'homme la refuse :

> *Elle m'a dit, toute humble : si tu me pardonnes,*
> *le bon vieux temps reviendra. [...]*
> *Mensonge, mensonge, ai-je voulu lui dire,*
> *les heures qui passent ne reviennent jamais. [...]*
> *J'ai fermé la gueule à mon amertume et j'ai eu pitié ;*
> *ses yeux bleus se sont ouverts très grands.*
> *Ma peine inouïe, très vite, elle l'a comprise,*

> *et avec une moue de femme vaincue*
> *elle m'a dit : c'est la vie. Je ne l'ai plus revue.*
>
> *Volvió una noche (Une nuit, elle est revenue)*
> **Alfredo Le Pera ; Carlos Gardel**

C'est pour protéger son propre cœur que l'homme refuse de voir la traîtresse revenir dans ses bras — et le tango dévoile ici sa thématique la plus secrète et la plus importante : la crainte des femmes.

La femme castratrice

Il a cru qu'elle n'était pas comme les autres, mais ce n'était que de l'aveuglement : en fin de compte, il en conclut qu'elles sont toutes les mêmes... Le point de vue du tango sur les femmes est désespérément machiste et sexiste. De prime abord, le narrateur ne semble pas craindre les femmes, ni les juger inférieures : il leur fait confiance, il s'investit sans retenue dans l'affection qu'il leur accorde. Mais une fois leur histoire terminée (une fois que peut commencer le tango), l'homme découvre que la femme a profité de l'imprévoyance de ce jugement trop valorisateur pour le tromper — plus exactement encore, pour le voler :

> *Parce que j'ai été bon, tu m'as mis dans la misère*
> *[...].*
> *Voleuse !*
> *Tu m'as volé jusqu'à l'amour...*
> *Maint'nant*
> *les nanas m'effraient tellement*
> *que si dans la rue y'en a une qui m' fait d' l'œil*
> *je m' tire chez les cognes.*
> *Et c' qui me met le plus en rogne*
> *c'est d'avoir été aussi nigaud.*
>
> *Chorra (Voleuse)*
> **Enrique Santos Discépolo**

Le rapport amoureux est une fois de plus associé à des transactions pécuniaires. Le plus grave, cependant, c'est que la femme vole beaucoup plus que de l'argent : elle vole l'amour et la confiance que l'homme lui a accordés mais, surtout, elle lui vole du même coup quelque chose de très personnel, de directement attaché à sa personne : son courage !

> *Mon Dieu, qu'est-c' que tu m'as fait*
> *pour que j'aie tellement changé !*
> *J' sais plus qui j' suis...*
> *Le malfrat étranger*
> *me r'garde sans comprendre,*
> *voit que j'perds ma réputation*
> *de gouape qui, hier,*

brillait dans l'action....
Tu vois pas qu' tu m'as pris dans tes fils,
vaincu, une marionnette
dans ton cœur.

Malevaje (La canaille)
Enrique Santos Discépolo ; **Juan de Dios Filiberto**

Cette image du courage perdu à cause de la duplicité féminine est fortement imprégnée de fantasmes de castration. À cause de la trahison de la femme aimée, l'homme n'est plus « un homme ». Entre cette perte de sa virilité combative et la perte de la virilité tout court, le pas est très facile à franchir !

« Toutes des putains... sauf maman »

Toutes des putains, toutes des voleuses ! — l'ensemble des personnages féminins qui traversent le tango sont plus ou moins assimilés à des prostituées. Cependant, celles-ci sont habituellement considérées d'un œil plutôt attendri : on compatit à ces pauvres filles perdues ; on s'apitoie avec une certaine complaisance sur les erreurs de jeunesse de ces grisettes qui se laissent leurrer par l'appât du gain, qui ne savent pas faire une bonne évaluation de leurs charmes temporaires et qui en usent au détriment d'un attachement plus profond :

Est-c' que tu piges que la vie s'en va,
que tu t'enfonces dans ta silhouette épaissie...
Et si les larmes viennent te chercher
oublie, la poupée, et ris,
offre-toi de ce champagne dans lequel ta vie t'échappe,
poupée fière, fleur du péché
Quand tu arriveras à la fin de ta carrière,
tu verras se languir tes printemps.

Muñeca brava (Poupée fière)
Enrique Cadícamo ; **Luis Visca**

L'univers du souvenir est le seul lieu où on peut retrouver une certaine consolation. Les amours d'enfance, directement reliées au souvenir du quartier où s'est vécue cette époque idéale (il n'y a jamais d'histoire d'enfance malheureuse dans le tango), deviennent un refuge contre les velléités sentimentales du présent :

Me viennent à l'esprit
des souvenirs d'autres temps,
des bons moments
dont jadis j'ai profité
tout près de ma mère,
sainte petite vieille,

118

Charlo.

Libertad Lamarque.

Julio Sosa.

> *et de ma petite fiancée*
> *que j'ai tant idolâtrée.*
>
> Adiós, muchachos (Adieu, les copains)
> **César F. Vedani** ; **Julio César Sanders**

L'idéalité de ces souvenirs contraste tellement avec les peines du présent que, loin d'éclairer les temps du malheur, ils les font apparaître d'autant plus sombres. Au lieu de soulager des peines actuelles, le poids des souvenirs les rend encore plus lourdes à porter. Contre l'agression du temps, l'arme du souvenir est une lame à double tranchant. Dans ces souvenirs d'enfance, la présence de la fiancée perdue se voit directement associée à un autre personnage féminin omniprésent dans le tango : la mère. La femme a abandonné l'homme ; à l'inverse, la mère a le plus souvent été abandonnée par le fils. Ce dernier n'a pas d'autre ressource que d'enfin retourner près de sa mère pour se remettre des peines que lui ont causées les autres femmes de sa vie.

Oscillant entre les personnages de la maman et de la putain, l'image de la femme véhiculée par le tango est tristement stéréotypée. Le phénomène semble posséder une explication facile et évidente : le tango s'est développé dans un milieu et à une époque où on n'avait pas encore la plus vague idée d'une remise en question des rôles de la femme et de l'homme dans la société ; il serait tout simplement représentatif de l'idéologie sexiste dans laquelle on baignait pendant les premières décennies du siècle. Mais nous avons sans doute affaire à quelque chose de plus qu'une question de contexte. L'amour malheureux des femmes est la thématique centrale du tango, celle autour de laquelle se greffent toutes les autres. La récurrence obsédante de ce thème, ainsi que les particularités de ses penchants sexistes, nous obligent à y voir autre chose qu'un simple reflet de la mentalité de l'époque.

L'amour d'une mère... patrie

Le tango ne met pratiquement jamais en scène de personnage paternel. Même dans une chanson comme *La casita de mis viejos (La petite maison de mes vieux)* de **Enrique Cadícamo** et **Juan Carlos Cobián**, dont le titre laisse supposer la présence des deux parents, seule la mère est explicitement présente :

> *Pauvre petite vieille elle était tombée malade*
> *quand je la rencontrai ; je lui parlai*
> *et elle jeta un coup d'œil sur moi...*
> *Avec ces yeux*
> *ennuagés de pleurs,*

comme s'ils me disaient : pourquoi as-tu tant tardé ?
Maintenant je ne pars plus
et à ton côté j'ai la sensation
d'une chaude et grande tendresse…
Seule une mère nous pardonne dans cette vie.
C'est l'unique vérité !
Le reste est un mensonge !

En Argentine, l'expression *viejita* : petite vieille, est un surnom affectueux de la mère. Celui-ci se confond ici à la maison où le narrateur a vécu son enfance. Dans beaucoup de tangos, le souvenir de l'époque idéale de l'enfance, associée à la présence maternelle, se double régulièrement d'une remémoration mélancolique de la maison, des rues et du quartier, des lieux de l'enfance qui, dans l'Argentine urbanisée des années vingt, sont également un monde disparu :

Mon patio
où maman m'engraissait,
où le rital paisible tressait
chaque nuit son défi…

Patio mío (Mon patio)
Cátulo Castillo ; **Aníbal Troilo**

Les temps passés de l'amour maternel heureux et les lieux perdus de l'enfance se confondent. Le tango développe ainsi une géographie de l'absence au sein de laquelle la question fondamentale d'une appartenance problématique se pose avec une rare insistance. Musique d'immigrants, le tango ne chante pourtant presque jamais en termes explicites la détresse de l'exil, sauf cet exil des lieux et des temps chéris de la présence maternelle. Nous assistons ici à un déplacement symptomatique d'un problème essentiel.

Le tango chanson est une création de la seconde génération d'immigrants : ce sont les fils qui chantent le tango que leurs pères dansaient encore. En pleurant la perte de l'époque et des lieux heureux associés à la présence de la mère, leurs tangos pleurent dans les faits l'heureux temps de la symbiose infantile avec la mère patrie qu'ont goûtée leurs pères. Les aléas de la détresse amoureuse sont une métaphorisation de la douleur refoulée du déracinement immigrant. L'affection constante dont bénéficie le personnage de la mère disparue et les images idylliques qui l'entourent sont un écho de l'attachement et de l'idéalisation de la patrie perdue. En chantant les ruptures amoureuses, le tango trouve finalement les mots pour exprimer la cassure immigrante. La quête toujours inachevée d'un enracinement émotif doit être entendue comme l'expression d'un désir irréalisable de retour au sein maternel — plus exactement, au lieu des origines.

L'impossible retour

La thématique du retour au lieu des origines est très présente dans le tango. Cependant, ces projets de retour s'avèrent très paradoxaux. D'abord, comme on l'exprime ouvertement dans *Volver* (le tango emblématique du répertoire de **Carlos Gardel**, composé par le chanteur sur un texte d'**Alfredo Le Pera**), parce qu'on craint de revenir au lieu qu'on a quitté :

> *Elle me fait peur la rencontre*
> *du passé qui revient*
> *s'affronter à ma vie.*

Deuxièmement, parce que c'est Buenos Aires, le lieu de l'exil des immigrants argentins, qui est le centre d'attraction de tous les projets de retour :

> *Mon Buenos Aires chéri,*
> *quand je reviendrai te voir,*
> *il n'y aura plus de peines ni d'oubli.*
>
> Mi Buenos Aires querido (Mon Buenos Aires chéri)
> **Alfredo Le Pera** ; **Carlos Gardel**

On voyage souvent dans le tango, mais sans jamais arriver au terme du parcours. Parce qu'on craint d'y arriver et qu'on ne veut pas tant aller quelque part que revenir au point de départ : Buenos Aires. Plutôt que leur terre d'origine, c'est leur terre d'adoption que cette musique d'immigrants ne cesse de regretter et à laquelle elle ne cesse de vouloir revenir. Un décalage apparaît entre le lieu où il serait logique de vouloir retourner et celui où on avoue explicitement vouloir revenir. Peut-être est-ce le même décalage qu'on trouve entre le regret fondamental de la mère patrie et le regret explicite de la mère biologique, et celui entre cet amour idéal de la mère et son déplacement dans la quête de l'amour d'une femme.

L'exil de Buenos Aires se donne ici comme le déplacement de l'exil originel des immigrants. Si on ne cesse de se déplacer dans le tango, ce déplacement semble moins se situer dans un espace physique que psychique : nous sommes de plain-pied dans l'univers du *déplacement* freudien où, au sein du travail du rêve, le psychanalyste découvre que « *l'intensité psychique des idées et des représentations qui en font l'objet se transporte sur d'autres, sur celles précisément que nous ne nous attendions pas du tout à voir ainsi accentuées* » [5] — un transport imaginaire qui, au sein de l'inconscient, dévoile une volonté de cacher, de refouler une idée, une émotion que la conscience juge inavouable ou trop traumatisante.

Le tango comme lieu d'appartenance

Ce constant brouillage des vrais problèmes laisse entrevoir la complexité, voire la perversion de la personnalité du tango chanson. Mais pourquoi, au lieu de faire explicitement entendre le cri de sa blessure immigrante, le tango insiste-t-il pour déplacer ses vrais problèmes dans un monde imaginaire ? Car bien qu'elles puissent être le reflet d'une certaine réalité, l'ensemble des thématiques du tango chanson constitue avant tout un univers imaginaire d'une incroyable cohérence ! Il est assez rare de rencontrer un aussi vaste répertoire de chansons présentant autant de constance dans l'élaboration de son imagerie. On peut même être justifié de lui trouver une nette tendance à la répétition — ou est-ce parce que le tango est une forme d'incantation ?

Grâce à la chanson, le tango s'est constitué une mythologie autour de laquelle gravitent un certain nombre de personnages et de récits plus ou moins stéréotypés. Cet univers imaginaire devient le lieu d'une nouvelle identité : il est l'ultime consolation d'un peuple de déracinés en quête d'appartenance. Plus qu'une musique, le tango se donne comme une patrie. L'immigrant n'est pas encore Argentin et n'est plus l'Italien, le Français, etc., qu'il a été. Puisqu'on n'est rien, on sera tango ! Incapable de se doter d'une identité concrète, on se donnera ce passeport imaginaire. On habite littéralement le tango :

> *C'est tout le quartier mal famé*
> *qui est une mélodie du faubourg.*
>
> *Melodía de arrabal (Mélodie du faubourg)*
> **Mario Battistella**, **Alfredo Le Pera** ; **Carlos Gardel**

L'univers imaginaire du tango est le seul paysage que ce peuple de déracinés peut trouver à l'horizon de son errance urbaine. Le tango donne une certaine consistance à ce qui, autrement, ne serait que les incertitudes de l'identité immigrante. Le tango chanson n'exprime pas la détresse immigrante : il permet au contraire de la masquer — de la déplacer... Moins reflet que modèle d'une identité, le tango ne se conçoit pas comme étant né d'une certaine réalité : c'est lui qui donne une présence aux êtres et aux choses, et surtout aux souvenirs :

> *Par le miracle de tes notes commes des plumes*
> *sont nées, sans y penser, les femmes de cœur et les*
> *femmes fatales [...].*
> *À t'évoquer,*
> *tango de mon cœur,*

je sens trembler le plancher d'un bastringue
et j'entends le murmure de mon passé.
Aujourd'hui que je n'ai plus rien…
plus rien que ma mère…
je la sens qui s'en vient sur la pointe des pieds pour
m'embrasser
quand ton chant naît du son d'un bandonéon.

El choclo (L'épi de maïs)
Enrique Santos Discépolo, **Carlos Márambio Catán** ;
Angel Villoldo

Le tango se présente comme un univers compensatoire des lieux perdus de l'appartenance originelle. Ceci avec une certaine conscience autocritique : en manifestant qu'il n'est qu'un pis-aller au travers duquel la détresse qu'il tente de cacher ne peut s'empêcher de pointer le nez. Le tango se dévoile comme compensation en montrant que cette compensation demeure insuffisante, tout en nous faisant profiter de cette compensation — selon la même logique plus ou moins perverse voulant qu'on désire moins revenir au lieu de ses origines qu'à celui où on a découvert que ses origines étaient ailleurs !

Habitée par autant de contradictions sous-jacentes, il n'est pas étonnant que cette musique s'alimentera de tout ce qui peut être paradoxe et ambiguïté — comme lorsque le tango se plaît à chanter ses textes les plus sombres sur des airs guillerets, et de doter ses histoires souriantes des mélodies les plus tristes. De plus, pour ce faire, il recourt à une langue elle-même hybride : le *lunfardo*.

Un langage de l'ambiguïté

L'espagnol vernaculaire des quartiers populaires de Buenos Aires s'est développé au contact des diverses langues introduites par les immigrants de la fin du 19e siècle. Sa principale caractéristique est d'être constitué d'un vocabulaire traversé par un très grand nombre d'emprunts à la langue italienne (via le *cocoliche*, le génois argotique des immigrants d'origine italienne du quartier de la Boca), mais également, ce qui est plus étonnant, d'un nombre fort important de gallicismes. Étonnant, car la proportion de ces emprunts à la langue française apparaît trop grand par rapport à l'importance réelle de l'immigration de souche française qui a pu introduire ce lexique en Argentine.

La francophilie des Argentins du tournant du siècle est sans doute la raison de cette prédilection pour les empunts à la langue française, au détriment des autres langues parlées au sein de la mosaïque immigrante de Buenos Aires.

Roberto Goyeneche.

Bon nombre de ces emprunts proviennent de l'argot parisien et, bien qu'originant ainsi du français le plus bas, ces mots se chargent au contraire, dans la capitale argentine, d'une connotation prestigieuse.

Ces gallicismes présentent une surabondance de mots particuliers au monde de la prostitution et du proxénétisme. Sans doute parce que l'argot était justement la langue de ces milieux, et parce qu'il est probable que les voyageurs argentins solitaires devaient y entretenir des fréquentations assidues lors de leurs séjours parisiens. Parallèlement, à Buenos Aires même, les prostituées les plus valorisées étaient les jeunes victimes françaises de la traite des blanches — **Horacio Pettorossi** a d'ailleurs écrit et composé un tango au titre de *Esclavas blancas (Esclaves blanches)*. Tant et si bien que, selon Noemi Ulla, ces emprunts du *lunfardo* à la langue française ont fait que ceux-ci sont devenus « *une manière de nommer le prohibé, les plaisirs relatifs au commerce sexuel* ». [6] L'emploi de la langue française contribue à doter ces activités d'une aura de prestige et le bon goût bourgeois récupère à son profit un domaine d'activités commerciales qui devraient pourtant lui être tout à fait répréhensibles. De constitution hybride, le *lunfardo* devient une langue de l'ambiguïté : celle de la morale bourgeoise, avec sa grande tolérance envers cette économie sexuelle de libre marché qu'est la prostitution.

Une langue d'emprunt(s)

On peut supposer que ce sont les origines du tango qui l'amènent à utiliser la langue des quartiers populaires où il est né. Pourtant, on constate que le *lunfardo* n'est pratiquement jamais employé ailleurs que dans le tango et dans la littérature. Saúl Yurkievich constate que, dans beaucoup de tangos, « *plus l'auteur est cultivé, plus le texte est argotique* » [7]. Jorge Luis Borges ira même plus loin, affirmant que cet « *argot, en fait, est une blague littéraire inventée par des auteurs de comédies et des paroliers de tangos ; les gens des faubourgs l'ignorent, à moins que les disques d'un phonographe ne leur aient enseigné* » [8] ; il va même jusqu'à préciser (avec une mauvaise foi évidente) que cette langue n'est que l'invention d'un « *directeur de la Bibliothèque [,] homme de lettres qui s'est consacré à l'étude des langues anciennes, comme si les modernes n'étaient pas suffisamment rudimentaires, et à l'exaltation démagogique d'une imaginaire Buenos Aires de truands* » [9] — portrait dans lequel il est difficile de ne pas reconnaître celui de Borges lui-même, qui a été directeur de la Bibliothèque de Buenos Aires...

Dans les faits, le *lunfardo* n'est pratiquement qu'une langue littéraire — moins une langue vivante qu'une formule qui fait portègne, qui fait tango : un langage qui se donne comme l'image d'un milieu d'appartenance avant de vouloir dire quelque chose. L'emploi de semblables idiolectes est un facteur de cohésion et d'identification sociale : parler un certain argot, c'est moins vouloir se faire comprendre par ceux qui le parlent que montrer que l'on appartient au groupe de ceux qui en connaissent les clés plus ou moins secrètes. Grâce aux particularités linguistiques qu'il introduit dans la langue espagnole, l'emploi du *lunfardo* donne aux portègnes la possibilité de marquer leur différence socioculturelle, de se reconnaître, en quelque sorte, comme étrangers au sein de leur langue maternelle.

L'espagnol est la deuxième langue d'une bonne partie des habitants de Buenos Aires, ces immigrants français, italiens, polonais, etc., qui peuplent les quartiers populaires. Le *lunfardo*, avec son grand nombre d'emprunts aux principales langues immigrantes de Buenos Aires, devient lui aussi le déplacement, la marque d'une insistance, à l'intérieur de cette langue d'emprunt qu'est l'espagnol, des langues d'origine de la population portègne.

Une parole détournée

À l'origine, le tango chante en *lunfardo* parce que, né dans les milieux populaires, il utilise la langue qu'on y parle. Mais le tango est maintenant sorti des faubourgs ouvriers de la capitale. Devant le nouveau public du centre-ville, dont il fait la conquête grâce au tango chanson, il continue à parler cette langue qui devient alors un trait de couleur locale. Au lieu d'être le signe d'un attachement à ses origines, cette persistance de l'emploi du *lunfardo* peut éventuellement être, au contraire, le signe que le tango est alors exilé de ses sources populaires et truandesques.

Quand un individu quitte un groupe pour monter dans la hiérarchie sociale, ce passage s'accompagne le plus souvent d'un abandon manifeste des usages linguistiques propres à son groupe d'origine. Si la réussite sociale du tango était parallèle à une ascension sociale des classes populaires portègnes, sa langue devrait suivre ce mouvement et adopter celle des classes plus élevées. Au contraire, l'ascension sociale du tango est marquée par une formalisation de la langue populaire en cette langue littéraire que devient le *lunfardo* — preuve que, au fil de son ascension sociale, le tango rompt avec ses origines populaires.

L'ascension du tango n'est pas parallèle à celle d'un autre groupe qui assimile le tango pour se reconnaître dans ce qui ne devient rien de plus que de la couleur locale. Ce sont les classes privilégiées qui s'identifient au *lunfardo*. Elles le récupèrent tout en lui permettant de conserver le parfum canaille des bas quartiers qui allèche les bourgeois en goguette. L'emploi du *lunfardo* n'est pas une trace des sources populaires du tango : il est un cautionnement d'identité populaire qu'on peut donner à un tango assagi, « importé » de France par les bourgeois.

Un décalage, un nouveau déplacement apparaît une fois de plus entre la teneur explicite du tango chanson et les dynamiques qui le travaillent à un niveau plus profond. Comme si, malgré son assagissement, son affadissement en loisir petit-bourgeois, le tango continuait d'être hanté par ses élans primordiaux — par ces gestes qu'on dit justement déplacés...

Au point de non-retour

Avec le tango chanson, le tango réalise son rêve le plus profond : il devient enfin quelqu'un aux yeux de la bonne société, ceci au prix de n'être plus tout à fait lui-même. Sa sensualité rendait sa danse suspecte ; il canalise ses pulsions érotiques dans le sentimentalisme qui alimentera le tango chanson. Mais les vieilles habitudes sont difficiles à tuer. Dans son nouveau costume de soirée, le tango est quelque peu à l'étroit : des contradictions, des paradoxes apparaissent aux coutures. Toute la richesse expressive du tango tient précisément à cette manière de ne jamais être tout d'une pièce, de laisser voir le bât qui blesse.

Le tango est mal à son aise chez les bourgeois : il sait qu'il n'est pas chez lui. Mais comme de toute façon il ne s'est jamais senti chez lui nulle part, autant crécher son appartenance problématique dans un milieu plus confortable... Très opportuniste, le tango a des aspirations et des comportements de parvenu. Avec les transformations qu'il connaît au tournant des années vingt et trente, voilà qu'il parvient au point où il espérait parvenir : les bourgeois aiment sa compagnie, il connaît le luxe, il peut se payer des vêtements (qu'il ne choisira peut-être pas toujours avec goût...), il peut offrir à boire des tournées généreuses.

Il a délaissé les *malevos* et les *guapos* qui l'aimaient tant quand il était la fleur des *arrabales* pour s'offrir en spectacle dans les cabarets bourgeois — tout comme la fiancée chérie de la chanson... La duplicité et la déchéance féminines qu'il ne cesse de chanter sont finalement les siennes. Et comme le chanteur éploré le prédit à son ancienne compagne, le tango paiera bien cher sa trahison.

Notes

[1] Traduction de Henri Deluy, *Tango, une anthologie, op. cit.*, p. 112.

[2] *Ibid*, p. 105.

[3] Traduction de Christian Tarting, *Ibid*, p. 137.

[4] Traduction de Yves Boudier, *Ibid*, p. 133.

[5] Sigmund Freud, *Le rêve et son interprétation*, Idées/Gallimard, p. 52.

[6] « La hibridación en la letra de tango : el francès marginal » ; *Le Tango, Hommage à Carlos Gardel, op. cit.*, p. 127.

[7] « Son histoire, tout le monte la raconte » ; *Le Tango, Action poétique, op. cit.*, p. 5.

[8] « Préface » ; *Le rapport de Brodie*, Folio, p. 10, 11.

[9] « Le Congrès » ; *Le livre de sable*, Folio, p. 28, 29.

On compte des centaines, voire des milliers de tangos chansons. Pourtant, les pièces les plus significatives et les plus importantes se réduisent à quelques dizaines de titres. L'amateur traditionnel de tango n'est pas friand de nouveauté : il aime reconnaître ce qu'il entend, et réentendre souvent ses pièces favorites. D'une époque à l'autre, d'un artiste à l'autre, on aura tendance à reprendre constamment les mêmes titres qui ont fait leurs preuves auprès des auditeurs.

Sauf quelques cas d'auteurs au succès occasionnel, les plus célèbres tangos chansons portent les signatures de quelques paroliers aussi prolifiques que constants dans leurs réussites. Aussi, malgré son étendue, l'ensemble du répertoire se réduit à tout au plus une dizaine de *letristas* majeurs. Marquant chacun à leur façon les différentes époques du tango chanson, les succès de ces grands auteurs ont attiré des foules d'imitateurs qui ont gonflé le répertoire d'œuvres dont l'intérêt n'est rien d'autre qu'anecdotique et qui demeurent dans l'ombre des principaux poètes du tango.

Pascual Contursi

Guitariste, chanteur et parolier, **Pascual Contursi** (1888-1932) n'est pas le premier à mettre des paroles sur des airs de tangos. Mais la manière et le style qu'il réussit à imposer font de lui le fondateur de la tradition du tango chanson. D'un seul coup, en 1917, avec *Mi noche triste*, écrit sur une musique de **Samuel Castriota**, **Contursi** trouve des thèmes, des métaphores, un ton, un style qui caractériseront le tango chanson et que ses contemporains comme ses successeurs ne feront qu'adapter :

*Petite qui m'as abandonné
au meilleur de ma vie,
tu m'as laissé l'âme blessée
et une épine dans le cœur ;
tu savais que je t'aimais,
que t'étais ma joie
et mon enveloppe de rêve ;
pour moi, il n'y a plus de
consolation
et c'est pourquoi je me suis
saoulé
pour me défaire de ton
amour.
[...]
La nuit quand je rentre au
bercail,
je ne peux pas fermer la porte,
alors je la laisse ouverte
pour me donner l'illusion
que tu reviens.
[... Et] si tu voyais le lit
comme il est tout retourné
quand il ne nous voit plus
ensemble.*

L'influence de **Contursi** se fait encore ressentir de nos jours. Si le *nuevo tango* réussira à tranformer radicalement cinquante ans de tradition musicale férocement réfractaire au changement, les quelques chansons du tango contemporain continuent à s'inscrire dans la tradition établie par **Pascual Contursi**.

Très narratifs, les textes de **Contursi** se présentent souvent sous la forme d'un monologue dans lequel un narrateur (presque toujours un homme) raconte ses plus récents malheurs amoureux. **Contursi** ouvre ainsi la porte à des épanchements sentimentaux qui étaient tout à fait étrangers à la gouaillerie gestuelle du tango dansé. Mais la porte est trop grande ouverte : les textes de **Contursi** ont un penchant très prononcé pour le sentimentalisme et la sensiblerie, et les récurrences d'images deviennent rapidement des clichés.

Peut-être est-ce simplement parce que, engourdi par ses premiers succès, le parolier s'est fait une recette des quelques trouvailles originales qui étaient apparues sous sa plume. Ou peut-être est-ce parce que **Contursi** était profondément hanté par une réelle mélancolie qui le poussait à un semblable radotage symptomatique de la parole dépressive. Le fait que, dans les dernières années de sa vie, **Contursi** sombrât graduellement dans la folie avant de mourir en institution, nous oblige en tout cas à considérer cette hypothèse. Mais malgré leur mièvrerie et leur pessimisme misérabiliste, les tangos de **Contursi** présentent une fraîcheur naïve qui leur permet de traverser les époques sans vraiment s'affadir.

Avec *Mi noche triste*, le plus célèbre des textes de **Contursi** est celui qu'il écrivit en 1924 avec **Enrique Pedro Maroni** sur la musique de *La cumparsita* (composée huit années auparavant par **Gerardo H. Matos Rodriguez**). Il faut signaler encore *Pobre paica (Pauvre minette)* sur la musique de *El motivo (Le motif)*, de **Juan Carlos Cobián**, ainsi que *Ivette*, sur une musique de **E. Costa** et **Juan A. Rocca**, tous deux publiés en 1920.

Écrits sur des musiques de **Antonio Scatasso**, *Lo han visto con otra (Je l'ai vu avec une autre)* et *Ventanita de arrabal (Petite fenêtre du faubourg)*, datés de 1926 et de 1927, ne se voient cependant pas souvent inscrits au répertoire des interprètes contemporains ; on continue à les écouter dans leurs versions originales chantées par **Gardel**. D'ailleurs, les grands tangos de **Contursi** ont tous été interprétés pour la première fois par **Carlos Gardel**, ce qui n'aura pas été sans contribuer grandement au prestige de leur auteur.

Finalement, en 1928, **Contursi** écrit l'un de ses derniers tangos, et l'un de ses plus célèbres : *Bandoneón arrabalero (Bandonéon faubourien)*, sur la musique de **Juan Bautista « Bachicha » Deambroggio**. D'une facture plus contemporaine que les autres petits bijoux de nostalgie de **Contursi**, ce dernier tango est plus souvent repris par les artistes d'aujourd'hui.

Celedonio Esteban Flores

Contemporain de **Contursi**, on considère **Celedonio Esteban Flores** (1896-1947) comme le premier poète du tango — alors que **Contursi** en est le chroniqueur. **Flores** est un poète qu'on lit avant d'être le parolier qu'on écoute : une bonne partie de son œuvre n'est d'ailleurs pas destinée à être mise en musique.

D'une écriture plus nuancée que celle de **Contursi**, les textes de **Celedonio Flores** se présentent, paradoxalement, au confluent du populisme d'Evaristo Carriego (un poète portègne du tournant du siècle) et du modernisme — les premiers textes de **Flores** affichent des influences de Rubén Darío et de Leopoldo Lugones, principaux représentants de ce mouvement littéraire hispano-américain du début du siècle.

Le personnage typique des tangos de **Contursi** était le souteneur gémissant sur la trahison de sa gagneuse préférée ; plus sensible aux changements que vit le tango de son époque, **Flores** présente des personnages dont le rang social est nettement plus élevé. Il introduit le personnage de la femme qui trahit ses origines populaires afin de profiter du luxe des cabarets du centre-ville de Buenos Aires. Cependant, la générosité des *bacanes* (les « richards ») qui l'entretiennent ne durera qu'un temps et la déchéance guette la traîtresse à chaque lendemain de veille. L'homme, lui, est justement cet arrivé, ce fils à papa qui, en flirtant avec les filles du faubourg, risque son honneur et sa fortune. **Flores** accuse ces nouveaux riches de dénaturer le vrai tango populaire des origines.

L'écriture de **Contursi** avait le bon goût un peu édulcoré des poèmes pour midinettes ; **Celedonio Flores** prend volontairement un ton canaille. Il est le premier parolier à avoir régulièrement recours à des touches de *lunfardo* afin de donner à ses textes la couleur locale nécessaire au vérisme critique de feuilletonniste auquel il aspire. Plus populistes que populaires, les textes de **Flores** affichent un certain mordant qui continuera longtemps à chatouiller les bonnes consciences — à tel point que *Pan (Pain)*, un tango

de 1932 dans lequel il décrit, sur une musique de **Eduardo Pereyra**, les affres de la Crise et du chômage, comptera parmi les tangos à se voir interdits par les récentes dictatures militaires argentines.

Flores commence sa carrière de parolier en 1919. Découvert par **Carlos Gardel** à la faveur d'un concours de paroles de tango, le chanteur collabore avec le guitariste **José Razzano** pour mettre en musique les premiers textes du jeune auteur : il s'agit d'abord de *Margot*, qui sera suivi, l'année suivante, par l'un des titres les plus importants de tout le répertoire du tango chanson : *Mano a mano (Coup pour coup)*. Écrit dans une langue très expressive, *Mano a mano* est l'un des premiers tangos chansons dont la mélodie fait entendre la nouvelle mélancolie qui commence à habiter cette musique. C'est également avec ce tango que **Gardel** amorce la transformation définitive de son chant d'influence *payada* pour établir son propre style d'interprétation chanté parlé.

Parmi les nombreux autres tangos écrits par **Flores**, signalons seulement *Viejo smoking (Vieux smoking)*, qui sera encore chanté par **Gardel** en 1930, sur une musique de **Guillermo Desiderio Barbieri**. Car malgré leur importance historique, l'ensemble des tangos de **Celedonio Flores**, comme ceux de **Pascual Contursi**, ne sont pas aussi souvent inscrits au répertoire des chanteurs d'aujourd'hui que ceux d'autres paroliers plus récents et dont les préoccupations et le style apparaissent davantage contemporains.

Pascual Contursi.

Enrique Santos Discépolo

Au milieu des années vingt, la tradition du tango chanson est tout à fait établie. Apparaît alors une génération de paroliers qui peuvent tabler sur les formes et les thématiques déjà définies pour donner une personnalité plus prononcée à leurs œuvres. Parmi eux, **Enrique Santos Discépolo** (1901-1951) est celui dont les textes demeurent les plus parlants pour notre fin de siècle.

Enrique Discépolo est né dans le tango. D'origine napolitaine, son père, **Santos Discépolo** (1850-1906), était contrebassiste, directeur d'orchestre et compositeur. Décédé alors qu'**Enrique** avait tout juste cinq ans, le vieux **Santos Discépolo**, qui n'avait guère connu de succès, laissa sa famille dans une situation passablement difficile. Le jeune **Enrique** doit abandonner ses études et décide (comme son frère Armando, qui deviendra un dramaturge renommé) de tenter sa chance du côté du monde du théâtre et du spectacle.

Enrique Santos Discépolo commence sa carrière comme auteur de saynètes. À Buenos Aires, la mode est à ces spectacles de variétés dans lesquels on intègre de temps à autre quelques numéros de tangos. La plupart des grands tangos chansons du tournant des années vingt sont le plus souvent créés dans le cadre de ces petites revues musicales.

En 1926, **Discépolo** écrit son premier tango : *¡Que vachache ! (Qu'est-ce que tu vas foutre !)*, le texte d'un sceptique dont l'aigreur s'adoucit d'une teinte d'ironie. Il en compose également la musique, ainsi qu'il le fera très souvent — ce qui fait de lui un des rares auteurs-compositeurs du tango. **Discépolo** impose dès lors au tango chanson un ton tout à fait nouveau qui lui demeurera très personnel.

En écrivant, comme le font la plupart des paroliers, à la première personne, **Discépolo** ne met pas en scène un personnage de malfrat du passé que l'interprète endosse comme le ferait un comédien pour nous raconter une triste histoire d'amour blessé. Avec **Discépolo**, un auteur nous parle, ici et maintenant, en son nom propre. Beaucoup moins narratif que ses prédécesseurs et ses contemporains, **Discépolo** est un philosophe de la rue dénonçant avec verve et sévérité les mauvais tours que le siècle est en train de jouer à ses rêves de la veille. Ses tangos forcent à réfléchir sur les travers de l'époque.

Sans s'astreindre à peindre des décors de quartiers disparus, sans portraits de jolie gigolette et de maquereau sentimental, l'écriture de **Discépolo** se libère des détails contextuels pour mettre à jour l'âme tourmentée du tango. Les textes de **Discépolo** sont beaucoup plus intemporels que ceux des autres *letristas*. Comme eux, il écrit en *lunfardo*, mais il ne s'agit pas pour lui de puiser dans la langue populaire quelques traits de couleurs locales. La langue populaire lui fournit les moyens d'exprimer des états d'âme qui ne peuvent s'exprimer en castillan parce qu'ils sont trop imprégnés des conditions sociales, idéologiques, ethniques, politiques, culturelles, etc., propres aux tribula-tions urbaines de la Buenos Aires de la fin des années vingt.

Auparavant, malgré la qualité de certains textes, le tango faisait plutôt dans la chansonnette, sans autre prétention que celle d'émouvoir un public à la larme facile. **Discépolo** donne la preuve que le tango chanson peut devenir l'expression de sentiments personnels beaucoup plus nuancés. Au début, les textes de **Discépolo** passent mal la rampe : ils étonnent parce que leurs traits moralistes détonent de l'ensemble de la production. Pourtant assez rapidement, avec le succès, en 1928, de *Esta noche me emborracho (Ce soir, je me saoule)*, chanté par **Gardel**, et de *Chorra (Voleuse)*, créé par **Ignacio Corsini**, **Discépolo** réussit à imposer son style.

Toujours en 1928, il écrit *Malevaje (Pégraille)* sur une musique de **Juan de Dios Filiberto** (trois tangos majeurs en une seule année !). Puis, en 1930, il écrit la musique et, avec la collaboration de **Luis César Amadori,** le texte de *Confessión*. (**Amadori** est un de ces paroliers aux réussites plus rares, avec *Madreselva (Chèvrefeuille)* qui, sur une musique de **Francisco Canaro**, sera l'un des grands succès de **Carlos Gardel** en 1931.)

Yira... Yira... (Rôde... rôde...), également créé en 1930, est l'un des tangos les plus typiques de **Discépolo**, dont le défaitisme lucide annonce l'atmosphère trouble de la « Décennie infâme ». Avec leur série de coups d'État suivis de répression féroce, les années trente inaugurent le demi-siècle de problèmes politiques et sociaux majeurs que l'Argentine a connus jusqu'à nos jours. C'est dans ce contexte que, en 1935, **Discépolo** écrit *Cambalache (Dépotoir)* :

> *Le monde, c' t' une soue à cochon [...]*
> *Vingtième siècle, dépotoir problématique et fébrile.*

Beaucoup plus à l'écoute de son époque que les autres paroliers mélancoliquement penchés sur les beaux jours d'un passé idéal, **Discépolo** se fait l'écho critique et acerbe des désillusions du rêve immigrant. Jamais larmoyants, ses tangos ont la résignation des bêtes sauvages mises en cage, avec leur regard allumé rêvant aux libertés d'antan.

Avec le début des années quarante, **Discépolo** écrit moins. Le tango connaît des années noires ; il a moins la faveur du public de la nouvelle génération et, à partir de 1943, la « vulgarité » populaire du *lunfardo* fait qu'on en interdit la diffusion sur les ondes. Et **Discépolo** lui-même doit lutter contre le cancer qui l'emportera. Dans les dix dernières années de sa vie, **Discépolo** n'écrit pratiquement plus la musique de ses tangos. C'est **Mariano Mores** qui compose les musiques de *¡Uno !... (N'importe qui !)*, en 1943, et de *Sin palabras (Sans paroles)*, en 1945. En 1947, après **Angel Gregorio Villoldo** et **Juan Carlos Marambio Catàn**, **Discépolo** est le troisième *letrista* à mettre des paroles sur le célèbre *El choclo* composé en 1903 par **Villoldo** ; il est le premier à réussir l'entreprise. Avec un texte qui fait la synthèse de l'histoire et de la mentalité du tango, **Discépolo** ajoute définitivement son nom à la liste des plus grands du tango.

Son dernier succès lui vient en 1948 avec *Cafetín de Buenos Aires (Petit café de Buenos Aires)*, un des rares textes de **Discépolo** vraiment marqués par la mélancolie. L'ouverture de ce tango, « *De chiquilin te miraba de afuera* » (« *Tout môme je te regardais de l'extérieur* »), est très troublante quand on sait que, à quarante-sept ans, l'auteur se savait déjà mourant. Avec « *Percanta que me amuraste* » (« *Petite qui m'as abandonné* »), la première ligne de *Mi noche triste* ; avec « *Si supieras...* » (« *Si tu savais...* ») en ouverture de *La cumparsita ;* avec « *Rechiflao en mi tristeza...* » (« *Renfermé dans ma tristesse* ») dans *Mano a mano*, l'incipit de *Cafetín de Buenos Aires* fait désormais partie des vers les plus célèbres de l'histoire du tango chanson.

La mort de **Discépolo** toucha profondément ses amis musiciens et paroliers. Deux de ceux-ci, le bandonéoniste **Aníbal Troilo** et le parolier **Homero Manzi** lui dédièrent, en 1951, un affectueux tango titré de son surnom *Discépolin*.

De l'âge d'or à la rénovation

L'œuvre de **Discépolo**, comme celle de la plupart de ses contemporains, chevauche deux périodes de production intensive de tangos chansons. La majorité des classiques du répertoire ont été écrits soit entre 1923 et 1935, soit entre 1942 et 1948. La première époque correspond à l'âge d'or du tango ; la seconde coïncide avec le temps de la rénovation.

Dans les années quarante, le tango se découvre un second souffle. À la faveur d'une nouvelle génération d'artistes, on tente d'adapter aux goûts du jour cette musique déjà vieille de près d'un demi-siècle. Les transformations urbaines et sociales font graduellement disparaître la Buenos Aires du temps du tango des origines. **Discépolo** choisit de dénoncer l'infatuation de ce modernisme de façade incapable de masquer le fait que l'Argentine, qui avait pourtant si bien réussi son rendez-vous avec le début du siècle, était en train de passer de pays en pleine croissance économique à l'état de pays en voie de développement.

Enrique Cadícamo (né en1900) et **Cátulo Castillo** (né en 1907) sont deux des plus importants contemporains de **Discépolo** qui, eux, choisissent de se complaire, avec une élégance et une contenance certes brillantes, dans la nostalgie de ce monde qui disparaît sous leurs yeux.

Cátulo Castillo

Moins prolifique que **Cadícamo**, **Castillo** était également musicien. Alors qu'il est encore tout jeune, sa famille se voit contrainte à l'exil à cause des activités anarchistes de son père, **José Gonzalez Castillo**.

Le vieux **Castillo** était également *letrista*. On lui doit trois principaux tangos : *Organito de la tarde (Petit orgue du soir)*, sur une musique de son fils, et *Silbando (En sifflant)*, encore mis en musique par le fils **Castillo**, cette fois avec la collaboration de **Sebastián Piana**. Tous deux ont été chantés par **Gardel** en 1923 et c'est encore lui qui crée, l'année suivante, sa *Griseta (Grisette)*, sur une musique de **Enrique Delfino**. Unique en son genre, le texte de *Griseta* est célèbre pour ses allusions litté-raires explicites aux *Scènes de la vie de bohème* de Henry Murger, ainsi qu'à *Manon Lescaut* et à *La Dame aux camélias*. Par contre, des deux autres tangos dont **Castillo** père a écrit les paroles, on ne retient que ce que leur apporta le travail de **Castillo** fils. Rarement chantées, ces pièces continuent cependant d'être assez souvent jouées de nos jours dans leur version instrumentale.

Au retour de la famille à Buenos Aires, le jeune **Cátulo** peut entreprendre ses études de piano et de violon. Ce ne sera pourtant qu'une fois qu'il aura résolu de ne pas miser sur ses talents d'instrumentiste (ni sur les quatre-vingts combats de sa carrière de boxeur...) mais plutôt sur la poésie, que **Catúlo Castillo** connaîtra enfin une renommée tardive.

Il obtient son premier véritable succès en 1944 (avec la collaboration de **Juan Razzano** tant au niveau de la musique que du texte). Avec *Café de los angelitos (Café des angelots)*, **Castillo** commence ce qui deviendra une chronique résignée de la disparition des hauts lieux chéris de la Buenos Aires de la grande époque du tango — avec entre autres, tous deux en 1951, *Patio mío (Mon patio)*, sur une musique d'**Aníbal Troilo**, et *El patio de la morocha (Le patio de la brune)*, mis en musique par **Mariano Mores**.

María, écrit en 1945, encore avec la complicité de **Troilo**, manifeste clairement l'abandon à la mélancolie que connaissent la plupart des auteurs de l'époque :

Tu étais comme la rue de la Mélancolie
qui pleuvait... pleuvait sur mon cœur...

*[...] tu étais comme le
paysage de la Mélancolie
qui pleuvait... pleuvait sur la
rue grise...*

Castillo est un des rares *tangueros* de la grande époque à avoir survécu aux années les plus sombres du tango. Sa santé lui aura permis d'attendre jusqu'en 1963 pour signer son dernier tango : *El último café (Le dernier café),* sur une musique de **Héctor Stamponi**. Mais **Castillo** est surtout, en 1956, le signataire (encore avec **Aníbal Troilo**) de *La última curda (La dernière cuite)* : l'un des derniers tangos chansons à se voir inscrit parmi les classiques du répertoire. Pour une fois, **Castillo** délaisse la plainte nostalgique et choisit d'écrire un texte rempli de rébellion contenue. *La última curda* continue à s'abandonner à la tristesse, mais c'est maintenant sur le ton de celui qui commence à se sortir de sa déprime — de celui qui cesse de dorloter ses peines pour rechigner contre l'engourdissement mélancolique.

Francisco Fiorentino.

Enrique Cadícamo

Cadícamo profitera lui aussi de son âge avancé. Il continue de nos jours une œuvre très appréciée de chroniqueur et d'historien du tango. Poète et dramaturge, fort au fait de la littérature de son époque, on compare souvent ses premiers tangos à ceux de **Celedonio Flores**.

Comme **Flores**, **Cadícamo** dénonce l'édulcoration que connaît le tango dans les cabarets luxueux de la petite-bourgeoisie. Il prend des poses de moraliste pour prévenir les midinettes des faubourgs des risques qu'elles encourent à trop frayer dans

Edmundo Rivero.

ces milieux. Tel est d'ailleurs le thème central de *Muñeca brava (Poupée fière)*, écrit en 1928 sur une musique de **Luis Visca** :

Toi, la Madame qui cause français
[...]
Est-c' que tu piges que la vie s'en va,
que tu t'enfonces dans ta silhouette épaissie ?

Peut-être est-ce la même « Madame », la même tenancière d'origine française qu'on retrouve quelques années plus tard, en 1933, quand il écrit *Madame Ivonne* avec **Eduardo « Chon » Pereyra** :

Dix années ont passé depuis qu'elle
s'est tirée de France,
aujourd'hui Mad'moiselle Yvonne n'est plus qu'une Madame.

Ces deux tangos ont été chantés par **Gardel**, qui semble avoir énormément apprécié les textes de **Cadícamo,** puisqu'au total il en aura intégré 23 à son répertoire — entre autres le légendaire *Anclao en Paris (Ancré à Paris)*, écrit en 1931 sur une musique de **Guillermo Desidero Barbieri**. Ce tango conserve encore une grande actualité pour les nombreux Argentins obligés de se soumettre à l'exil parisien. Pour beaucoup de jeunes *porteños*, cette chanson leur a permis de renouer avec un tango qu'ils considéraient comme une musique dépassée, comme de la musique à papa qui ne savait pas leur parler de leurs préoccupations contemporaines. Obligés de s'expatrier à cause de la répression militaire, c'est à Paris que plusieurs redécouvrent ce vieil air et qu'ils se rendent compte combien le tango peut être le ciment de leur identité quand ils se retrouvent, ainsi que l'écrit Julio Cortázar, « *ancrés dans le Paris ou le tango de leur temps, dans leurs amours et leurs esthétiques, dans leurs petits cacas privés* » [1].

Dans l'ensemble, les textes de **Cadícamo** sont plus proprement romantiques que nostalgiques. Ses histoires sont remplies d'amours toujours irréalisées — comme dans *Nunca tuvo novio (Jamais elle n'eut de fiancé)* écrit en 1930 sur une musique d'**Agustín Bardi** — et de retours impossibles aux belles années de l'enfance — dans *La casita de mis viejos (La petite maison de mes vieux)*, mis en musique en 1931 par **Juan Carlos Cobián**.

C'est d'ailleurs en complicité avec **Cobián** que **Cadícamo** écrit ses tangos les plus marquants. Avec *Nostalgias (Nostalgies)*, en 1935, ils réalisent une pièce qui, autant à cause de la date de sa composition (à la fin de la période de l'âge d'or du tango) que par la facture de sa musique et de son texte, peut être considérée comme l'un des sommets du tango classique. Avec *Niebla del Riachuelo (Brume du Riachuelo)* chanté en 1937 par **Charlo**, et *Los mareados (Les titubants)* créé en 1942 par **Francisco Fiorentino**, le tandem **Cadícamo-Cobián** contribue à donner au tango un nouvel élan de créativité qui aboutira à la rénovation des années quarante et cinquante. (*Los mareados* est un autre tango dont l'originalité et la puissance émotive se verront en quelque sorte cautionnées par la censure des dictatures militaires.)

Cadícamo est l'un des rares auteurs de l'âge d'or à participer directement au renouveau du tango qui s'amorce avec les années quarante. Délaissant graduellement les formes et les thèmes traditionnels qu'il avait lui-même contribué à établir, **Cadícamo** saura s'ouvrir à de nouvelles préoccupations tout en contribuant au maintien des éléments les plus pertinents de la tradition. **Cadícamo** collaborera intimement avec la nouvelle génération de musiciens. Avec **Aníbal Troilo** comme figure principale, ceux-ci redonnent une vitalité nouvelle à un genre qui avait eu tendance à se scléroser depuis la mort de **Carlos Gardel**. C'est d'ailleurs sur une musique de **Troilo** que **Cadícamo** crée *Garúa (Bruine)* en 1943. Chanté par **Francisco Fiorentino**, *Garúa* sera le dernier grand succès de parolier de **Cadícamo**. Car le temps n'est plus au tango chanson, et celui de la révolution piazzollienne du *nuevo tango* n'est pas encore arrivé.

Homero Manzi

Cadícamo est l'un des derniers paroliers dont l'œuvre chevauche les deux grandes périodes de production du tango chanson. Avec **Homero Manzi** (1905-1951) — bien que ce dernier ait commencé sa carrière à la fin des années vingt et qu'il ait à peu près le même âge que ses illustres collègues —, apparaît un premier auteur majeur dont les productions coïncident essentiellement avec l'époque de l'après-guerre. Ce qui permet de considérer **Manzi** (Manzione de son vrai nom) comme le premier parolier directement associé au mouvement de rénovation du tango.

Manzi avait déjà écrit *Viejo ciego (Vieil aveugle)* avec **Sebastián Piana**, un tango bien traditionnel qui avait connu un certain succès dès 1925. Ce n'est pourtant que dans les dix dernières années de sa vie, à partir de 1942, que **Manzi** assure sa renommée. *Ninguna (Aucune)*, sur une musique de **Raúl Fernández Siro**, et *Malena*, sur une musique de **Lucio Demare**, sont créés en 1942 par la chanteuse **Azucena Maizani**. Fortement imprégnés de mélancolie, ces textes mettent en même temps de l'avant un nouveau type d'écriture qui influencera beaucoup les paroliers du *nuevo tango* des années soixante.

Manzi est un poète qui sait incarner les historiettes qu'il raconte, les rendre crédibles tout en les auréolant de métaphores éclatantes et en évitant le piège des clichés qui minent constamment le terrain sur lequel s'avancent les paroliers de tango. **Manzi** est pourtant très friand de l'imagerie traditionnelle et nostalgique du tango — avec ses *guapos* sur le retour, ses *minas* aux émotions endurcies par la vie, et ses cartes postales du Buenos Aires chéri d'antan. Cependant, avec les transformations socio-culturelles et politiques amenées par les années quarante, ce monde est justement de plus en plus imaginaire. Les belles canailles et les jolies minettes ne sont désormais qu'un souvenir. Les différents thèmes qui, dans le tango, étaient le reflet de la société qui l'avait vu naître, commencent à ne plus avoir grand-chose à voir avec la réalité urbaine : l'univers du tango se transforme en un monde complètement imaginaire, voire mythique.

Avec **Manzi**, le tango chanson prend définitivement son parti de la nostalgie. *Barrio de tango (Quartier du tango)*, écrit en 1942 avec **Aníbal Troilo**, et *El ultimo organito (Le dernier orgue de Barbarie)*, écrit sur la musique de son fils **Acho Manzi** en 1948, comptent parmi les pages les plus émouvantes d'un tango mélancoliquement penché sur son propre passé. C'est également en 1948 que **Homero Manzi** écrit *Sur (Sud)* avec **Aníbal Troilo**. Chanté pour la première fois par **Edmundo Rivero**, ce tango demeure un des plus importants du répertoire et peut-être celui qui sait encore le mieux allumer la tiède tristesse que chérissent tous les *tangueros*.

En 1950, *Che, bandoneón (Toi, bandonéon)*, aussi écrit avec **Troilo**, finit d'approfondir l'enracinement des pensées tristes qui hantent le tango depuis ses origines. Le dernier tango de **Manzi** sera son hommage de 1951 à *Discépolin*. Quelques semaines plus tard, au lendemain de sa propre mort, il devient lui-même le sujet d'un tango grâce à **Catúlo Castillo** qui, avec **Aníbal Troilo**, lui dédie la même année, *A Homero* — une création qui sera l'occasion de la découverte d'un des plus grands interprètes du tango contemporain : **Roberto Goyeneche**.

Homero Expósito

Commençant sa carrière dans les années quarante, l'œuvre d'**Homero Expósito** participe entièrement à la rénovation du tango. Beaucoup moins nostalgiques que ceux de **Cadícamo** ou de **Manzi**, et contrairement à ce qui se passe avec ses prédécesseurs, les tangos d'**Expósito** sont les premiers dont l'écriture se conjugue au présent. Ses textes sont une peinture de l'anonymat urbain contemporain où même le souvenir des chers quartiers des premiers temps du tango est de plus en plus difficile à enraciner dans la réalité.

Écrivant à une époque où, malgré les efforts des rénovateurs, le tango est un genre nettement en perte de vitesse, **Expósito** connaît des succès moins nombreux que ceux de la génération précédente. *Percal (Percale)* et *Yuyo verde (Mousse verte)*, écrits respectivement en 1943 et 1944 sur des musiques de **Domingo Serafín Federico**, lui assurent immédiatement une renommée. Très souvent c'est son frère **Virgilio Expósito** qui met ses textes en musique, entre autres *Naranjo en flor (Oranger en fleur)* en 1944. Mais **Homero Expósito** collabore également avec la plupart des grands musiciens de la rénovation.

En 1945, **Armando Pontier** écrit la musique d'une *Margo* :

revenue à la ville
avec le tango le plus amer,
sa fatigue fut si grande
que la fatigue n'en pouvait
plus

un personnage qui, sous la plume d'**Expósito**, devient une remarquable remise à jour, plus lucide et plus désabusée, de la nostalgique *Margot* décrite en 1919 par **Celedonio Flores** avec :

Ce corps qui est maintenant
marqué
par les rythmes tentateurs
d'un tango populo quelcon-

que dans les bras d'un quelconque *Jules.*

En 1946, c'est **Argentino Galván** qui met en musique un *Cafetín (Petit bistrot)* qui n'est plus le refuge de la tristesse qu'étaient les cafés d'autrefois :

Dans les vieux bistrots
toujours les souvenirs font la
ronde
et un rythme de tango
d'autrefois
donne de la couleur
à la douleur de l'immigrant.

La même année, **Héctor Stamponi** compose la musique de *¡Que me van a hablar de amor! (Ne me parlez pas d'amour!).* **Expósito** devra attendre onze années, jusqu'en 1956, pour connaître un dernier succès avec *Te llaman malevo (On t'appelle ruffian)* sur une musique d'**Aníbal Troilo.**

Expósito est le dernier parolier du tango traditionnel. Il faut attendre les années soixante, à la faveur des changements apportés par les tenants du *nuevo tango,* pour que le tango chanson commence à présenter de nouveaux signes de vie.

Les contemporains

Auteure, compositeure et interprète, **Eladia Blázquez** est l'une des rares femmes à faire carrière de créateur de tango. Depuis ses débuts, le tango a connu de nombreuses interprètes féminines mais très rares sont les femmes à avoir écrit

Horacio Ferrer en compagnie d'**Astor Piazzolla.**

des paroles ou des musiques de tangos. Signe des temps, avec **Blázquez** et sa contemporaine **María Elena Walsh** (également auteure, compositeure et interprète — signalons son *El 45 (L'année 1945)* créé en 1967), c'est seulement de nos jours que des femmes commencent enfin à inscrire leurs tangos au répertoire.

Avec *Sueño de barrilete (Rêve de cerf-volant)*, son premier tango, en 1960, *Buenos Aires vos y yo (Buenos Aires, toi et moi)* [2] en 1967 et *El corazón al sur (Le cœur au sud)* en 1975, **Eladia Blázquez** apparaît comme l'une des principales têtes d'affiche de la musique populaire argentine contemporaine — en compagnie, entre autres, de **Chico Novarro.**

Également auteur, compositeur et interprète, depuis la création de *Un sábado más (Un samedi de plus)* en 1969, **Chico Novarro** fait partie des quelques artistes de la chanson argentine contemporaine pour qui le tango est une des sources dans lesquelles ils puisent pour exprimer des états d'âme qui trouvent dans un tango pourtant si ancien une forme susceptible de véhiculer avec une grande expressivité les nuances émotives qu'ils cherchent à mettre à jour.

Horacio Ferrer

Parce que son nom est le plus souvent associé à celui d'**Astor Piazzolla**, **Horacio Ferrer** (né en 1933) fait figure de principal *letrista* du *nuevo tango*. **Ferrer** se lance quelquefois dans des projets très ambitieux — comme, par exemple, le livret de *María de Buenos Aires*, un opéra-tango d'**Astor**

Piazzolla, ou celui d'un oratorio intitulé *Carlos Gardel*, sur une musique de **Horacio Salgán**, que **Ferrer** interprète lui-même en 1985.

Écrivain et chroniqueur, **Ferrer** est le parolier des principaux tangos chansons d'**Astor Piazzolla**. Avec *Ballada para un loco (Ballade pour un fou)*, créé en 1969 par **Amelita Baltar**, on doit au tandem **Piazzolla-Ferrer** ce qui aura été le dernier tango à faire une marque véritable à la tête du palmarès de la radio et du disque argentin.

Les premiers poètes du tango laissaient voir l'influence que le modernisme de Lugones et de Dario avait pu avoir sur leur écriture ; les textes de **Ferrer** participent à la nouvelle littérature sud-américaine mise de l'avant par Gabriel García Marquez, Julio Cortázar, etc. Habité par un peuple de « *clochards célestes* » et de comtesses aux pieds nus en conversation avec un moineau sentimental, l'univers des tangos de **Horacio Ferrer** se présente comme l'exploration d'un imaginaire argentin contemporain hanté par les fantômes des tangos d'antan.

En s'associant à une musique qui retrouve un certain dynamisme dans le *nuevo tango* piazzollien, **Ferrer** se donne la possibilité de devenir un auteur aussi prolifique que les grands paroliers des années trente et quarante. Avec des titres comme *Balada para mi muerte (Ballade pour ma mort)*, *La última grela (La dernière gigolette)*, *El gordo triste (Le gros triste)* ou *Chiquilin de Bachin (Môme du quartier de Bachin)*, tous sur des musiques d'**Astor Piazzolla, Horacio Ferrer** apparaît comme le principal porte-parole du tango chanson moderne.

Comme **Rúben Garello** — auteur de *Buenos Aires conoce (Buenos Aires connaît)*, écrit en 1977 sur une musique de **Raúl Garello** (un des quelques compositeurs moins connus qui ont contribué à l'établissement du *nuevo tango* avec **Piazzolla**) —, **Horacio Ferrer** pratique un tango moins populaire que ceux de **Blázquez** et **Novarro**. Le *nuevo tango* a quelquefois des prétentions de musique sérieuse. On ne veut plus faire dans la chansonnette ! On cherche à doter le tango de titres de noblesse similaires à ceux que le jazz a pu gagner au fil des décennies. Pour le meilleur et, parfois, pour le pire, le *nuevo tango* ouvre la tradition du tango à toutes sortes d'influences. Tant et si bien que certains traditionalistes vont jusqu'à contester l'appellation de tango aux chansons de **Piazzolla-Ferrer,** ainsi qu'à l'ensemble des tangos créés depuis les quinze ou vingt dernières années.

Deux signatures illustres

Quelques tangos présentent des signatures très prestigieuses, celles de deux des plus grands écrivains argentins : **Jorge Luis Borges** et **Julio Cortázar.**

Depuis longtemps fasciné par le populisme *arrabalero,* plusieurs poèmes de **Borges** serviront de trames à quelques tangos et milongas. On lui doit, entre autres, les textes d'une *Milonga del marfil negro (Milonga de l'ébène noir),* sur une musique de **Julian Plaza**, ainsi que *A Don Nicanor Paredes* et *Jacinto Chiclano,* composés par **Astor Piazzolla.** Ce dernier a également écrit une illustration musicale d'une célèbre nouvelle de **Borges** : *El hombre de la esquina rosada (L'homme au coin du mur rose).*

Bien que s'avouant plus un amateur de jazz, **Julio Cortázar** écrira néanmoins, en 1980, les textes de cinq superbes tangos chantés par **Juan Cedrón** sur des musiques de **Edgardo Cantón** : *Medianoche aquí (Minuit ici)* ; *La cruz del sur — La mufa (La croix du sud — Le cafard)* ; *La camarada (La camarade)* ; *Tu piel bajo la luna (Ta peau sous la lune)* et *Veredas de Buenos Aires (Trottoirs de Buenos Aires).*

Au deuxième rang

En plus de ces paroliers de premier ordre, le tango compte un grand nombre de *letristas* aux succès moins nombreux mais qui se sont retrouvés à signer quelques-uns des titres majeurs du répertoire. Tel est le cas de **Manuel Romero** à qui l'on doit quatre des grands succès de **Carlos Gardel** : *Buenos Aires*, en 1923, sur une musique de **Manuel Jovès** ; *Tiempos viejos (Temps anciens)* composé en 1926 par **Francisco Canaro** ; *Tomo y obligo (À la tienne),* sur une composition de **Gardel** lui-même en 1931 et, l'année suivante, *La canción de Buenos Aires (La chanson de Buenos Aires),* mise en musique par **Azucena Maizani** et **Orestes Cúfaro.**

On doit trois principaux titres à la plume de **Francisco García Jiménez** : *Siga el corso (Ça suit son cours)* en 1926 ; *Carnaval* en 1927 et *Alma en pena (Âme en peine)* en 1928, tous trois en collaboration avec **Anselmo Aieta. Alfredo Le Pera** est le plus célèbre de ces paroliers secondaires ; son importance tient essentiellement à son association avec **Carlos Gardel** qui lui doit l'ensemble de ses derniers succès. Plus contemporain, un autre **Contursi**, **José María** celui-ci, laissa une petite marque dans le tango de la rénovation des années quarante avec *En esta tarde gris (En cette soirée grise)*, composé par **Mariano Mores** en 1941, et *Verdemar (Verte mer)*, mis en musique par **Carlos Di Sarli** en 1943.

D'autres paroliers doivent toute leur célébrité à un seul titre. De **Mario Battistella**, bien qu'il ait écrit de nombreuses chansons, on ne retient en fin de compte que *Melodía de arrabal (Mélodie du faubourg)*, dont il écrivit en 1931 le texte et la musique avec la collaboration d'**Alfredo Le Pera**. **Lito Bayardo** (pseudonyme de Manuel Juan García Ferrari) est l'auteur du célèbre *Duelo criollo (Duel créole)* composé par **José Razzano** et chanté par **Gardel** en 1928.

C'est également **Gardel** qui créait, en 1924, *Sentimiento gaucho (Sentiment gaucho)*, un texte de **Juan Andrès Caruso** mis en musique par les frères **Francisco** et **Rafael Canaro**. Mais c'est **Agustín Magaldi** qui, en 1931, créa *Aquaforte (Eau forte)*. Sur une musique de **Horacio Pettorossi**, ce texte de **Juan Carlos Marambio Catán** est une sombre gravure du tango de l'époque qui hésite entre les filles du faubourg de son enfance et les plaisirs faciles de la *jailaife* (*high-life* prononcé à l'espagnole : un anglicisme du *lunfardo* désignant la vie dans la haute société). La crudité du réalisme de ce texte lui valut

d'être interdit par la censure militaire.

José De Grandis est l'auteur, en 1927, de *Amurado (Abandonné)*, composé par deux des grands bandonéonistes d'alors, **Pedro Maffia** et **Pedro Laurenz**, un des quelques tangos chansons qui doivent leur importance à leur compositeur davantage qu'à leur parolier et dont on a désormais plus ou moins oublié les textes. C'est la même chose avec *Boedo* (du nom d'un des principaux quartiers du tango de Buenos Aires), écrit par **Dante A. Linyera** en 1928 sur une musique de **Julio De Caro**, une des principales figures de l'âge d'or du tango.

Trois des plus célèbres tangos du répertoire portent également des signatures de *letristas* qui n'auront guère d'autres succès que ceux-là. *Adíos, muchachos (Adieu, les copains)*, fut écrit en 1927 par **César F. Vedani** sur une musique de **Julio César Sanders** ; *Caminito (Petit sentier)* est un texte de **Gabino Coria Peñaloza** chanté pour la première fois par **Gardel** en 1924 sur une musique de **Juan de Dios Filiberto**. Créé en 1925, *A media luz (Lumière tamisée)* est une composition de **Edgardo Donato** sur un texte de **Carlos César Lenzi**.

Les grands interprètes

Le tango chanson est évidemment indissociable des artistes qui lui prêtent leur voix. **Carlos Gardel** est le plus célèbre de ces interprètes. Il a su montrer un goût très sûr dans la sélection des tangos qui forment son répertoire, et sa propre célébrité a pu contribuer à établir la renommée des œuvres qu'il crée tout au long de sa carrière. **Gardel** a également su imposer son style. Tant et si bien que, pendant longtemps, le chanteur typique de tango a été, comme lui, un ténor.

Quant à l'établissement du chanté parlé caractéristique de l'interprétation traditionnelle, certains chroniqueurs contestent son attribution à **Gardel**. On le devrait plutôt à **Azucena Maizani**. À partir de 1923, elle aurait été la première à mettre de l'avant cette manière de chanter, influençant le style de **Gardel** qui, jusqu'alors, était nettement plus lyrique. Plus sobre dans les effets de sa voix que les autres interprètes féminines — comme **Ada Falcón** — qui jouent de stridences canailles, **Maizani** sera la seule femme et même la seule artiste à pouvoir être considérée comme étant plus ou moins l'égale de **Gardel**.

Agustin Magaldi.

Pendant toute sa carrière, **Gardel** sera le principal interprète d'un genre en formation. Ce n'est que dans les dernières années de sa vie qu'il commencera à connaître une concurrence véritable. Dans les années vingt, **Gardel** est le créateur de pratiquement tous les grands tangos de l'époque. Avec les années trente, devant le nombre de plus en plus grand de tangos écrits, d'autres interprètes peuvent alors en profiter pour se doter d'un répertoire d'une qualité égale à celui de **Gardel**.

Ignacio Corsini, **Agustín Magaldi** et **Charlo** (pseudonyme de Carlos Pérez de la Riestra) sont les trois principaux interprètes à surgir ainsi dans l'ombre de **Gardel**. Les voix de **Corsini** et de **Charlo** sont très marquées par le goût

Ignacio Corsini.

de leur époque pour les effets lyriques faciles ; le style de **Magaldi** affiche au contraire une certaine retenue qui traverse mieux les années.

Après la mort de **Gardel** en 1935, un jeune ténor du nom de **Hugo Del Carril** fut pour un temps pressenti comme le successeur de l'idole. Mais en fin de compte, les grands succès de **Del Carril** ne furent, pour la plupart, que des reprises des grands tangos créés par **Gardel**. Et ce sera davantage comme acteur de cinéma que **Del Carril** laissera sa marque dans la culture argentine. Il faudra attendre les années quarante pour découvrir quelques chanteurs qui, tout en s'inscrivant dans la tradition de **Gardel**, sauront imposer leur propre personnalité aux tangos de la rénovation.

Alberto Castillo est l'un de ces interprètes qui feront carrière en ces temps difficiles pour le tango. Conscient que cette musique n'est plus ce qu'elle était, que les canailles sentimentales qui en sont les narrateurs ne sont que des souvenirs d'une autre époque, **Alberto Castillo** décide de jouer le jeu. Comédien railleur et ironique, à une époque où le tango n'est presque plus que la caricature de lui-même, **Castillo** se donne un style plus tango que nature !

Parmi les musiciens de la nouvelle génération, **Aníbal Troilo** sera celui qui fera découvrir les chanteurs les plus intéressants. **Alberto Marino** et **Francisco Fiorentino** seront deux des principales voix à créer les tangos que **Troilo** compose sur les textes de ses contemporains. Cependant, leurs voix de ténor s'inscrivent dans le style établi depuis déjà longtemps. Avec **Edmundo Rivero** (1911-1986), les choses changent radicalement. Guitariste, **Rivero** fait ses premières armes comme accompagnateur d'**Agustín Magaldi** et dans l'orchestre de **Julio De Caro**. C'est avec **Troilo** qu'il commence, en 1947, sa carrière de chanteur.

La voix de **Rivero** rompt avec la tradition des ténors. Dans les premiers temps, son registre de baryton-basse laisse perplexes les amateurs. Mais cette voix lui permet de donner une nouvelle personnalité aux tangos qu'il interprète. **Rivero** manifestera toujours un goût très sûr dans le choix de son répertoire. Il crée de nombreux nouveaux tangos de la rénovation, et il ne reprend que ce qu'il y a de meilleur dans le répertoire du passé — entre autres, les tangos de **Discépolo** qu'il sait interpréter avec une rare intensité.

La sobriété de ses interprétations sert admirablement la contenance émotive essentielle du tango. De la même façon que la voix de **Gardel** a fait école dans sa génération, celle de **Rivero** établit le style qui sera celui de la plupart des chanteurs qui lui succéderont, comme **Héctor Maure** et, surtout, **Julio Sosa** (1926-1964).

Surnommé *el varón del tango* : le « viril » du tango, **Julio Sosa** connaîtra une carrière relativement courte. Ses prestations de soliste commencent en 1958 pour s'achever tragiquement six ans plus tard dans un accident de voiture. **Sosa** apparaît comme le dernier représentant de la rénovation du tango et d'une tradition qui n'avait encore presque pas changé depuis une trentaine d'années.

Également né en 1926, **Roberto Goyeneche** peut être considéré comme le premier des chanteurs modernes, avec aujourd'hui plus de cent disques à son actif ! Bien qu'ayant commencé sa carrière vingt ans auparavant, c'est à la fin des années soixante que **Goyeneche** commence à être reconnu par les amateurs de tango. Avec sa voix à chaque année de plus en plus éraillée, **Goyeneche** représente l'incarnation d'un tango contemporain qui chérit sa propre fatigue. En contrôlant hésitations et contretemps, **Goyeneche** nous fait entendre un tango qui risque à chaque fois de se taire, de tomber dans le silence.

Si ce sont surtout des hommes qui ont été les plus importants interprètes du tango, l'histoire se souvient malgré tout de quelques femmes. **Libertad Lamarque** et **Mercedes Simone** ont su faire leur marque, dans les années trente et quarante, avec des interprétations remarquables. C'est cependant dans la période contemporaine que plusieurs interprètes féminines sauront enfin débarrasser quelque peu le tango de ses histoires de machos éplorés.

Collaboratrice d'**Astor Piazzolla**, **Amelita Baltar** se consacre surtout au répertoire contemporain. Elle peut être considérée comme le pendant féminin de la voix et du style de **Roberto Goyeneche**. Comédienne, **Valeria Munarriz** sait pour sa part réactualiser les tangos de la tradition avec des interprétations aussi puissantes que nuancées.

Mais c'est **Susana Rinaldi** qui apparaît de nos jours comme la plus grande voix féminine du tango — et même, l'une de ses plus grandes voix tout court ! « La » **Rinaldi** chante tout aussi bien *L'opéra de quat'sous* de **Kurt Weill** que les nouveaux tangos d'**Eladia Blázquez** et de **María Elena Walsh,** ou la vieille *Morocha* de **Villoldo** et **Saborido**. Bien que ses enregistrements soient imprégnés d'une rare puissance émotive, c'est avant tout sur scène que **Susana Rinaldi** donne toute la mesure de son incroyable talent.

Notes

[1] *Livre de Manuel*, Folio, p. 76.

[2] À Buenos Aires, le *vos* est un paradoxal vouvoiement de familiarité, un tutoiement s'accordant au pluriel.

6

L'âge d'or
(1920-1935)

Avec l'apport du bandonéon et du tango chanson, le tango des années vingt présente une toute nouvelle allure qui n'a fondamentalement pas changé depuis. Sorti une fois pour toutes des bas quartiers de la périphérie de Buenos Aires, cette musique bénéficie désormais d'un prestige qui n'avait jamais encore été aussi grand — et qui ne le sera jamais plus autant par la suite. Encore aujourd'hui, les airs qui font se remplir les pistes de danse, ceux qui reçoivent les applaudissements les plus nourris demeurent les pièces dont le style s'apparente à celui qui a été mis de l'avant à l'âge d'or du tango.

La transition

Il est nécessaire de faire une distinction entre les compositions des musiciens de la première génération de la *guardia vieja*, créateurs de la tradition, et ceux de la seconde génération qui, bien que souvent tout aussi innovateurs que leurs aînés, peuvent être considérés comme les premiers continuateurs de cette tradition. Indépendamment du fait que leur style et l'époque à laquelle ils commencent (très jeunes) leurs carrières les lient à la vieille garde du tango, le pianiste **Roberto Firpo** (1884-1969) et le violoniste **Francisco « Pirincho » Canaro** (1888-1964) doivent être détachés de la génération des **Arolas**, **Greco**, **Villoldo**, etc.

Le plus souvent autodidactes, bon nombre d'artistes de la première génération de la *guardia vieja* ne savaient ni lire ni écrire la musique. Ils menaient leur carrière d'instrumentistes parallèlement à l'exercice de divers métiers. Loin de vivre de leurs compositions, c'est avec leurs spectacles que ces interprètes arrondissaient leurs fins de mois, ce qui les conduisait éventuellement, dans leur écriture comme dans leur style, à céder au spectaculaire au détriment de la finesse et de la nuance. Ces premiers musiciens n'avaient pas de maîtres à penser ni d'exemple à suivre. Ils ne pouvaient même pas prétendre puiser leur inspiration dans la musique populaire : ils étaient eux-mêmes des musiciens à la petite semaine, innovant sous la seule contrainte des applaudissements d'un public en quête de délassement hebdomadaire.

Issus de milieux moins défavorisés que leurs prédécesseurs, nombre de musiciens de la seconde génération de la *guardia vieja* sont formés dans des écoles de musique. Les créateurs de la génération précédente avaient fait leurs premières armes dans les cours des *conventillos*, au sein de groupes d'instrumentistes amateurs comme eux ; les représentants de la nouvelle génération commencent leur carrière comme accompagnateurs au sein des orchestres professionnels que les meilleurs de ces musiciens réussissent à mettre sur pied avec les années.

Firpo et **Canaro** sont de remarquables émules des créateurs de la première génération. Ces derniers ont par ailleurs été sensibles à leur jeune talent : **Firpo** fut découvert par **Genaro Espósito** avant d'accueillir lui-même **Eduardo Arolas** dans son propre ensemble ; **Canaro** joua avec **Samuel Castriota** et **Vicente Greco** avant de fonder, en 1916, un énorme orchestre. La très grande valeur que l'histoire du tango accorde à **Firpo** et **Canaro** tient avant tout à leur talent d'interprètes et au fait que la longévité de leur carrière leur a permis de faire le pont non seulement entre la *guardia vieja* et l'âge d'or, mais également avec les temps de la rénovation du tango.

Cabarets et revues musicales

C'est à la faveur de la Première Guerre mondiale que le tango s'installe définitivement à Buenos Aires. Coupé de l'Europe, le milieu portègne des variétés doit se suffire à lui-même. L'Argentine ne reçoit plus les recueils de chansons et de danses à la mode qui faisaient les belles soirées des salons européens. Par contre, le pays accueille de nombreux musiciens qui, après avoir lancé le tango sur la scène parisienne, rentrent au bercail pour fuir les combats.

Les musiciens de la première génération de la *guardia vieja* avaient, pour la plupart, commencé leur carrière dans les bordels de la banlieue ; par la suite, quelques restaurants et cafés du centre de Buenos Aires leur avaient graduellement ouvert leurs portes. La deuxième décennie voit l'apparition d'un nouveau type de salle de spectacle qui accueillera le tango revenant de France auréolé de son nouveau prestige : le cabaret. Les noms que l'on donne à ces établissements (Les Ambassadeurs, Royal Pigall, Maxim,

Le célèbre *orquesta típica* : **Julio De Caro**, **Francisco De Caro**, **Pedro Maffia**, **Enrique Krauss**, **Pedro Laurenz** et **Emilio De Caro**.

Pedro Laurenz.

Roberto Firpo.

151

Moulin Rouge, Chanteclerc, etc.) leur permettent de s'afficher ouvertement comme des produits de « qualité française » qui attirent les nouveaux riches de la capitale.

Le plus célèbre de ces cabarets sera l'Armenonville qui, à partir de 1913, aura comme orchestre attitré l'ensemble de **Roberto Firpo**. Un jury constitué d'habitués de l'endroit l'a préféré aux orchestres de « **Pacho** » **Maglio** et de **Genaro Espósito**, ce qui laisse deviner que les tangos de **Firpo** plaisaient davantage à ce nouveau public, les tangos de ses aînés conservant peut-être un souvenir trop net de leurs allures populaires d'origine. Au fil des années, les noms de **Firpo** et d'Armenonville deviendront pratiquement synonymes l'un de l'autre — ainsi que de tango et de succès. Le pianiste saura s'y entourer des noms les plus prestigieux de l'époque, entre autres, les bandonéonistes **Eduardo Arolas**, **Osvaldo Fresedo** et **Pedro Maffia**. **Firpo** montrera un flair remarquable en ce qui concerne la sélection des pièces qu'il inscrit à son répertoire. On lui doit entre autres d'avoir fait découvrir le tango qu'un jeune musicien uruguayen lui avait soumis alors que le pianiste était en tournée à Montevideo : un inconnu qui se nommait **Gerardo Hernán Matos Rodríguez**, et son tango, *La cumparsita*.

Parallèlement à cette floraison de cabarets, les théâtres ouvrent leurs portes aux orchestres de tango. Ces établissements contribueront d'une manière déterminante à la nouvelle renommée du tango. Malgré leur luxe (et peut-être est-ce à cause de cette ostentation dépensière), les cabarets présentent des allures de parvenus qui demeurent suspectes aux yeux des bien-pensants. Trop d'alcool, trop de femmes : l'ambiance y est trop enivrante. Le théâtre est un délassement d'un genre qui convient davantage aux petits-bourgeois. On y retrouvera l'effervescence des nuits les plus folles de Buenos Aires et de Paris, mais contenue sur la scène. La mode est aux revues musicales. Celles-ci mettent en scène des histoires similaires à celles qui se vivent sur les parquets de danse et dans les coulisses des cabarets. Cependant, la participation du public se limite ici aux applaudissements. Hésitante à se glisser parmi la foule des véritables noctambules qu'elle considère plus ou moins dévoyés, la petite-bourgeoisie portègne ne raffole pas moins de la représentation, du spectacle plus ou moins distancié de ces dévoiements.

Les revues musicales peuvent se voir considérées comme l'embourgeoisement des spectacles populaires de la génération précédente. Constituées de saynètes entrecoupées de chansons dont le contenu est plus ou moins lié à l'argument théâtral, c'est à l'épreuve de ces spectacles que surgissent les succès et les interprètes les plus remarquables de l'époque. Les tangos de danse et les tangos chansons y reçoivent l'assentiment du public fortuné avant de se voir par la suite inscrits au répertoire des orchestres de cabaret — ou bien, à l'inverse, les créations des musiciens de cabaret y connaissent enfin une certaine consécration. (Rappelons que c'est justement au théâtre que **Gardel** réussissait, en 1917, avec *Mi noche triste*, le tour de force de faire accepter le tango au public bourgeois.)

L'*orquesta típica*

Au lendemain de la guerre, l'Argentine connaît une grande prospérité économique qui contribue au transfert des pouvoirs politique et économique de l'oligarchie *estanciera* aux mains de la nouvelle petite-bourgeoisie citadine. Ce changement se concrétise par le gouvernement radical de Hipólito Yrigoyen. Ce dernier sera pourtant rapidement renversé pour laisser place à la présidence de Marcelo Torcuato de Alvear dont la façade aristocratique temporise les revendications conservatrices. En même temps, la démagogie populiste d'Alvear permet à une partie de la nouvelle petite-bourgeoisie de s'identifier malgré tout à ce représentant de l'élite *criolla*. Amateur de cabarets et de tango, le président Alvear rehausse le statut social de ces plaisirs de parvenus — tant et si bien qu'on parlera des années vingt comme étant l'époque du « cabaret alvéariste ».

Si les deux générations de la *guardia vieja* continuent à tenir la tête d'affiche de plusieurs établissements, l'époque voit l'apparition d'une nouvelle génération de musiciens qui, vêtus de smokings, entonnent les premières mesures de l'âge d'or du tango. Né en 1899, **Julio De Caro** est tellement important dans l'établissement de la nouvelle esthétique du tango de l'âge d'or qu'on parle souvent de cette période comme étant l'époque « decarienne ». Malgré une œuvre prolifique de compositeur, ce sont surtout les innovations que **De Caro** apporte au niveau de l'instrumentation et de l'interprétation qui font de lui une des principales figures non seulement de l'âge d'or du tango mais de toute l'histoire du tango.

Fils de bonne famille, **Julio De Caro** se lance dans une carrière de musicien de tango contre l'avis de son père, le tango n'ayant pas tout à fait acquis alors ses lettres de noblesse auprès des nouvelles classes possédantes. Cette anecdote contribuera à la réputation de jeune romantique gentiment rebelle qui, confirmée par son joli visage aux traits mélancoliques, suivra constamment **Julio De Caro**.

Malgré les bonnes manières auxquelles les bourgeois obligent le tango à se soumettre, ces derniers seront toujours friands d'histoires de fils de famille noblement encanaillés.

Bien que l'appellation circulait depuis l'époque d'**Eduardo Arolas**, on accorde à **Francisco Canaro** d'être le premier à avoir, dès 1917, donné à son ensemble le nom d'*orquesta típica*. C'est à **Julio De Caro** que l'on doit l'établissement de ce qui deviendra, à partir de 1924, le sextuor typique du tango auquel on réservera désormais l'appellation d'*orquesta típica*, les autres types d'ensembles étant regroupés sous la dénomination d'*orquesta criolla*. Auparavant, l'instrumentation des ensembles de tango pouvait varier énormément d'un groupe à l'autre, les interprètes se réunissant souvent au hasard des rencontres et des opportunités de spectacles. La flûte, la clarinette et la guitare comptaient parmi les instruments privilégiés de ces premiers orchestres ; depuis le début du siècle, le bandonéon s'était taillé une place de plus en plus importante, et l'on attribue à **Roberto Firpo** d'y avoir introduit le piano.

L'emploi du piano (instrument bourgeois par excellence) devient une expression de la sédentarisation du tango dans les salles de spectacles du centre-ville de Buenos Aires. Les ensembles de la première génération de la *guardia vieja*, qui nomadisaient aisément entre les maisons closes de la périphérie et les cafés du centre, ne pouvaient guère apprécier un instrument si difficile à déplacer. Avec **Firpo**, le piano occupe la place tenue par la guitare et sa fonction au sein de l'orchestre sera davantage rythmique que mélodique : devant l'absence caractéristique de percussions dans le tango, il revient au pianiste de marquer la mesure, une tâche qu'il partagera par la suite avec la contrebasse.

On utilisait depuis longtemps le violon dans les orchestres de tango ; lui-même violoniste, **Julio De Caro** systématisa cet emploi. **De Caro** jouait sur un étrange violon à cornet : un type d'instrument conçu à l'époque des premiers enregistrements et qui devint la marque de commerce de **De Caro**. Après avoir travaillé au sein des orchestres de **Arolas** et de **Osvaldo Fresedo**, c'est en 1924 que **Julio De Caro** fait ses débuts de chef d'orchestre en créant ce qui devient rapidement le sextuor typique de tango — avec **Pedro Maffia** et **Luis Petrucelli** aux bandonéons, **Leopoldo Thompson** à la contrebasse, son jeune frère **Emilio** comme deuxième violon et son aîné **Francisco** au piano. (Parallèlement à sa collaboration avec son frère, **Francisco De Caro** (1898-1976) mènera sa propre carrière de compositeur et de chef d'orchestre, mais son prénom demeure cependant dans l'ombre de celui de **Julio**.)

En plus d'établir une nouvelle instrumentation qui continue encore à faire école (les plus importants ensembles contemporains de tango, comme le **Sexteto mayor** ou le **Sexteto tango**, demeurent des sextuors), **De Caro** contribue à adoucir les aspérités canailles que continuaient de présenter la cadence et la mélodie typiques du tango de la *guardia vieja*. En marquant plus doucement le rythme, **De Caro** atténue le caractère dansant du tango pour souligner sa personnalité proprement mélodique. **De Caro** favorise des arrangements moins linéaires que ceux privilégiés par les orchestres se destinant à accompagner les chanteurs de l'époque. Bien que sa carrière coïncide avec l'établissement de la tradition du tango chanson, **De Caro** privilégiera une forme plus strictement musicale — à ce titre, le « tango de concert », mis de l'avant dans les années soixante, se situe tout à fait dans la lignée des innovations decariennes. De par sa formation académique, **De Caro** est davantage au fait des principes traditionnels de composition que ses prédécesseurs formés sur le tas. Il en profite pour introduire dans ses orchestrations des effets polyphoniques et de contrepoints que la génération précédente pouvait difficilement maîtriser. Les tangos interprétés par **De Caro** présentent une complexité harmonique tout à fait nouvelle grâce à laquelle ses orchestres ne sonnent plus du tout de la même manière que les orchestres populaires de la décennie précédente. Avec **De Caro**, le tango passe du seul domaine de la tradition et de l'oreille à celui de l'écriture musicale.

Le bandonéon alternant avec le violon à l'avant-plan de l'orchestration, le piano et la contrebasse faisant office de section rythmique, le son des orchestres de tango demeure toujours « decarien » après plus de soixante ans. Les ensembles plus nombreux ou plus restreints que le sextuor typique se contentent pour la plupart d'augmenter et de diminuer proportionnellement le nombre de bandonéons et de violons. Mélodiquement, rien n'a tellement changé non plus. D'un tempo relativement lent, la pulsation particulière du rythme en quatre temps — où les trois premiers se précipitent avant de se laisser distancier par le quatrième *(un-deux-trois et quatre)* — nuance la tristesse de la mélodie en la martelant discrètement d'un entrain qui l'empêche de sombrer trop profondément dans le pathétisme. Le tango se colore ainsi d'une touche d'ironie par où il montre, de l'intérieur même de sa structure musicale, un certain recul par rapport à ses épanchements mélodramatiques.

L'âge des orchestres

La démarche de **Francisco Canaro** est exemplaire de l'obstination typiquement *tanguera* à ne rien vouloir changer à l'esthétique qui s'établit au temps de l'âge d'or. Jusqu'à sa mort, le son des orchestres de « **Pirincho** » demeurera essentiellement le même — très *guardia vieja* en ce sens que ses accents rythmiques continuent à se prêter remarquablement bien à la danse. Par contre, la prédilection de **Canaro** pour les ensembles très nombreux fait que ses orchestrations pèchent par une sorte d'infatuation instrumentale qui englue passablement le mordant originel qu'il désire conserver au tango.

Le style de **Canaro** se présente comme le précurseur de ce qu'on appelle en Argentine le tango d'exportation : une musique pour les étrangers, pour les touristes, que les *porteños* jugent édulcorée, dans laquelle ils ne retrouvent pas les accents auxquels résonne leur personnalité. Il est par ailleurs significatif que **Canaro** connaîtra ses plus grands succès en France où il séjourne régulièrement à partir de 1925 en compagnie de ses frères **Juan**, le bandonéoniste, et **Rafael**, le contrebassiste. L'importance des succès européens de **Francisco Canaro** connaîtra un écho très sonore en Argentine. Ils lui vaudront de se voir dédicacer un tango instrumental : signé par le bandonéoniste **Alejandro Scarpino** et le guitariste **Juan Caldarella**, *Canaro en París (Canaro à Paris)* demeure encore l'un des favoris des parquets de danse.

Avec nettement moins d'enflure dans ses orchestrations, **Roberto Firpo** continuera lui aussi sa carrière sans rien changer de son style originel. Comme la plupart des survivants de la vieille garde, il restera passablement sourd aux quelques transformations esthétiques que connaît malgré tout le tango dans les décennies qui suivent l'âge d'or. Ses petits ensembles présentent cependant un style qui se rapproche de celui qui sera mis de l'avant par les tenants de la rénovation des années quarante. Sans doute est-ce la raison pour laquelle, malgré leurs couleurs vieillottes, les tangos de **Firpo** continuent d'être plus agréables à l'oreille contemporaine que ceux des grands ensembles canariens.

C'est chez un contemporain et rival de **Julio De Caro** qu'on trouve un style d'interprétation plus sensible à l'inévitable marche du temps. Le bandonéoniste **Osvaldo Nicolás Fresedo** (1897-1984) a d'abord travaillé avec **Manuel Aróztegui** avant de se joindre pour un temps à l'énorme orchestre que **Francisco Canaro** introduit en 1916. Plus précoce que **Julio De Caro**, **Fresedo** crée son premier ensemble en

Enrique Delfino.

Juan de Dios Filiberto.

Juan Carlos Cobián en 1929.

Francisco Canaro.

157

1918 — avec, entre autres, **De Caro** comme violoniste. Grand voyageur (comme le seront d'ailleurs tous les musiciens importants de l'époque), **Osvaldo Fresedo** séjournera souvent en France mais également aux États-Unis.

Le tango a beau occuper la place d'honneur dans la vie musicale de la Buenos Aires des années vingt, celle-ci ne peut rester tout à fait imperméable à une autre musique qui commence à faire fureur à la même époque : le jazz. **Fresedo** sera pourtant l'un des rares interprètes à être véritablement à l'écoute de cette fausse jumelle du tango. Fort apprécié par le public fortuné des grandes salles du centre de Buenos Aires, **Fresedo** ne s'entachera pourtant pas du genre de conservatisme esthétique souvent caractéristique des orchestres de luxe. Au temps de la rénovation, **Fresedo** sera l'un des rares chefs d'orchestre établis à se montrer ouvert aux nouvelles conceptions musicales issues de la génération qui lui succède. Son ensemble assurera la célébrité de plusieurs nouveaux tangos des années quarante — **Fresedo** sera l'un des tout premiers à inclure à son répertoire les œuvres initiales d'un jeune **Astor Piazzolla** qui dégageaient déjà une odeur de polémique. (Signalons un autre **Fresedo**, **Emilio** (1893-1974), frère d'**Osvaldo**, dont les succès, comme dans le cas de **Francisco De Caro**, demeureront dans l'ombre de ceux de son cadet.)

Dans l'ombre de la parole

Comme pour les **Canaro**, **Firpo** et **De Caro**, on se souvient surtout de l'œuvre d'interprète de **Fresedo**. Seules quelques-unes de leurs compositions ont laissé leur marque dans l'histoire du tango. C'est que nous sommes à l'âge des orchestres, une époque où le succès d'un tango tient moins à la qualité de sa composition qu'à l'intérêt que suscite son interprétation par tel ou tel ensemble. Il est alors pratiquement impossible de faire carrière dans le tango sans être membre, ou mieux, directeur d'un orchestre. Parce que ces temps sont également ceux du tango chanson, le travail de composition se retrouve, en quelque sorte, mis au second plan. La plupart des créations de l'époque sont soit des compositions plus ou moins occasionnelles signées par les chefs d'orchestre les plus importants, soit des chansons dont la musique est en partie obnubilée par l'importance que l'on accorde au parolier.

Le nombre de pièces purement instrumentales qui auraient pu contribuer à mettre de l'avant les noms de quelques compositeurs est peu élevé. En plus de l'omniprésence du tango chanson lié à l'abandon graduel de la danse, les orchestres de tango montrent une tendance nettement conservatrice dans la sélection de leur répertoire. Les nouveaux tangos qu'ils y inscrivent sont les chansons qui viennent de faire leur preuve dans les revues musicales ; quand il s'agit de faire danser le public des cabarets, on reprend le plus souvent les compositions de la génération précédente. Malgré le très grand nombre d'orchestres de tango, et malgré le nombre important de nouveaux tangos chansons, on retient de cette époque relativement peu de noms de compositeurs. La plupart d'entre eux, comme les bandonéonistes **Pedro Maffia** (1899-1967) et **Pedro Laurenz** (1902-1972) (qui, avec **Ciriaco Ortiz** (1908-1970), peuvent être considérés comme les trois meilleurs bandonéonistes de l'époque), doivent la plus grande partie de leur célébrité à leur talent de virtuoses et à la personnalité particulière que leurs interprétations ont pu introduire au sein des orchestres où ils ont gagné leur vie.

Tel est également le cas de **Enrique Pablo « Delfy » Delfino** (1895-1967). Fils d'immigrants italiens, **Delfino** fait ses premières écoles de pianiste sur le vieux continent avant de revenir à Buenos Aires en 1919 où il entreprend sa carrière d'instrumentiste. Une partie de son succès est due à son talent d'humoriste qui, combiné à ses qualités de pianiste, lui permet d'égayer ses spectacles d'acrobaties d'interprète. Cependant, de nos jours, contrairement à plusieurs de ses contemporains dont on conserve précieusement les enregistrements qui continuent de célébrer l'importance que l'histoire du tango leur accorde en tant que musiciens, on retient davantage les compositions de **Delfino**. Les quelques pièces instrumentales qu'il a pu créer font montre d'une sensibilité tout en nuances, à l'opposé du caractère quelque peu volage que l'interprète savait montrer sur scène.

Comme la plupart de ses confrères, **Delfino** écrit le plus souvent des tangos chansons et il doit sa postérité de compositeur à quelques-unes de ces chansons dont on a désormais oublié le texte, moins réussi que la partie musicale. C'est également le cas de **José Luis Padula** (1893-1945) qui, malgré une œuvre relativement volumineuse, doit son importance à son seul *Nueve de julio* (*9 juillet* — fête de l'indépendance argentine), écrit en 1918, et auquel plusieurs *letristas* ont, par la suite, essayé en vain d'accoler des paroles. D'autres compositeurs demeurent encore plus obscurs parce que moins prolifiques — comme **Jesús Ventura**, dont *A la gran muñeca* (*À la grande poupée*), composé en 1920 pour une comédie musicale du même titre, connaîtra le succès seulement lorsque, vingt-cinq ans plus tard, l'orchestre de **Carlos Di Sarli** déterrera la partition de cette composition.

« De la musique avant toute chose »

Les deux seuls noms qui ont véritablement laissé leur marque en tant que compositeurs sont ceux de **Juan Carlos Cobián** (1896-1953) et de **Juan de Dios Filiberto** (1885-1964).

Auteur du très célèbre *Caminito (Petit sentier)*, écrit par **Gabino Coria Peñaloza** et chanté par **Gardel** en 1923, **Juan de Dios Filiberto** a écrit la musique de très nombreux tangos chansons. Cependant, mis à part *Caminito*, les tangos de **Filiberto** sont désormais le plus souvent présentés dans des versions instrumentales. Il est d'ailleurs l'auteur de *Quejas de bandoneón (Plaintes de bandonéon)*, une des rares compositions strictement instrumentales de l'époque. Écrit dès 1919, ce tango a témoigné très tôt du jeune et magnifique talent de compositeur de **Filiberto** — et la pièce continue de nos jours à faire partie des tangos les plus souvent repris par les ensembles contemporains.

Ce qui aura éventuellement été une malchance du temps de son vivant, est sans doute la raison de sa postérité de compositeur : **Juan de Dios Filiberto** écrit bon nombre de ses musiques sur des vers signés par des paroliers de deuxième ordre. C'est l'une des raisons pour lesquelles le succès de la plupart des tangos chansons de **Filiberto**, bien que fort significatif, ne réussit pas à égaler ceux que d'autres musiciens moins importants que lui (comme **Sebastián Piana**, par exemple) écrivent avec des *letristas* dont la valeur de poète excède celle du compositeur. Au bout du compte, c'est la raison pour laquelle on retient désormais davantage la musique de **Filiberto** que les paroles qu'il avait pour tâche d'illustrer.

D'une formation moins académique que celle d'un **De Caro** (né dans le milieu des immigrants italiens, le jeune **Juan de Dios** doit gagner sa vie en pratiquant divers menus métiers), **Filiberto** fait le pont entre l'esthétique de la *guardia vieja* et celle de l'âge d'or. Ses musiques conservent une partie du mordant et de la gouaille populaire de la génération précédente tout en affichant la finesse et les nuances apportées par la nouvelle génération d'instrumentistes et d'arrangeurs. Sans être vraiment innovatrices, les créations de **Juan de Dios Filiberto** se présentent à la croisée des meilleures influences qui traversent les tangos de l'époque. Limitant sa carrière à la composition et à la direction d'orchestre (il n'avait pas de talent particulier de soliste), **Fili-**

berto n'a jamais travaillé comme tel sous la direction de personne d'autre que lui-même — un choix rendu possible, voire dicté par une très forte personnalité qui transparaît dans ses compositions.

Filiberto demeurera passablement imperméable aux transformations apportées par la rénovation des années quarante — tout au contraire de **Juan Carlos Cobián**. Ce dernier connaît ses premiers succès quand il devient, très jeune, un des pianistes les plus importants des orchestres de l'âge d'or. Mais ce sera essentiellement à l'aube du temps de la rénovation qu'il acquerra sa renommée de compositeur.

Le *tango romanza*

Prodige du piano, le petit **Juan Carlos** connaît les grands classiques sur le bout de ses doigts, ce qui lui vaudra le surnom de « Chopin du tango ». Originant d'un milieu plus aisé que celui de **Filiberto**, **Cobián** bénéficie d'une formation musicale très solide. Sous prétexte d'aller la compléter dans la grande ville, **Cobián** quitte sa ville de Bahía Blanca à 18 ans pour Buenos Aires. C'est alors que, aux frais de la pension que lui alloue sa famille, le fils de bonne famille découvre la vie de bohème et le tango. Rapidement désargenté, il doit gagner sa croûte comme instrumentiste dans des petits orchestres de cinéma. Il forme un premier trio en compagnie de **Genaro Espósito** et **Ernesto Zambonini**. Ses talents sont loin de passer inaperçus ; tous les *tangueros* établis sont unanimement intéressés par les qualités du jeune pianiste : dès 1916, **Eduardo Arolas** l'intègre à son propre trio. **Osvaldo Fresedo** l'engage pour un temps dans son ensemble (où **Cobián** remplace **Delfino**) avant que **Cobián** n'ait l'opportunité de créer son propre orchestre — avec, entre autres, **Julio De Caro** au violon, **Pedro Maffia** et **Luis Petrucelli** aux bandonéons.

Dès le début des années vingt, il compose de nombreux tangos dont plusieurs passeront à la postérité. Mais, malgré le succès qu'il connaît à Buenos Aires, c'est à New York qu'on retrouve **Cobián** en 1924, où il séjourne plusieurs années. Il avait espéré y connaître une célébrité encore plus grande : **Cobián** découvre que le tango n'est pas autant en demande à New York qu'il avait pu le croire. Bien qu'il réussisse à jouer de temps à autre dans des ensembles de tango, c'est le plus souvent comme pianiste de jazz que **Cobián** réussit à gagner sa subsistance. Les travers que connaissent alors sa carrière artistique et sa vie amoureuse le conduisent à se réfugier dans l'alcool.

En 1928, **Cobían** est de retour à Buenos Aires avec un nouvel ensemble. Il continue à composer, maintenant en collaboration avec le parolier **Enrique Cadícamo**. C'est avec lui qu'il écrit, en 1931, la musique d'une revue musicale qui, sous le titre de *La casita de mis viejos (La petite maison de mes vieux)*, contient le célèbre tango chanson du même titre. De cette collaboration naîtront plusieurs créations importantes plus ou moins obnubilées par *Nostalgias (Nostalgies)* qui, depuis sa composition en 1936, a été repris dans autant de versions chantées qu'instrumentales.

En 1937, **Cobián** réunit autour de lui ce qui sera son dernier orchestre d'importance — avec, entre autres, les bandonéons de **Ciriaco Ortiz** et de celui qui sera l'une des principales figures de la rénovation : **Aníbal Troilo**. Par la suite, après plusieurs années de séjour au Brésil, le pianiste passera les derniers temps de sa vie en s'arrangeant pour que les affres de son alcoolisme et de son tempérament désordonné n'entachent pas son allure distinguée. Toujours impeccablement vêtu (son frac avait fait sa marque de commerce d'artiste de scène), **Cobián** continuera à exercer son influence en recevant au restaurant, tous les vendredis, les jeunes musiciens de la nouvelle génération (**Enrique Francini**, **Astor Piazzolla**, etc.). Il mourra en 1953 des suites d'une réaction hépatique à une intolérance aux antibiotiques.

Alors que **De Caro** apporte des changements au niveau de l'orchestration, c'est dans la musique elle-même que **Cobián** introduit des transformations majeures. Très tôt dans sa carrière, ses talents de pianiste lui permettent de contribuer à dégager l'instrument de sa seule vocation rythmique. **Cobián** est le premier à marquer son phrasé de syncopes et de variations qui démarqueront le tango de l'âge d'or de celui de la *guardia vieja*, dont la métrique était très régulière, voire monotone. On lui doit d'abandonner le rythme traditionnel en 2/4 (proche de celui de la milonga) et d'introduire un rythme en 4/8, plus ample, caractéristique des tangos de la nouvelle époque qui commence. C'est également ment à **Cobián** que l'on attribue la création (avec **Enrique Delfino**) du *tango romanza* : le « tango romance », une pièce entièrement instrumentale mais qui n'est pas strictement conçue en tant que musique de danse.

Plus dure sera la chute...

Le tango des années trente est une musique qui est définitivement parvenue à s'établir, ceci tant du point de vue esthétique que social. Les innovations très importantes qu'elle connaît pendant cette période (les premières, en fait, depuis sa création) nous font voir une musique qui, malgré ses penchants mélancoliques, se montre très vivante et dynamique, ouverte aux changements. Elle a évidemment adopté des allures un peu guindées afin de plaire à un nouveau public qui chérit les bonnes manières qu'il vient lui-même d'adopter, mais cette contenance demeure extérieure, superficielle.

Malgré son nouvel habit de soirée dans lequel on ne le sent pas tout à fait à l'aise, le tango conserve un certain goût pour la provocation ; il garde des habitudes frondeuses qu'il tient de ses origines faubouriennes. Cette vitalité populaire lui permet de ne pas être trop fidèle à sa propre image. À même ses rêves et ses espoirs déçus, le tango est le chant de l'ascension sociale, de la réussite, de l'amélioration des conditions de vie d'une partie des classes laborieuses de Buenos Aires. Aussi, en tant que représentant d'une classe montante, loin de se refermer frileusement sur lui-même, le tango se sent très sûr de lui, très fort — ce qui, face aux changements sociaux dont il subit directement les contrecoups, le rend en mesure d'y trouver l'occasion de se risquer à inventer de nouvelles formes d'expression.

Cependant, dans l'éclat de cet âge d'or s'annonce déjà l'éclatement du tango...

Comparativement au très grand nombre de nouveaux tangos chansons, l'âge d'or du tango connaît peu d'œuvres strictement instrumentales. En partant du point de vue actuel, nous pouvons considérer comme des pièces instrumentales un nombre important de tangos chansons qui ont en quelque sorte « perdu » leur texte avec les années. Il faut également tenir compte du fait que le prestige de plusieurs compositions est directement tributaire de la valeur que l'on accordait aux performances d'interprètes des musiciens de l'époque.

C'est ce qui explique que des noms aussi importants que ceux de **Julio De Caro** ou **Enrique Delfino** laissent en fin de compte peu de traces dans le répertoire, cependant que leur influence au niveau de l'interprétation et de l'orchestration continue à se faire sentir jusque dans les ensembles les plus contemporains.

Roberto Firpo

Roberto Firpo est l'un de ces musiciens dont l'inscription au répertoire de l'âge d'or devrait idéalement inclure les enregistrements en plus des compositions. Par exemple — parce que c'est lui qui fait découvrir ce tango au public portègne (et bien qu'il s'agisse comme tel d'un tango de la *guardia vieja*) —, sa version de *La cumparsita* devrait faire partie intégrante du répertoire de l'âge d'or.

Malgré un nombre très important de compositions, **Roberto Firpo** ne laissera finalement à la postérité que cinq tangos majeurs. L'un d'eux, *Fuegos artificiales (Feux d'artifice)*, a été composé avec la collaboration d'**Eduardo Arolas.** Trois autres de ces tangos étaient déjà écrits en 1912 : *Sentimiento criollo (Émotion créole)*, *Argañaraz* et surtout *El amanecer (Le point du jour)*, le plus célèbre des tangos de **Firpo.**

El amanecer est une pièce instrumentale dont le ton est très proche des tangos de danse de la *guardia vieja*. Ponctuée d'imitations de chants d'oiseaux, cette évocation sonore de l'aube demeure passablement campagnarde, signalant que l'urbanisation des *barrios* (des quartiers) du tango était alors loin d'être complétée.

Deux années plus tard, en 1914, **Roberto Firpo** participe à la création d'une revue musicale dont il nous reste *Alma de bohemio (Âme de bohème)*, originalement écrit sur un texte de **Juan Andrès Caruso**. Par la suite, bien que sa carrière de pianiste et de chef d'orchestre s'échelonne jusque dans les années soixante (le vénérable don **Firpo** s'éteindra en 1969 à l'âge de 85 ans !), le temps de cinq décennies, **Roberto Firpo** n'écrira plus de tangos vraiment importants — peut-être parce qu'il aura été trop contraint par le statut de légende vivante qu'il acquiert avec les années.

Francisco Canaro

Surnommé « **Pirincho** », le caractère impulsif de **Francis-**

co **Canaro** lui valut d'être également appelé *El Kayser* (en souvenir de l'agressivité que la propagande prêtait au kaiser Guillaume II pendant la Première Guerre mondiale). De plus, l'importance de ses succès en tant que chef d'orchestre lui valut aussi d'être nommé tout simplement *el jefe* : le chef.

Firpo et **Canaro** sont tout à fait contemporains l'un de l'autre ; Canaro s'éteindra également à un âge avancé, 76 ans, en 1964. Mais alors que **Firpo** fait sa carrière à Buenos Aires et Montevideo avec des ensembles relativement réduits, **Canaro** deviendra rapidement une vedette internationale avec des orchestres composés d'un très grand nombre de musiciens. L'éclat de cette célébrité (malheureusement fondée sur plus de clinquant que de réel rayonnement artistique) jettera un peu d'ombre sur celle de **Firpo**. Aussi, malgré une œuvre de compositeur nettement moins originale que celle de **Firpo**, les tangos de **Canaro** sont plus nombreux à passer l'épreuve des années.

Dès 1914, le jeune violoniste de 26 ans a plusieurs tangos instrumentaux importants à son actif : *El internado (L'interne)*, *La tablada (Le marché aux bestiaux)* et *Nueve puntos (9 points* — qui évoque les tramways électriques dont l'implantation se généralise dans les rues de Buenos Aires). De la même époque datent d'autres succès : *Charamusca (Brindille)*, *El pollito (Le poussin)* et *El chamuyo (Le baratin)* qui, autant par leurs titres que par leurs couleurs mélodiques, s'apparentent à la tradition de la *guardia vieja*.

C'est seulement dix ans plus tard que **Canaro** impose son propre style avec *Sentimiento gaucho (Sentiment de gaucho)*, composé avec son frère **Rafael Canaro** sur un texte de **Juan Andrès Caruso**. Le succès remporté à l'époque par ce tango chanson fut tel qu'il laissa croire pour un temps qu'il aurait pu supplanter celui de *La cumparsita*.

Cependant, la musique de **Canaro** pèche déjà par un penchant nettement prononcé pour les effets mélodramatiques faciles. C'est en exploitant la même veine qu'il compose *Tiempos viejos (Temps anciens)* en 1926, sur un texte de **Manuel Romero**. Puis viennent *La última copa (La dernière coupe)*, sur un texte de **J. A. Caruso**, enregistré en 1927, et *Madreselva (Chèvrefeuille)*, écrit en 1931 sur des vers de **Luis César Amadori** : deux tangos chansons créés par **Gardel**, qui sera par ailleurs souvent accompagné par l'orchestre de **Canaro** lors de ses tournées à l'étranger.

Mais c'est peut-être son dernier succès, le très sirupeux *Adíos, pampa mía (Adieu, ma pampa)*, composé en collaboration avec **Mariano Mores** en 1945, sur un texte de **Ivo Pelay**, qui rend le mieux compte des qualités comme des défauts des tangos *for export* typiques des compositions comme des orchestrations de **Francisco Canaro** — qui déteindront passablement sur le style de **Mariano Mores**.

Les enregistrements des orchestres de **Francisco Canaro** demeurent encore aujourd'hui les plus chéris des traditionalistes. Ses interprétations aux rythmes *bien marcados* (bien marqués) se prêtent très bien à la danse. Ses dernières compositions excessivement mélancoliques affichent avec ostentation tout ce qui, dans le tango, peut porter l'appellation de « typique ». L'œuvre de **Canaro** fait de lui un des plus importants conservateurs de l'esthétique de l'âge d'or — et du même coup, cette œuvre devient symptomatique d'un tango qui, écrasé par le poids du souvenir de sa grande époque, ne sait pas s'ouvrir à de nouvelles perspectives.

Julio De Caro

On compte par dizaines le nombre de compositions signées par **Julio De Caro**. Pourtant, rares sont celles qui continuent à être encore jouées. La véritable postérité de **De Caro** s'inscrit directement au sein des ensembles contemporains qui perpétuent la manière de jouer le tango que **De Caro** établit à la grande époque.

Le premier tango composé par **Julio De Caro** porte un titre français : *Mon béguin*. Le jeune musicien rendra hommage à ses aînés en 1926 avec un tango intitulé *Guardia vieja*. Mais c'est surtout *Boedo* (du nom du quartier de Buenos Aires où **De Caro** aura toujours ses quartiers généraux) qui est le plus souvent repris jusqu'à nos jours. Initialement composé en 1928 sur un texte de **Dante A. Linyera**, *Boedo* est l'un de ces tangos chansons dont on a désormais oublié le texte. D'une facture plus complexe que celle des tangos de la génération précédente, symbole du renouveau mélodique du tango de l'âge d'or, *Boedo* demeure un défi pour les musiciens postdecariens. Tous les grands ensembles et tous les grands instrumentistes s'en seront servis pour manifester l'envergure de leurs talents.

Francisco De Caro laissera lui aussi quelques tangos à la postérité : *Loca bohemia (Folle bohème)* et *Flores negras (Fleurs noires)*, ce dernier étant représentatif d'un style plus mélancolique que celui de son frère.

Trois bandonéonistes

Les compositions du bandonéoniste **Osvaldo Fresedo** sont, comme celles de **De Caro**, obnubilées par sa carrière de concertiste. D'autant plus que, parce qu'il a su être plus à l'écoute de l'évolution du tango et de la musique populaire en général, les enregistrements de **Fresedo** présentent un son plus contemporain que celui de son rival. Les nombreux disques qu'il grave dans les années quarante et cinquante sont plus facilement disponibles que ceux, plus anciens, de **De Caro**. Aussi, alors que la postérité decarienne s'inscrit indirectement dans les orchestrations contemporaines, le souvenir des orchestres de **Fresedo** est plus immédiat.

Cette présence contemporaine du travail de musicien de **Fresedo** contribue à faire oublier sa démarche de compositeur. D'ailleurs, une des compositions que l'on retient de **Fresedo**, *El espiante (La cavale)*, est une amusante petite pièce qui doit toute sa célébrité à l'interprétation de l'orchestre de **Fresedo**, qui sait imiter avec une très grande habileté les efforts d'une locomotive. *Pimienta (Poivre)*, d'une facture plus traditionnelle, et *Vida mía (Ma vie)* — un tango chanson au lyrisme tellement exacerbé qu'il semble être caricatural — sont les deux principales compositions que **Fresedo** a pu voir inscrites au répertoire.

Dans tous les cas, les orchestrations et les compositions d'**Osvaldo Fresedo** présentent sinon de l'humour, du moins un certain détachement par rapport à la tradition qui augure déjà la rénovation des années quarante et cinquante. Son frère **Emilio Fresedo** est le parolier et compositeur de *Paseo de julio* (*Passage de juillet* — du nom d'une rue célèbre de Buenos Aires), chanté par **Gardel** en 1929.

Bien qu'ils aient eu leurs propres orchestres, les deux Pedros du bandonéon, **Maffia** et **Laurenz**, sont avant tout reconnus pour leur talent d'instrumentistes qu'ils ont exercé parfois en duo dans les orchestres des grands chefs de leur époque (entre autres, au sein des ensembles de **De Caro** et de **Fresedo**). De cette collaboration est d'ailleurs né *Amurado* (*Abandonné)*, un tango signé en 1927 par les deux bandonéonistes.

Après avoir écrit la musique de *Noche de reyes (Nuit de rois)* qui sera chanté par **Carlos Gardel**, **Pedro Maffia** compose de nombreux tangos instrumentaux, dont les plus célèbres sont *Diablito (Petit diable)*, *Heliotropo (Héliotrope)* et surtout *Taconeando (En tapinant)*, qui devrait se voir inclus dans le répertoire de la rénovation plutôt que dans celui de l'âge d'or. Tous les rénovateurs, de **Troilo** jusqu'à **Piazzolla**, se feront d'ailleurs un devoir d'inscrire cette composition à leur répertoire.

Julio De Caro et son violon à cornet.

Osvaldo Fresedo.

167

Après avoir écrit quelques tangos chansons, **Pedro Laurenz** laissera de nombreuses pièces instrumentales, dont *Orgullo criollo (Orgueil créole)*, une *Milonga de mis amores (Milonga de mes amours)* et *Mal de amores (Mal d'amours)*. Mais, à cause de sa participation au **Quinteto real**, c'est la réputation de virtuose de **Pedro Laurenz** qui demeure peut-être la plus vive — plus encore que celle de **Maffia**. Formé en 1959, le **Quinteto real** *(Quintette royal)* réunissait les meilleurs solistes d'alors : **Laurenz** au bandonéon, **Horacio Salgán** au piano, **Enrique Mario Francini** au violon (eux-mêmes deux des principales figures de ce qui deviendra le *nuevo tango*), **Ubaldo De Lío** à la guitare et **Rafael Ferro** à la contrebasse. Cette réunion de grands instrumentistes donnera à **Laurenz** l'occasion de présenter l'expression la plus marquante de son art.

Juan de Dios Filiberto

Mis à part ses très célèbres *Quejas de bandoneón (Plaintes de bandonéon)* datés de 1919, **Filiberto** écrit essentiellement des tangos chansons dont on a oublié les textes plus ou moins réussis, ceci au profit de la musique de **Filiberto**. Pour ne citer que les principaux, signalons *Langosta (Langouste)*, écrit en 1925 sur un texte de **Juan A. Bruno** ; *Amigaso (Concubinage)*, de 1925, sur un texte de **Francisco Brancatti** et **Juan M. Velich** ; *Cuando llora la milonga (Quand pleure la milonga)*, sur des vers de **Luis Mario** en 1927, et *Clavel del aire (Odeur d'œillet)*, une *canción porteña (chanson portègne)*

écrite en 1930 sur des vers de **Fernán Silva Valdés**.

Tango romanza

Les musiques composées par **Enrique Delfino** et **Juan Carlos Cobían** doivent une partie de leur célébrité au fait que ces deux innovateurs sont considérés les pères du *tango romanza*.

Faisant écho aux événements tragiques qui se passaient en Europe en 1914, *Belgica* est l'une des premières compositions instrumentales de **Delfino**. Mais c'est aux environs de 1917 qu'il écrit *Sans soucis* qui, avec *Re fa si* (titré d'après les trois premières notes de la pièce), compte parmi les premières pièces à se voir dotées de l'appellation de *tango romanza* — à la même époque où **Juan Carlos Cobián** écrit, de son côté, *El motivo (Le motif)*, *Mi refugio (Mon refuge)* et *Los dopados (Les drogués)*, qui sera mieux connu à partir de 1942 quand **Enrique Cadícamo** dotera cette musique d'un texte et d'un titre moins provocateurs : *Los mareados (Les titubants)*.

Toutes enregistrées dès le début des années vingt, ces compositions de **Cobían** révèlent les nouveaux rythmes et motifs que le pianiste virtuose impose au tango. Par la suite, son association avec **Cadícamo** amènera le compositeur à écrire un grand nombre de tangos chansons. Mais **Cadícamo** est loin d'être un parolier de deuxième ordre comme ceux qui permirent à la musique de **Filiberto** de prendre les devants sur le texte. C'est l'originalité et la force de l'écriture musicale de **Cobián** qui assurent à ses compositions une vie autonome.

Cobián apparaît comme l'un des principaux rénovateurs de la musique de la *guardia vieja*, contribuant directement à l'établissement de la nouvelle esthétique des tangos de l'âge d'or. Mais il saura de plus être une source d'inspiration pour les musiciens de la génération suivante, qui entreprendront la grande rénovation des années quarante et cinquante. Les œuvres de **Cobián** seront très souvent inscrites au répertoire des orchestres de la rénovation. D'une certaine façon, pendant ses années de carrière active, le talent de pianiste de **Cobián** a pu masquer quelque peu son ingéniosité de compositeur. Mais quand les musiciens des années quarante feront redécouvrir ses compositions (alors que la maladie empêche le pianiste vieillissant de monter lui-même sur scène), **Cobián** se verra rétrospectivement considéré comme l'un des créateurs les plus dynamiques de toute la période de l'âge d'or.

Autour d'**Aníbal Troilo**, de gauche à droite : **Francisco Canaro**, **Enrique Santos Discépolo**, **José Razzano**, **Francisco Canaro** et **Osvaldo Fresedo**.

7

De la Dépression à la rénovation
(1935-1955)

L'âge d'or du tango s'achève sur une fin tragique. Il est coutume de considérer la mort de **Carlos Gardel** comme le tournant décisif de cette période. La disparition du chanteur n'est certainement pas la raison de la fin de l'âge d'or, mais elle plonge Buenos Aires, l'Argentine et le tango dans un deuil profond qui servira de paravent aux transformations socio-économiques majeures que subit le pays et qui sont les véritables raisons du déclin du tango.

La déprime

La nostalgie est une conscience trop sensible peut-être, mais lucide, du caractère temporaire de notre existence. Contre la volatilité du présent, le nostalgique porte le poids du passé comme une parure — voyez comme j'ai vécu ! Le mélancolique, lui, est écrasé par le poids de ce passé — voyez comme ça ne sert à rien de continuer de vivre, tout est révolu ! Le nostalgique est animé par le rêve impossible de réactualiser son passé au sein du présent ; le mélancolique, de son côté, ne vit plus qu'au passé.

La dépression mélancolique est une forme de deuil qui se considère devoir être sans fin. Le dépressif se croit contraint à une incessante célébration de la mémoire de ce qu'il a perdu. L'identité du mélancolique n'existe que sous la forme d'une identification à la mémoire de ce qui n'est plus. Le vide causé par la perte de l'objet d'amour aspire vers lui toutes les formes de présence. La mort de **Gardel** semble avoir déclenché un processus tout à fait similaire au sein du tango. Le chanteur et le tango de l'âge d'or dont il est l'incarnation parfaite deviennent indépassables ; le tango semble ne plus pouvoir exister autrement qu'en se donnant comme lieu de la survivance de l'esprit gardélien — de la même façon que, chez le dépressif, l'amour perdu entache toutes les amours possibles.

Au début des années vingt, le tango avait connu plusieurs transformations majeures : l'implantation du *tango canción* et du *tango romanza*, un changement d'instrumentation conduisant à l'établissement de l'*orquesta típica* et une nouvelle ponctuation rythmique plus ample et syncopée. Cet élan innovateur n'existe plus dans les années trente et, pendant une dizaine d'années, le tango ne connaîtra aucun changement véritablement important. Les maîtres vieillissants de l'âge d'or demeurent les artistes les plus en demande. Leurs tangos constituent l'essentiel du répertoire. Les orchestres se permettent à peine de proposer de temps à autre un nouveau tango qui, de toute façon, est écrit dans le même style que ceux des années vingt. Le nombre de nouvelles compositions diminue de manière remarquable. Les chanteurs imitent tous plus ou moins le style de **Gardel** sans jamais espérer l'égaler — sans même désirer l'égaler : on choisit volontairement de demeurer dans l'ombre de son mausolée.

La vitalité créatrice du début des années vingt n'est pas oubliée : au contraire, elle occupe entièrement l'esprit du tango des années trente. On est certain que l'âge d'or est définitivement passé : il ne reste qu'à le commémorer. L'éclat de cet âge d'or met tout le reste dans l'ombre. Sclérosé, stagnant, le tango des années trente est un moribond. Mais le tango a beau montrer tous les symptômes d'une personnalité dépressive, il n'est pas une personne ; on ne saurait se justifier de prêter une « psychologie » à un phénomène socioculturel. La source véritable de la stagnation créatrice du tango des années trente (et que lui-même se refuse à voir), cette « dépression » est l'écho direct et immédiat d'un phénomène socio-économique : le *krach*, qui inaugure la période qu'on appelle justement la Grande dépression.

La Grande dépression

L'Argentine est loin d'être à l'abri des contrecoups de la crise économique de 1929. Après avoir connu une prospérité remarquable pendant les deux premières décennies du siècle, l'économie du pays est dans un état lamentable. L'Argentine était depuis plusieurs générations le grenier de l'Europe. Fournisseur de matières premières, le pays n'a pratiquement aucun contrôle sur la transformation et la mise en marché de ses produits. Les fermetures d'usines que connaît l'Europe entraînent des mises à pied massives chez les producteurs argentins qui n'ont plus de débouchés. On découvre que la prospérité des décennies précédentes était factice, entièrement tributaire des capitaux étrangers.

Incapable de financer elle-même un effort de reprise économique, l'Argentine entre dans une période de troubles sociaux et politiques qui ne cesseront (et encore, seulement pour un temps) qu'avec la venue au pouvoir de Juan Domingo Perón, qui occupera la présidence de 1946 à 1955 — période qui sera d'ailleurs celle de la rénovation du tango. (Fait à signaler, la popularité de **Gardel** ne sera jamais aussi grande que pendant la Grande dépression et au lendemain de la chute du péronisme, comme si le mythe de **Gardel** — avec son aura de réussite sociale, de luxe, de prestige, etc. — avait fondamentalement une fonction compensatrice s'exerçant dans les périodes d'incertitude socio-économique.)

La « déprime » du tango des années trente n'est que la résonance culturelle de la dépression économique. Son repliement forcené sur son passé est l'écho exact du recul économique que connaît l'Argentine. La vitalité créatrice de l'âge d'or avait été parallèle à l'ascension des nouvelles classes possédantes ; la stagnation dans laquelle entre le tango est encore homologue à la situation de la petite-bourgeoisie nationale désormais dépossédée de la plus grande partie de ses moyens. La mort de **Gardel** aura simplement permis de projeter sur un plan culturel les effets de ce ralentissement économique.

« *Bien marcado* »

Dans la décennie précédente, les grands ensembles de tango connaissaient la consécration à l'étranger (surtout en France) ; on se produit maintenant dans la région du Río de la Plata. Avec la crise, les opportunités de contrats à l'extérieur de l'Argentine se font nettement plus rares — d'autant plus, on le comprend, à partir de la Deuxième Guerre. Sur l'élan de la tangomanie qui avait frappé les capitales européennes dans les années dix, cette musique continue cependant à connaître un certain écho sur le vieux continent. On l'entend dans la chanson populaire : **Fréhel**, par exemple, fut une des voix françaises à s'inscrire le plus directement dans cette tradition, avec, entre autres, *Pleure* : un tango de **G. Dally**, **G. Brevard** et **A. Zim** qu'elle chante en 1936. Mais, chose plus surprenante, cet écho de tango se fait aussi entendre dans la musique plus « sérieuse » : chez **Alban Berg**, **Darius Milhaud**, **Erik Satie**, **Igor Stravinsky** et surtout **Kurt Weill**.

De nouvelles figures apparaissent malgré tout en Argentine. En dépit de quelques réussites égarées ici et là au sein d'un répertoire passablement répétitif, les principaux musiciens qui commencent leur carrière à cette époque (**Angel**

D'Agostino, **Miguel Caló**, **Alfredo de Angelis**, **Francisco J. Lomuto**, etc.) pèchent tous par un attrait exagéré pour les effets faciles. On privilégie les chanteurs les plus mélodramatiques et les violons sirupeux. Le timbre des ensembles s'éloigne souvent de celui de l'*orquesta típica* au profit d'un son plus « *export* » qui édulcore passablement la personnalité particulière du tango.

Juan D'Arienzo (1900-1976) est le directeur d'orchestre le plus représentatif et, malgré tout, le plus intéressant de cette période. En dépit d'une longue carrière, l'œuvre de **D'Arienzo** compte tout au plus une quarantaine de titres originaux — la plupart oubliés de nos jours, et parmi lesquels on observe un grand nombre de *vals*, ce qui signale une certaine perte de vitesse de la part du tango. À la tête d'*orquestas típicas* relativement imposants, la seule innovation apportée par les musiciens d'alors consiste en une accentuation quelquefois outrancière de certains traits caractéristiques du tango classique — surtout le rythme. L'orchestre de **D'Arienzo** fut particulièrement reconnu pour ses « *rythmes de choc électrique* », ce qui valut à son chef d'être couronné *rey del compás* : roi du rythme. (**P. Cubano**, un obscur compositeur qui était avant tout maître de cérémonie d'un des cabarets où se produisait l'orchestre de **D'Arienzo**, a d'ailleurs dédié au violoniste un tango au titre de *El rey del compás*.)

Le goût du jour est au rythme *bien marcado* : bien marqué — tellement appuyé que la mélodie semble devenir secondaire. L'orchestre de **D'Arienzo** (qui survivra à la mort de son fondateur sous la direction du bandonéoniste **Carlos Lazzari**) s'est relativement peu souvent produit en compagnie de chanteurs, se consacrant essentiellement au répertoire du tango de danse (l'accentuation rythmique très prononcée se prêtant à un comptage particulièrement facile des pas). Avec **D'Arienzo** et ses contemporains, le tango cesse en quelque sorte d'être une musique pour n'être plus qu'un rythme particulier, ceci d'une manière primaire, presque caricaturale. Cette nouvelle importance que l'on accorde à la ponctuation du tempo coïncide avec une volonté de retourner aux sources du tango qui se concrétise, entre autres, par la redécouverte de la milonga.

Les sources *milongueras*

Milongueando en el 40 (« *Milonguant* » *dans les années 40*) d'**Armando Pontier** est un titre on ne peut plus évocateur de ce retour aux sources *milongueras*. Certains compositeurs, comme **Julian Plaza**, se consacreront presque

Juan D'Arienzo.

Carlos Di Sarli.

Celedonio Flores et **Pintín Castellanos**, les auteurs de *La puñalada*.

exclusivement à la réactualisation de ce rythme typiquement *arrabalero*, symbolique de la tradition la plus pure. Cette volonté de retour aux sources se fait également sentir chez plusieurs des maîtres de l'âge d'or. **Roberto Firpo**, qui de toute façon n'avait jamais travaillé avec de très vastes ensembles, stabilise sa formation en un *cuarteto* avec lequel il mènera l'essentiel de ses activités entre 1935 et 1955.

Plus significativement encore, **Francisco Canaro** met sur pied le **Quinteto Pirincho**. Fort différent des énormes orchestres avec lesquels **Canaro** a l'habitude de se produire en spectacle, ce quintette est voué à la présentation du seul répertoire traditionnel, incluant les plus anciennes compositions de **Canaro**. Le **Quinteto Pirincho** ne se produira jamais en spectacle : cet ensemble est un orchestre de studio. Le disque était depuis longtemps un médium privilégié par le tango. Dès le début du siècle, les ventes d'enregistrements de tango atteignaient des chiffres impressionnants. C'est d'ailleurs grâce au disque que le tango demeura une musique populaire. Les ouvriers de Buenos Aires n'auraient jamais eu les moyens de suivre les orchestres de tango qui quittaient les cafés du quartier pour les cabarets du centre-ville. Et même alors que le tango continuait encore à être joué dans les bordels, José Sebastián Tallon signale que, grâce à la commercialisation des disques de tango, « *pour chaque soirée de danse qui se déroulait dans les lieux obscènes, il s'en déroulait cent, grâce aux disques* Columbia, *au sein de la famille prolétarienne.* » [1]

L'époque est ponctuée ici et là de quelques événements de valeur anecdotique mais tant que dure la crise, l'esthétique traditionaliste (à laquelle on donne par ailleurs le nom de « d'arienziste ») plonge le tango dans une léthargie créative dont il ne commencera à sortir qu'au lendemain de la guerre avec un groupe de musiciens qui seront considérés comme les rénovateurs du genre.

Une rénovation économique et musicale

Qui dit rénovation continue à se situer dans un mouvement de retour aux sources. Mais au lieu de se contenter de célébrer le passé, une rénovation a le projet d'adapter ce passé aux conditions contemporaines. La rénovation du tango qui commence au milieu des années quarante est une entreprise paradoxale, que l'on pourrait qualifier de modernisation traditionaliste : un écho exact de l'idéologie péroniste.

La rénovation du tango coïncide avec la présidence de Juan Domingo Perón. Les états américains se remettent de l'effort de guerre en profitant du marché qu'ouvre la reconstruction de l'Europe. Perón saisit l'occasion afin de sortir pour un temps l'Argentine du marasme de la crise en préconisant une politique de modernisation radicale de l'économie nationale appuyée d'une manière ambiguë sur une base idéologique traditionaliste. Phénomène typiquement argentin difficile à comprendre pour un étranger, le péronisme peut être décrit comme une sorte de socialisme de droite, une démocratie autoritaire à saveur extrêmement nationaliste et protectionniste. Au-delà d'un parti pris réel, bien qu'économiquement et politiquement inconséquent, pour les classes défavorisées (les salaires augmenteront, par exemple, de 47 % en dix ans), le tango est un atout important dans la démagogie populiste du péronisme. Décriés par l'oligarchie *criolla*, les *descamisados* (sans chemises) qui forment la base populaire du régime de Perón vivent encore dans les banlieues pauvres de la capitale où est né le tango. Et Perón, un peu de la même manière que l'avait fait le président Alvear, s'affiche comme un amateur de tango. Son image publique est celle d'un *varón*, d'un « viril » comme on en chante dans tant de tangos ; la vénération que le peuple voue à la figure aussi maternelle que séductrice incarnée par sa femme Eva — surnommée Evita — trouve également un écho significatif dans le tango.

De jeunes musiciens chevronnés profiteront de ce contexte afin de se détacher du conservatisme d'arienziste. La plupart d'entre eux ont fait leurs premières armes comme instrumentistes au sein des orchestres des grands noms de la *guardia vieja* et de l'âge d'or. Reprenant le flambeau du *tango romanza*, ils cessent de jouer de manière à faciliter la tâche des danseurs qui comptent leurs pas sur la piste de danse. De plus, alors que les d'arienzistes ne se préoccupaient guère de la qualité littéraire des quelques tangos chansons qu'ils inscrivaient à leur répertoire (de toute façon, seul le rythme comptait...), la nouvelle génération compose sur les textes des plus grands poètes du tango : les **Cadícamo**, **Castillo**, **Discépolo**, **Expósito**, **Manzi**, etc.

On peut décrire la rénovation du tango comme étant une époque de redécouverte de la musicalité du tango — de l'esthétique déjà mise de l'avant par **De Caro**, **Cobián** et **Delfino**. Le tango n'est plus un simple rythme de danse, ni le fond sonore des épanchements mélodramatiques des *letristas*. Sans renouer comme tel avec l'élan novateur de l'âge d'or, les musiciens des années quarante œuvrent à peaufiner leur art, ceci tant au niveau de l'instrumentation que de la composition. Alors que les dix années précédentes avaient vu relativement peu de nouvelles créations, on écrit beaucoup dans les années quarante et cinquante.

« *Yum... ba! Yum... ba!* »

En réaction au marquage rythmique hyperaccentué des traditionalistes, la nouvelle génération pratiquera la nuance et la finesse. Ou bien encore, comme dans le cas d'**Osvaldo Pugliese** (né en 1905), on choisira au contraire de pousser cette esthétique au-delà de ses propres limites. Dès l'âge de quinze ans, le jeune pianiste travaille dans les cafés et les orchestres de cinéma avant de se faire approcher par les meilleurs orchestres des années vingt. **Pugliese** jouera dans de nombreux ensembles, dont celui de **Pedro Maffia**, avant de participer à la fondation d'un sextuor qui regroupera entre autres le violoniste **Alfredo Gobbi** (fils du chanteur de la vieille garde) et le bandonéoniste **Aníbal Troilo**. Il travaille par la suite auprès de **Roberto Firpo** et de **Miguel Caló** avant de fonder en 1939 l'orchestre dont il assumera la direction jusqu'à nos jours — car malgré ses quatre-vingt-six ans, don **Pugliese** continue encore à composer et à se produire tant sur scène que sur disque.

En réaction aux orchestres d'arienzistes, **Pugliese** choisit de s'inscrire dans une esthétique decarienne. Mais le pianiste ne se contente plus, comme l'aurait fait un traditionaliste, de reproduire le style des *orquestas típicas* de la grande époque. Très tôt, les arrangements de **Pugliese** se caractérisent par une personnalité particulièrement prononcée, la sonorité de son orchestre se démarquant nettement des autres ensembles. Affichant une grande complexité harmonique, et ce malgré de nombreux changements parmi les musiciens auxquels le maître survit, la texture sonore des différents ensembles que dirige **Pugliese** proposera toujours un même type de phrasé, tout à fait nouveau, qu'on identifie par une onomatopée : la « *yumba* ».

« *Yum...ba! Yum...ba!* », scandait **Pugliese** pour décrire à ses musiciens le type d'articulation qu'il attendait d'eux : une sorte de halètement profond qui, porté par les bandonéons, soulève l'ensemble de l'orchestre dans un mouvement d'une grande ampleur. Cette prononciation typiquement pugliesienne, dont le rythme imprègne le phrasé de tous les instruments de l'orchestre, s'inscrit d'une certaine manière dans la continuité des orchestres d'arienzistes. Cependant, le marquage du tempo ne faisait qu'envelopper l'orchestre d'arienziste qui, de peine et de misère, tentait de faire entendre malgré tout la mélodie sous-jacente. **Pugliese** va plus loin en proposant une osmose profonde du rythme et de la mélodie, si bien que les quatre temps que les danseurs ont besoin de compter deviennent difficiles à identifier. Les tangos de **Pugliese** demeurent une musique de danse mais on pose déjà le pied du côté de ce qui sera le « tango de concert » mis de l'avant dans les années soixante. Parmi les rénovateurs des années quarante, **Pugliese** apparaît être celui qui aura l'influence la plus déterminante sur les orchestres des décennies suivantes — ceci d'une façon particulièrement remarquable dans les premières compositions de **Horacio Salgán** et d'**Astor Piazzolla**. Malgré une œuvre de compositeur extrêmement significative, ce sont ses innovations orchestrales qui imposent le nom de **Pugliese** dans l'histoire du tango moderne.

Pugliese participe également à la rénovation du tango chanson en privilégiant un nouveau type de voix. S'il engage quelquefois des ténors, c'est afin d'aller au-delà (encore une fois) de l'emphase larmoyante traditionnelle pour la faire pencher du côté de la caricature. Le pianiste préférera cependant des voix plus âpres, plus dramatiques que lyriques. Avec **Roberto Chanel**, **Alberto Morán** et **Jorge Maciel**, les tangos chansons de **Pugliese** avancent une esthétique nouvelle qui continue à faire école parmi les chanteurs contemporains de tango.

Un immense bandonéon

Ce sera pourtant un autre musicien qui composera les grands tangos chansons de l'âge de la rénovation. À l'inverse de **Pugliese**, qui peut être décrit comme un rénovateur majeur de l'orchestration doublé d'un compositeur de grand talent, **Anibál Troilo** (1914-1975) transforme l'écriture du tango tout en proposant quelques nouvelles avenues à l'orchestration.

De petite taille mais doté d'un tour de taille imposant, le *gordo* (gros) « **Pichuco** » est un musicien précoce, qui commence sa carrière de bandonéoniste à l'âge de onze ans — ce qui lui permet de travailler en compagnie des plus grands créateurs de la *guardia vieja*, entre autres **Juan « Pacho » Maglio**, avant de se joindre aux plus importants orchestres de l'âge d'or, comme ceux de **Julio De Caro** et de **Juan Carlos Cobián**. Virtuose du bandonéon, on l'engage en 1937 pour remplacer **Ciriaco Ortiz**, ce qui donne à **Troilo** l'occasion de diriger son premier ensemble au sein duquel on retrouve le pianiste **Orlando Goñi** et le chanteur **Francisco Fiorentino**, deux artistes qui accompagneront « **Pichuco** » pendant la plus grande partie de sa carrière.

Troilo s'impose par le style de jeu original que lui permet de développer son immense talent d'instrumentiste. Ses alternances typiques de staccatos et de legatos brisent la monotonie du rythme *bien marcado* de la décennie précédente pour renouer avec le tempo syncopé mis de l'avant par **Juan Carlos Cobián**. Présentant ainsi une écriture passablement complexe, les compositions et les orchestrations de « **Pichuco** » exigèrent de lui qu'il sache s'entourer d'excellents interprètes, et pendant les quelque trente-cinq années que dure sa carrière, l'orchestre de **Troilo** réunira en son sein les plus grands noms de l'époque. **Troilo** sera particulièrement à l'affût de musiciens de talent qui savent collaborer à ses orchestrations. Le bandonéoniste montrera à ce propos un flair remarquable : au fil des années, on trouve parmi ses principaux arrangeurs les noms de **Argentino Galván**, **Héctor Stamponi**, **Raúl Garello** et, surtout, **Astor Piazzolla** : les créateurs les plus importants de ce qui deviendra le *nuevo tango*. Bien que le maître ait constamment eu le dernier mot sur leurs arrangements (la légende veut qu'il ait eu toujours dans ses poches une gomme avec laquelle il ne se gênait pas pour effacer des partitions ce qu'il jugeait être des « notes inutiles »), **Troilo** savait accueillir les meilleures initiatives de ses jeunes protégés. Si bien que certaines des innovations mises de l'avant par les orchestres de **Troilo** sont en fait des idées apportées par ses arrangeurs.

C'est à **Argentino Galván** que l'on doit d'avoir augmenté la durée de chaque pièce par l'adjonction de longues introductions. Les interprétations de l'âge d'or duraient en moyenne trois minutes, **Troilo** introduisit les longs tangos de cinq à six minutes comme on aime encore à les jouer de nos jours. Et **Troilo** sera également très ouvert aux compositions de ses jeunes contemporains : il enregistrera en tout vingt tangos d'**Armando Pontier**, seize de **Mariano Mores**, et neuf d'**Astor Piazzolla**.

Les longs préludes orchestraux seront également une des caractéristiques des nombreux tangos chansons composés par **Troilo**. Si le bandonéoniste a produit plusieurs tangos instrumentaux, c'est avec les musiques qu'il écrit pour les plus grands paroliers de l'époque qu'il laisse une marque indélébile dans le tango de la rénovation. Extrêmement soucieux de la qualité littéraire des textes qu'il met en musique, le bandonéoniste contribuera ainsi à déplacer l'attention de ses auditeurs. Les danseurs doivent penser à leurs pas : les textes que **Troilo** fait chanter par **Fiorentino**, **Roberto Goyeneche**, **Alberto Marino** et **Edmundo Rivero** (pour ne nommer que les principaux chanteurs qui accom-

Rénovation et *nuevo tango* : **Aníbal Troilo** et **Osvaldo Berlingieri**.

Osvaldo Pugliese et **Roberto Goyeneche**.

pagnent ses orchestres) accrochent l'oreille des amateurs qui délaissent le parquet de danse pour écouter ce que les *letristas* ont à leur dire.

Pendant les années trente, histoire de laisser toute la place aux rythmes dansants, on avait développé l'habitude de ne chanter qu'un seul couplet suivi du refrain de la chanson. **Troilo**, lui, fait chanter l'entièreté du texte. L'orchestre ne se contente pas d'accompagner la voix du chanteur, qui ne se voit plus traité comme un simple instrument supplémentaire, voire un instrument de trop. Loin d'être réservée au chant, la ligne mélodique est supportée par tout l'orchestre. Tout en étant dans la lignée du style decarien, les arrangements que privilégie **Troilo** sont moins statiques. Le piano et la contrebasse étaient auparavant cantonnés à leur fonction rythmique, et la ligne mélodique était réservée aux bandonéons et aux violons : **Troilo** laisse se déplacer les thèmes d'un groupe d'instruments à l'autre. À la différence de **Pugliese** où les tutti sont presque constants, **Troilo** met successivement de l'avant les différentes parties de son orchestre.

(Coïncidence intéressante : si l'orchestration decarienne présente une hiérarchisation instrumentale homologue aux prétentions plus ou moins aristocratiques du tango de l'âge d'or ; si l'orchestre troilien affiche une « démocratie » reflétant les valeurs d'une époque plus égalitaire, le « collectivisme » de l'orchestre de **Pugliese** est peut-être, pour sa part, tributaire de la participation du pianiste aux instances dirigeantes du Parti communiste argentin...)

La rechute

L'époque de la rénovation connaît de nombreuses autres formations importantes, mais qui demeurent toutes plus ou moins dans l'ombre de **Pugliese** et de **Troilo**. Pendant les dix années que dure cette rénovation, le tango n'aura jamais été aussi présent dans la vie culturelle portègne, ceci autant dans les salles de spectacles que sur disque ou sur les ondes radio. Pleinement endossé par le péronisme, le tango connaît dans les faits, jusqu'au milieu des années cinquante, un second âge d'or — qui se termine d'une façon tout aussi tragique que le premier.

Le renversement du gouvernement péroniste ouvre une période aussi noire pour le tango que pour l'Argentine en général. L'oligarchie reprend le pouvoir en profitant des catastrophes économiques et sociales que connaissent les dernières années du régime. Cette fois, la grande bourgeoisie *criolla* compte en finir avec la valse-hésitation politique

que connaît le pays depuis le début du siècle. On instaure une politique d'austérité qui touchera tous les aspects de la vie argentine. Comme il arrive le plus souvent, c'est la population ouvrière qui aura à en payer le prix et, au milieu des années soixante, lorsque les travailleurs ne veulent plus se serrer la ceinture au profit du capital, les militaires se mettent de la partie.

Le conservatisme politique se double d'un conservatisme culturel féroce, pratiquant un refus radical de toutes les formes d'expression de la culture populaire — entre autres du tango en tant que symbole du populisme péroniste. Évidemment, on ne pouvait escompter faire disparaître une musique qui imprègne la vie de Buenos Aires depuis presque un siècle. Comme au lendemain de la mort de **Gardel**, on se contente de redonner les devants de la scène aux traditionalistes — et encore s'agit-il des mêmes orchestres qu'alors : les ensembles de **D'Arienzo**, de **Alfredo de Angelis**, etc. Pendant ce temps, les grands rénovateurs continuent discrètement leur carrière (**Osvaldo Pugliese** connaîtra cependant des problèmes importants à cause de ses allégeances politiques).

On ne meurt qu'une fois : c'est déjà bien assez... Mais quand, comme dans le cas du tango, un élan de vitalité se voit brisé une seconde fois, il ne saurait s'en relever encore sans transformation radicale : le temps arrive de la révolution du *nuevo tango*.

Note

[1] *El tango en su etapa de música prohibida*, Buenos Aires, Cuadernos del Instituto Amigos del Libro Argentino, 1956, p. 82, note 17.

De 1935 à 1945, le tango argentin connaît peu de nouvelles créations. De fait, c'est à l'étranger, et surtout dans le domaine de la musique dite sérieuse, qu'on rencontre les expériences les plus intéressantes de l'époque.

Le Tango perpétuel

Déjà en 1914, **Érik Satie** (1866-1925) avait introduit un *Tango perpétuel* à la seizième partie de ses *Sports et divertissements* : un tango entièrement dénudé de ses couleurs les plus exotiques et les plus vives, qui se présente sous son aspect le plus répétitif. Le *Tango perpétuel* est un tango distancié qui, comme il arrive souvent avec l'œuvre de **Satie**, augure l'esthétique postmoderniste qui est maintenant la nôtre. **Satie** semble vouloir mettre de l'emphase sur l'édulcoration qu'a connue le tango à partir du moment où il a fait la conquête des salons huppés de Paris et de Buenos Aires qui refroidirent quelque peu ses emportements canailles.

Tangos dodécaphoniques

Sur un registre à l'opposé du minimalisme de **Satie**, **Alban Berg** (1885-1935) introduit des citations de tango dans deux de ses œuvres : dans le premier lied du cycle *Der Wein* (*Le Vin*) écrit en 1929, et dans *Lulu*, composé entre 1928 et 1935, pour souligner l'entrée de Jack l'Éventreur au dernier acte de l'opéra. Il faut cependant signaler que ce n'est qu'à la lecture de la partition qu'on peut deviner ces références très ténues de **Berg** à la musique de Buenos Aires.

Le « tango des Fratellini »

Darius Milhaud (1892-1974) se laissa lui aussi tenter par le tango. Un peu de la même manière que chez **Berg**, mais avec un peu plus d'évidence, on retrouve quelques ponctuations de tango au sein des multiples références musicales sud-américaines qui traversent son *Bœuf sur le toit* de 1919.

Le sacre du tango...

À l'affût de toutes les nouvelles avenues musicales, **Igor Stravinsky** (1882-1971) se mit également à l'écoute du tango : il s'en servit par deux fois dans ses compositions.

Dès 1918, son *Histoire du soldat* contient, dans sa deuxième partie, un segment intitulé *Trois danses : Tango — Valse — Ragtime*. Mais c'est surtout son *Tango*, écrit en 1940 pour piano solo (la première composition américaine du musicien en exil) et repris en 1953 dans une version orchestrale, qui montre combien cette simple musique de danse pouvait s'avérer malgré tout une ressource valable pour un innovateur de l'envergure de **Stravinsky**.

Signalons que les accents slaves que **Stravinsky** est en mesure de donner à son *Tango* permettent de réaliser l'importance qu'a pu avoir sur le tango traditionnel l'influence des musiques populaires importées en

Les deux maîtres du bandonéon : **Aníbal Troilo** et **Astor Piazzolla**.

Argentine par les immigrants originaires de l'est de l'Europe.

Un tango de quat'sous

Le tango ne fait que des apparitions marginales dans la production de ces compositeurs nettement plus sensibles au jazz. Par contre, le tango sera pour **Kurt Weill** (1900-1950) une source privilégiée d'inspiration. **Kurt Weill** utilise les ressources de la musique populaire afin de découvrir de nouveaux horizons à la musique dite sérieuse. Loin de concéder aux goûts du jour, **Kurt Weill** veut plutôt mettre la musique à jour avec les innovations les plus importantes de l'époque surgissant des nouvelles musiques populaires alors naissantes, comme le jazz et le tango.

On retrouve des tangos parmi les *songs* que **Weill** compose en 1928 pour le *Dreigroschenoper (L'opéra de quat'sous)* de **Bertolt Brecht** — entre autres

la *Zuhälter-Ballade (Ballade des gains immoraux)* que le compositeur réarrangera, la même année, en une version instrumentale sous le titre de *Tango-Ballade* incluse dans le *Kleine Dreigroschen Musik (Petite musique de quat' sous)*.

Extraites de ses comédies musicales et de ses oratorios, plusieurs chansons de **Kurt Weill** se présentent explicitement comme des tangos — comme le *Matrosen-Tango (Tango des matelots)* tiré de *Happy End*, créé encore en collaboration avec **Brecht**. Dans *Johnny Johnson*, une comédie musicale désespérément antimilitariste écrite en 1936 (c'est-à-dire dans les premières années de son exil américain), **Kurt Weill** introduit le thème d'une pièce qui sera connue par la suite sous le titre de *Youkali : Tango habanera* — une des plus belles pages du tango chanté, composée sur un texte écrit en français par **Roger Fernay**.

D'autres pièces encore, comme le *Nana's Lied* , encore sur un texte de **Brecht**, ou *Wie langue noch ? (Combien de temps encore ?)* et *Berlin im licht (Berlin dans la lumière)* montrent combien le tango pouvait s'avérer une ressource importante pour le compositeur berlinois. Peut-être parce que les terribles odeurs de catastrophe qui imprégnaient l'Allemagne des années vingt trouvaient dans le tango un écho plus significatif que dans les autres capitales de l'entre-deux-guerres...

Les d'arienzistes

Pendant ce temps, les orchestres argentins des années trente proposent très peu de nouveaux titres. On doit l'une des quelques créations de l'époque (et d'autant plus remarquable) à l'orchestre de **Juan D'Arienzo** : écrite en 1937, il s'agit de *La puñalada (Le coup de poignard)*, la très célèbre *milonga tangueada* composée par **Pintín Castellanos** (à l'origine, sur un texte de **Celedonio Flores**) dans le plus pur style de la *guardia vieja*. Cette *Puñalada* est on ne peut plus représentative du retour aux sources *milongueras* qui caractérise cette période.

Tout comme **Juan D'Arienzo**, les principaux chefs d'orchestre de l'époque — **D'Agostino**, **de Angelis**, **Lomuto** (dont les carrières s'étendent, pour la plupart, jusque dans les années soixante) — laissèrent chacun d'imposantes discographies. Parce qu'ils n'apporteront jamais d'innovations véritablement significatives, n'importe quelle compilation de leurs *grandes exitos* : grands succès (qui consistent essentiellement

en reprises des grands tangos du passé) s'avère passablement représentative du style *bien marcado* que chérissaient les amateurs d'alors.

Il faut signaler que, parce que ces orchestres seront très appréciés par les conservatistes des années cinquante, leurs enregistrements demeureront d'autant plus accessibles et largement diffusés. Tant et si bien que ces orchestres seront perçus comme les représentants typiques de ce qu'on imagine être le tango traditionnel mais qui n'est qu'une variante du tango *for export* introduit par les grands orchestres canariens.

Parmi les musiciens de cette époque, **Miguel Caló** représente un cas particulier. Plus jeune que les autres d'arienzistes, membre d'une large famille de musiciens, **Miguel Caló** se situe à la frontière du d'arienzisme et de la rénovation. Parallèlement à ses activités de direction d'orchestre, **Miguel Caló** écrit une œuvre relativement prolifique. Cependant, ses deux tangos les plus intéressants, *Sabor a Buenos Aires (Saveur de Buenos Aires)* et *¡Qué falta me haces!... (Comme tu me manques...)*, écrit en collaboration avec **Armando Pontier** sur un texte de **Federico Silva**, connaissent leurs meilleures versions chez d'autres orchestres que le sien (**Caló** ayant une malheureuse tendance à chérir les violons sirupeux).

Deux célèbres étrangers

Les deux tangos les plus connus de cette période d'après-guerre ne sont pas argentins. Le très célèbre *Jalousie* (connu en espagnol sous le titre de *Celo*) est un tango européen signé par

Jacob Gades. Tandis que, avec son thème plus tango que nature, l'air archiconnu en français sous le titre *Amour, castagnettes et tango* a été écrit originalement sous le titre de *Hernando's hideway (La planque de Hernando)* par deux compositeurs états-uniens : **Richard Adler** et **Jerry Ross**.

Osvaldo Pugliese

La discographie de **Pugliese** commence en 1943 et son plus récent enregistrement date de 1989 — une production parmi laquelle on compte plusieurs compilations de *grandes exitos* permettant d'apprécier, d'une époque à l'autre, le style si particulier que le pianiste réussit à donner aux différents ensembles qu'il aura eu l'occasion de diriger.

Pugliese a composé en tout une soixantaine de titres. On y dénombre quelques tangos chansons mais ses compositions les plus significatives sont des pièces instrumentales.Créé en 1924, *Recuerdo (Souvenir)* — qu'on chante également de temps à autre sur un texte de **Eduardo Moreno** — connaît un énorme succès dès sa première exécution ; les grands directeurs des orchestres de l'époque s'empressent de l'inscrire à leur programme. Présentant les meilleures caractéristiques des tangos de l'âge d'or, *Recuerdo* porte cependant déjà la griffe très personnelle de **Pugliese**.

La mélodie pugliesienne se caractérise par des thèmes qui ne cessent de prendre des détours inattendus, s'ingéniant à briser la continuité primaire de la ligne mélodique ; son écriture présente, en quelque sorte, le même halètement qu'on retrouve dans ses orchestrations. Après plusieurs compositions fort intéressantes — parmi lesquelles il faut signaler *Adíos Bardi*, *La Beba* et *El encopao* (« *Celui qui s'est fait avoir* ») —, c'est en 1946 que **Pugliese** propose avec *La yumba* ce qui peut être considéré comme la défense et l'illustration de son esthétique personnelle.

Suivis quelques années plus tard par *Negracha*, ces deux tangos auront un impact très significatif sur les compositeurs de la génération suivante. **Pugliese** démontrait d'une manière on ne peut plus convaincante combien le tango pouvait retrouver une nouvelle force et un nouveau mordant semblable à celui qui avait été le sien à son origine — mais ceci sans avoir à imiter les chers tangos du bon vieux temps.

Aníbal Troilo

Entre 1938 et 1974, **Aníbal Troilo** grava également un grand nombre de disques — parmi lesquels il faut noter *Troilo for export,* publié en 1963 chez RCA, un enregistrement tout à fait représentatif du style orchestral de **Troilo**.

La majeure partie de l'œuvre de compositeur de **Troilo** consiste en tangos chansons. Rappelons que, sur des textes de **Cátulo Castillo**, **Troilo** a écrit, entre autres, *María*, *A Homero*, *La última curda (La dernière cuite)* et *Desencuentro (Rupture)* ; il compose *Barrio de tango (Quartier du tango)*, *Sur (Sud)*, *Che, bandoneón* et *Discépolin* pour **Homero Manzi**. Il collabora également avec **José María Contursi** à *Mi tango triste (Mon triste tango)*, avec **Enrique Cadícamo** à *Garúa*

(Bruine) et avec **Homero Expósito** à *Te llaman malevo (On t'appelle le malfrat)*. **Troilo** écrivit par ailleurs le texte de *Nocturno a mi barrio (Nocturne pour mon quartier)* qu'il chanta lui-même en 1966.

Signalons trois de ses principales compositions instrumentales, qui datent toutes de 1951 : *La trampera (Le piège)*, une milonga ; *Responso (Répons)*, écrit pendant la veillée mortuaire de **Homero Manzi**, et, signé avec **Astor Piazzolla**, *Contrabajeando (« Contrebassant »)*.

Du côté de la carrière d'instrumentiste de **Troilo**, il faut noter la récente réimpression, en 1987, sous le titre de ***Taconeando***, d'enregistrements de classiques du tango effectués en 1954 et 1955 où on retrouve le bandonéoniste en duo avec le guitariste **Roberto Grela**. L'occasion d'une formation aussi réduite permet de découvrir l'envergure de la virtuosité d'**Aníbal Troilo**. **Roberto Grela** est l'un des plus grands guitaristes du tango. Il est par ailleurs l'auteur d'un très beau tango chanson : *Las cuarenta (La quarantaine)*, créé en 1937 sur un texte de **Francisco « Frollán » Gorrindo**.

Figures de la rénovation

Émule de **Francisco Canaro**, **Lucio Demare** (1906-1974) dirigea d'abord le célèbre **Trio Irusta-Fugazot-Demare** qui, outre **Demare** au piano, réunissait deux chanteurs : **Agustín Irusta** et **Roberto Fugazot**. Jusqu'à la fin de sa vie, **Demare** assuma la direction de différents *orquestas típicas* qui, sans être aussi innovateurs que ceux de **Troilo** et de **Pugliese**, ont lais-

sé quelques interprétations remarquables. De l'œuvre de compositeur de **Lucio Demare** on retient essentiellement *Malena*, l'un des plus importants tangos chansons du répertoire, écrit en 1942 sur un poème de **Homero Manzi**.

Plus mémorable aura été l'apport de **Carlos Di Sarli** (1903-1960). Pianiste, **Di Sarli** avait côtoyé **Cobián** sur les bancs du conservatoire de Bahía Blanca. Si ses orchestrations présentent une personnalité moins marquée que celle des plus illustres de ses contemporains, son goût pour la milonga donne un style particulier à son répertoire qui puise très souvent dans les compositions instrumentales de la *guardia vieja* — alors que **Demare** sera plus ouvert aux créations contemporaines du tango chanson. Le plus important succès de l'orchestre de **Di Sarli** fut la redécouverte de *A la gran muñeca (À la grande poupée)*, un tango écrit en 1920 par **Jésus Ventura**. **Di Sarli** écrivit lui-même quelques tangos importants, dont *Verdemar (Verte mer)*, composé en 1943 sur un texte de **José María Contursi**.

Mariano Mores est une autre des figures importantes de l'époque. Après avoir été le collaborateur de **Francisco Canaro**, **Mores** a le grand mérite d'avoir participé à la composition de quelques-uns des plus beaux tangos chansons de **Enrique Santos Discépolo** : *¡Uno !... (N'importe qui !)* en 1943 ; *Sin palabras (Sans parole)* en 1945 et *Cafetín de Buenos Aires (Petit café de Buenos Aires)* en 1948. Cependant, la suite de son œuvre de compositeur et de chef d'orchestre est loin d'être aussi brillante. À partir des années soixante, **Mores** produira d'épouvantables enregistrements dans un style *ballroom* revisité de guitares électriques et de synthétiseurs.

À l'aube du nuevo tango

Le parolier **Homero Expósito** écrivit de nombreux tangos chansons qui furent mis en musique par son frère **Virgilio** — entre autres *Farol (Réverbère)* et *Naranjo en flor (Oranger en fleur)*, respectivement en 1943 et 1944. Alors que la plupart des paroliers de l'époque se sont tous retrouvés plus ou moins directement rattachés à un seul compositeur, **Expósito** travaille avec plusieurs des jeunes rénovateurs du tango.

Percal (Percale) et *Yuyo verde (Mousse verte)* sont mis en musique en 1943 et 1944 par **Domingo S. Federico**. Puis, c'est **Armando Pontier** qui compose la musique de *Margo* en 1945, suivi en 1946 d'**Argentino Galván** qui écrit la musique de *Cafetín*. Enfin, **Manzi** écrit *¡Que me van a hablar de amor! (Ne me parlez pas d'amour!)* pour **Héctor Stamponi** en 1946. Avec **Galván** et **Stamponi** (qui écrira la musique de *El último café (Le dernier café)* sur texte de **Cátulo Castillo** en 1963), nous retrouvons déjà des noms qui laisseront leur marque dans la révolution du *nuevo tango*.

Osvaldo Pugliese.

Armando Pontier.

189

Astor Piazzolla à l'âge de 12 ans (New York, 1933).

8

Nuevo tango
(Depuis 1960)

Avec la chute de Perón commencent trente années noires pour l'Argentine. Jusqu'au début des années 80, la vie politique du pays n'est qu'une succession de coups d'État alternant avec de courts intermèdes démocratiques. L'opposition réussira à ramener pour un temps Perón au pouvoir en 1973, mais le vieux président meurt dès l'année suivante, à l'âge de 79 ans. Sa troisième épouse, María Estella Martinez de Perón, lui succède en essayant de susciter en sa faveur le même attachement qu'avait su se gagner le charisme de Evita Perón. Mais la nouvelle présidente sera renversée en 1976 par le général Jorge Rafael Videla.

Les différentes dictatures pratiquent une politique économique inconséquente qui aura pour résultat l'établissement d'une inflation délirante dont l'Argentine est encore bien loin d'être sortie. Malgré leur digne façade d'une rigidité toute militaire, les juntes (surtout à partir de 1976) sont particulièrement autoritaires. Enlèvements, tortures, séquestrations, disparitions, etc. : la sauvagerie des activités de la sinistre AAA, ou Triple A (Alliance Anticommuniste Argentine) plonge le pays dans la paranoïa et pousse de nombreux artistes à l'exil.

Au début des années 80, les militaires tentent de détourner l'attention des déconvenues de plus en plus évidentes que connaissent leur politique. Pour ce faire, ils choisissent de rallumer le flambeau nationaliste avec la guerre dite des Falkland. Possession britannique depuis 1832, les Malouines (selon leur nom français d'origine : Malvinas en espagnol) sont une vieille épine plantée dans l'honneur national argentin. Le spectaculaire échec de la *reconquista* des Malvinas sera l'un des éléments qui entraînera la chute du régime Viola et l'instauration d'une nouvelle démocratie. Depuis, le président Alfonsin puis le président Menem tentent de peine et de misère de sortir l'État du marasme socio-économique dans lequel l'ont englué trois décennies de totalitarisme.

Au détour de l'exil

À cause de son association à l'idéologie populiste du péronisme, le tango se voit mis au ban de la culture officielle des militaires. Des vieux classiques du tango dont les textes présentent des thématiques plus sociales que d'autres sont interdits de diffusion sur les ondes des radios nationales — entre autres *Aquaforte*, de **Catán** et **Pettorossi**, qui date pourtant de 1932 ; *Pan (Pain)*, écrit également en 1932 par **Celedonio Flores** sur une musique de **Eduardo Pereyra** ; *Cambalache* de **Discépolo** (1935) ; *Los mareados*, écrit par **Cadícamo** en 1942 sur la musique de **Cobián**, connu précédemment sous le titre de *Los dopados*, etc. Même certains des plus anciens enregistrements de **Gardel** se verront retirés des ondes pour des raisons de mauvaise qualité technique ! D'autres disques, plus récents, comme ceux du **Cuarteto Cedrón** par exemple, sont non seulement interdits de diffusion : la simple possession d'un de leurs enregistrements est considérée comme délictueuse. Les quelques disques de tango produits sous les dictatures sont dans 90 % des cas des réimpressions d'enregistrements anciens.

On dénombrait plus de 600 orchestres portègnes du temps de Perón ; ils sont tout au plus une dizaine en 1976 ! Les juntes tolèrent malgré tout un certain tango très conservateur et édulcoré (le tango *for export*) à cause de sa valeur d'attraction touristique. Les quelques salles où on continue à jouer du tango dans les années soixante-dix (comme El Viejo Almacén) pratiquent des prix totalement inaccessibles au public populaire, une seule consommation y équivalant au salaire hebdomadaire d'un ouvrier !

Aussi, indépendamment de leur orientation politique, la plupart des musiciens de tango se voient plus ou moins contraints à l'exil. Cette situation sera l'occasion d'un renouveau obligeant le tango à renouer avec ses racines les plus profondes. Née du déracinement immigrant, cette musique a été arrosée des larmes que l'on versait sur le souvenir de la patrie perdue ; les *tangueros* en exil se découvrent être eux aussi des déracinés. Beaucoup se retrouvent une fois de plus « *anclao en Paris* » ou ailleurs. Les petits-fils et arrière-petits-fils des premiers immigrants connaissent la même expérience que leurs ancêtres : le tango redevient l'expression nostalgique d'un attachement à la (seconde) patrie perdue. L'exil oblige le tango à aller plus loin que le retour aux sources plus ou moins formaliste qui avait caractérisé l'époque de la rénovation : le tango contemporain se ressource à même le déchirement socioculturel qui a été à son origine.

Contraint, en Argentine, à se contenter d'être une musique de carte postale, c'est à l'étranger que le tango pourra respirer un air de liberté. Et de la même façon que les premiers immigrants ont profité de l'exil pour se libérer des carcans victoriens de la vieille Europe, le tango profitera du sien pour se libérer de ses propres contraintes. Depuis l'âge d'or, le tango n'avait fondamentalement pas changé ; les quelques innovations apportées par la rénovation se situaient, pour l'essentiel, dans une lignée decarienne qu'ils développaient sans vraiment la transformer (homologue, en ce sens, au traditionalisme rénovateur du péronisme). Maintenant, le tango est dans l'opposition : il sera porté par une volonté de renverser le vieil ordre des choses.

Les conditions sont réunies pour une réelle renaissance. Traditionalistes et d'arienzistes continuent à faire les beaux jours des grandes salles de spectacles pour les touristes et la bourgeoisie ; parallèlement, une nouvelle génération de musiciens, qui a fait ses écoles au sein des orchestres des grands noms de la rénovation, en profite pour délaisser à la fois la chanson et la musique de danse et désormais porter son attention sur la qualité de l'expression strictement musicale du tango.

Le tango de concert

Le tango de concert est la grande innovation des années soixante, qui se développera par la suite en une toute nouvelle forme qu'on appellera le *nuevo tango* (tango nouveau). Sans doute parce que la censure fait qu'on ne peut plus rien chanter de vraiment intéressant, on délaisse le tango chanson qui avait fait les grands titres de l'âge d'or et de la rénovation. Les amateurs de danse continuent à être fort bien desservis par les rythmes *bien marcados* des orchestres d'arienzistes ; par ailleurs, la chorégraphie du tango n'ayant foncièrement pas changé depuis une cinquantaine d'années, on peut comprendre que la nouvelle génération de jeunes musiciens pouvait ne pas être tellement intéressée à se lancer dans un répertoire aussi dépassé. Au tournant des années vingt, **Gardel** avait fait passer le tango « *des pieds aux lèvres* » ; quarante ans plus tard, la nouvelle génération impose le tango à l'oreille. En renouant avec l'idée du *tango romanza* lancée par **De Caro**, **Cobián** et **Delfino**, on s'engage dans la seule voix que le tango n'avait pas encore tout à fait explorée : la musique pure.

Le tango n'avait jamais été une musique destinée à être véritablement écoutée. Écrite pour être dansée ou, par la suite, pour être chantée, malgré sa très forte personnalité mélodique et rythmique, cette musique n'avait jamais encore véritablement occupé à elle seule les devants de la scène. Les rénovateurs avaient déjà commencé à obliger les amateurs à abandonner la piste de danse pour s'asseoir et écouter une musique aux accents rythmiques et mélodiques plus complexes que les rythmes dansants des orchestres d'arienzistes. On continue dans le même mouvement en délaissant les grands orchestres canariens. Dans un premier temps, on ne s'occupe pas tant de renouveler le répertoire que d'affiner les orchestrations. Choisissant de renouer une fois de plus avec la tradition decarienne, les nouveaux musiciens privilégient les petits ensembles — à cause de la situation socio-économique, on n'a plus les moyens de se payer un grand nombre d'instrumentistes.

On assiste à un retour de l'*orquesta típica* : bandonéon, violon et section rythmique (piano et/ou contrebasse). Cependant, alors que l'*orquesta típica* classique consiste en un sextuor, on la restructure maintenant souvent sous une forme plus réduite (quintette, quatuor ou trio) ou en l'élargissant quelque peu en septuor ou octuor par l'ajout d'une guitare et/ou d'un violoncelle. Ces nouveaux orchestres proposent ce qu'on pourrait appeler un « tango de chambre », les ensembles reproduisant grosso modo la structure harmonique d'un orchestre de chambre. Différents des vieux orchestres populaires de la vieille garde dont les membres étaient autodidactes et jouaient par oreille ; différents aussi des imposants orchestres de café et de cabaret avec leurs instrumentistes plus ou moins formés sur le tas, ces nouveaux ensembles peuvent avoir de véritables prétentions musicales. Car, avec les années, les musiciens de tango sont désormais des artistes dont la formation académique est de plus en plus solide.

L'une des premières expériences de ce « tango de chambre » commence en 1958 avec **Los Astros del Tango** (Les astres du tango) qui, sous la direction du pianiste et arrangeur **Argentino Galván**, réunit **Julio Amuhada** au bandonéon, **Elvino Vardera** et **Enrique Mario Francini** aux violons, **Mario Lalli** au violoncelle, **Jaime Gosis** au piano et **Rafael del Bagno** à la contrebasse. Se spécialisant dans une réactualisation du répertoire de l'âge d'or, **Los Astros del Tango**, suit le modèle des autres ensembles qui se forment au tournant des années soixante. Les orchestres de **Carlos García**, de **José Libertella**, de **José Basso**, de **Rodolfo Biaggi** ; le **Cuarteto Roberto Pansera**, l'**Orquesta Fulvio Salamanca**, l'**Orquesta Francini-Pontier**, l'**Orquesta Carlos Lazzari**, **Los Solistas** (Les Solistes), etc., (pour ne nommer que les plus importants) profitent du fait

Horacio Salgán et **Ubaldo De Lío**.

Le **Nuevo Gran Quinteto Real** : **Ubaldo De Lío, Antonio Agri, Horacio Salgán, Omar Murtagh** et **Leopoldo Federico**.

qu'ils regroupent des musiciens de grande envergure pour explorer le nouvel horizon mélodique, instrumental et harmonique qu'ils découvrent à leur musique.

Cette nouvelle écoute à laquelle on oblige les amateurs ouvre également la porte aux premiers instrumentistes assez solides pour entamer des carrières de solistes — comme **Adolfo Berón** et **Roberto Grela** à la guitare, **Juancito Diaz** et **Horacio Salgán** au piano, etc. Cette nouvelle orientation combinant répertoire traditionnel et excellence instrumentale demeure encore très vive de nos jours avec le **Sexteto Tango** et surtout le **Sexteto Mayor** (Grand sextuor), qui peut être considéré comme le meilleur ensemble contemporain de tango traditionnel — avec, entre autres, **José Libertella** et **Luis Stazo** aux bandonéons. On innove et améliore l'interprétation et l'orchestration. On accepte de temps à autre d'y inclure des instruments qui, bien qu'ils aient pu être utilisés dans les premiers temps de la *guardia vieja*, étaient désormais absents du tango. Tel est le cas, par exemple, de l'harmonica : **Villoldo** en avait joué au début du siècle et **Hugo Diaz**, un harmoniciste d'une rare virtuosité, est en mesure de faire reconnaître la parenté très étroite que l'expressivité de son instrument entretient avec la voix du bandonéon.

Mais toute cette entreprise se fait dans le respect de la tradition decarienne, et on demeure très conservateur dans le choix des pièces.

Les premiers signes du changement

Avec le pianiste **Horacio Salgán** commence un mouvement qui ne se contente plus de réactualiser le vieux répertoire. Formé au sein de l'orchestre de **Roberto Firpo**, **Salgán** fonde son premier ensemble en 1944 pour accompagner le chanteur **Edmundo Rivero**. Par la suite, il entame en 1959 une carrière toujours active en duo avec le guitariste **Ubaldo De Lío** avant de former, en 1960, le **Quinteto Real**. Autour du bandonéon d'un **Pedro Laurenz** vieillissant mais toujours virtuose, cet ensemble proposera la plus éclatante expression de l'excellence instrumentale du tango des années soixante — la présence de **Laurenz** insistant, en quelque sorte, sur la filiation de l'esthétique de l'époque avec la grande tradition des années trente. Signe des temps d'un retour du tango, après la dissolution du **Quinteto Real** avec les décès de **Enrique Mario Francini** et **Pedro Laurenz**, **Salgán** reformait en 1987 un **Nuevo Gran Quinteto Real** (Nouveau grand quintette royal). Les trois membres survivants de l'ensemble original (**Salgán** au piano, **Ubaldo De Lío** à la guitare et **Omar Murtagh** à la contrebasse) se sont unis à **Leopoldo Federico** au bandonéon et **Antonio Agri** au violon pour faire renaître d'une manière on ne peut mieux réussie le quintette devenu légendaire.

Excellent pianiste, **Salgán** est à l'écoute des autres musiques de son époque. Comme chez **Juancito Diaz**, son jeu se laisse nettement marquer par le phrasé des grands pianistes de jazz. (Si cette influence du jazz se fait avant tout entendre chez les pianistes de tango, c'est sans doute parce que le piano est à peu près le seul instrument que ces deux musiques ont en commun — on peut s'expliquer de la même façon les accents de blues que l'on retrouve sur l'harmonica de **Hugo Diaz**.) L'articulation mélodique particulière à **Salgán** introduit évidemment une couleur nouvelle dans ses interprétations des tangos de la tradition. Mais elle l'amène également à élargir l'horizon du tango, ce qu'il fait en 1953 avec la composition de *A fuego lento (À petit feu)*.

Avec son œuvre de compositeur relativement réduite, **Salgán** n'est ni le premier ni le seul à montrer la voix d'un renouvellement profond du tango. Il est le contemporain de plusieurs autres modernistes : **Atilio Stampone**, **Oscar Maderna**, **Raúl Garello**, **Leopoldo Federico** et le pianiste **Osvaldo Berlingieri**, pour nommer les principaux tenants de ce *vaguardismo* (avant-garde) qui surgit dans les années soixante. Comme **Salgán**, ces musiciens ont travaillé avec les derniers maîtres de l'âge d'or et ceux de la rénovation. Ils connaîtront d'indéniables réussites au niveau de l'écriture. Cependant, s'ils s'avèrent tous être d'excellents accompagnateurs, leurs arrangements pèchent souvent par un malencontreux manque de finesse : on veut tellement changer les choses qu'on accepte n'importe quel changement ! **Salgán** affichera par contre une grande sobriété instrumentale qui s'inscrit dans le respect de la tradition decarienne. Ce faisant, **Salgán** réussit à prouver que c'est de l'intérieur même du tango, sans avoir à tout mettre sens dessus dessous, que peut naître une réelle transformation du genre — voire une révolution.

Celui par qui le scandale arrive...

Né en 1921 à Mar del Plata, **Astor Piazzolla** est déjà, au début des années cinquante, une figure relativement connue du tango. Il vit une enfance d'immigrant à New York où il apprend à jouer du bandonéon à l'âge de neuf ans — ce qui lui vaut d'être remarqué par **Carlos Gardel** qui l'engage en 1935 pour tenir un petit rôle dans le film *El día que me quieras (Le jour où tu voudras de moi)*.

De retour à Buenos Aires, **Piazzolla** a tout juste dix-huit ans quand, en 1939, il convainc **Aníbal Troilo** de l'engager dans son orchestre — après avoir prouvé à **Pichuco** qu'il connaissait par cœur tout son répertoire ! Le maître de la rénovation reconnaîtra rapidement l'énorme talent du jeune musicien. **Piazzolla** est un instrumentiste hors pair qui s'avère être également un excellent arrangeur et un compositeur prometteur. **Troilo** inscrira plusieurs pièces de **Piazzolla** à son répertoire, entre autres *Para lucirse (Pour s'éclairer)*, écrit en 1950, *Prepárense (Préparez-vous)*, en 1951 et *Contrabajeando (« Contrebassant »)*, qu'ils écrivent ensemble en 1954. Ces premiers tangos se signalent déjà par certains traits stylistiques qui deviendront par la suite une signature piazzollienne très reconnaissable. Le jeune musicien est encore respectueux de la tradition tout en manifestant une grande attention aux innovations apportées par **Troilo** et **Pugliese**.

Mais **Piazzolla** ne se contente pas de faire de la musique populaire : il continue d'avancer dans l'étude de la musique en compagnie d'Alberto Ginastera. À partir de 1950, il délaisse sa carrière d'instrumentiste pour se consacrer à la composition : il écrit une *Rapsodie porteña*, une *Symphonie de Buenos Aires* et une *Sinfonietta*. En 1954, **Piazzolla** bénéficie d'une bourse du gouvernement français qui lui permet d'aller étudier à Paris avec Nadia Boulanger. Parallèlement à son exploration de la musique « sérieuse », **Piazzolla** continue à écrire quelques tangos importants dont *Triunfal (Triomphal)* en 1953 et *Lo que vendrá (Ce qui viendra)* en 1954. Le jeune compositeur à la recherche de sa personnalité esthétique fait entendre *Triunfal* à Nadia Boulanger : l'élève de Ravel y découvre enfin la sensibilité musicale qu'elle tentait d'inculquer à son étudiant et **Piazzolla** se montrera toujours redevable à Boulanger d'avoir alors réorienté sa carrière du côté du tango.

Lui qui affirme n'avoir jamais aimé les danseurs, préférant vérifier la qualité de sa musique au contentement des musiciens de l'orchestre plutôt qu'au nombre de personnes attirées sur la piste de danse, ce **Piazzolla** qui revient en Argentine en 1955 est décidé à mettre définitivement de l'avant l'expressivité strictement musicale du tango. Il fonde l'**Octeto Buenos Aires** (Octuor Buenos Aires) qui, outre **Piazzolla**, réunit **Leopoldo Federico** comme deuxième bandonéon, **Enrique Mario Francini** et **Hugo Baralis** aux violons, **Atilio Stampone** au piano, **Horacio Malvicino** à la guitare électrique, **José Bragato** au violoncelle et **Juan**

Vasallo à la contrebasse. Le répertoire que propose l'**Octeto Buenos Aires** est constitué de compositions de **Piazzolla** et des modernistes qui l'entourent (**Federico, Stamponi, Salgán**). Cédant aux goûts du public, **Piazzolla** interprète également un certain nombre de tangos de la *guardia vieja* et de l'âge d'or. Cependant, si on est intéressé par les arrangements que propose le jeune maître, on reste interloqué par leur nouveauté — « *c'était bien beau mais.... de quel tango s'agit-il ?* » : le public ne reconnaît plus sa *Cumparsita*, son *El Marne !*

En 1960, **Piazzolla** fait un nouveau pas en avant avec la fondation du **Quinteto Tango Nuevo** (Quintette tango nouveau) qui l'accompagnera pendant la plus grande partie de sa carrière. Le bandonéoniste a maintenant acquis une incroyable maîtrise de son instrument ; non seulement est-il désormais au niveau des plus grands bandonéonistes (**Maglio, Arolas, Laurenz, Maffia, Troilo**) : on est en droit d'affirmer que **Piazzolla** devient sinon le meilleur bandonéoniste de toute l'histoire du tango, à tout le moins le plus imaginatif et le plus innovateur. Il profite des libertés mélodique et harmonique que ses comptemporains et lui sont en mesure de s'accorder pour se lancer dans une démarche d'exploration sonore similaire à celle qu'entreprennent à la même époque les musiciens de free jazz et son jeu se déploie sur toute la tessiture des voix de son instrument, de la stridence des plus hautes notes jusqu'aux graves quasi inaudibles.

Piazzolla a maintenant une grande assurance en lui-même, qui frisera bien souvent l'arrogance et la provocation. Avec son quintette, il laisse tout à fait de côté l'ancien répertoire. **Piazzolla** ne se contente plus de contraindre le public à écouter la musique qu'on avait l'habitude de danser, il la joue de façon à y découvrir la nouvelle intensité d'une musique pure. Pour la première fois dans l'histoire du genre, un compositeur restreint le répertoire de son orchestre à ses seules créations — des pièces qui, en plus, se permettent de contourner tout ce qui était devenu les canons rythmique et mélodique du genre. Un *nuevo tango* est né — et commence un quart de siècle de polémique.

La révolution du *nuevo tango*

Piazzolla délaisse le rythme traditionnel du tango pour le remplacer par une respiration de tango plus nuancée. Ou quand ce rythme est plus marqué, c'est avec une férocité qui excède le martèlement « *yumba* » de **Pugliese**. Surtout, **Piazzolla** rompt la continuité rythmique de chaque pièce :

ses tangos présentent des alternances de segments très contrastés — et les amateurs ne savent littéralement plus sur quel pied danser. Ses pièces sont plutôt longues — certaines dureront jusqu'à une vingtaine de minutes. Dans la lignée des orchestrations de **Troilo**, les introductions savamment développées annoncent des constructions mélodiques très complexes. **Piazzolla** propose des structures musicales qui rappellent celles de la grande musique sans négliger les libertés d'écriture introduites par le jazz (il reste que la musique de **Piazzolla** est très écrite, ne laissant pratiquement jamais de place à l'improvisation).

Ce *nuevo tango* ne respecte plus rien ! Dans un univers musical aussi conservateur que l'était le tango depuis la fin de l'âge d'or, cette attitude ne peut que susciter le scandale — et un scandale énorme ! Le débat entre d'arienzistes et piazzolliens sera pour le moins acerbe. Le nom de **Piazzolla** devient tabou dans certains milieux ; le musicien recevra même des menaces de mort ! Les critiques et les chroniqueurs ne savent pas comment catégoriser les tangos de **Piazzolla** : on règle la question en affirmant que ce que fait **Piazzolla** est peut-être bon, mais ce n'est pas du tango.

Aiguillonné par la polémique qu'il suscite, **Piazzolla** se lance dans des expériences d'autant plus innovatrices et dans des projets d'une grande envergure comme son *operita* (petit opéra) *María de Buenos Aires* qu'il crée en 1968 dans une première version pour récitant, deux voix, chœur et petit ensemble. Tout au long de sa carrière, **Piazzolla** tentera d'ailleurs de concilier le tango avec les grandes formes traditionnelles de la musique sérieuse. Cependant, cet aspect le plus ambitieux de son projet musical est peut-être le moins réussi ; ses expériences de concertos pour bandonéon et orchestre et de tangos symphoniques sont des curiosités musicales dont l'intérêt tient avant tout à leur valeur de manifeste.

Piazzolla veut sortir le tango des ornières folklorisantes dans lesquelles les d'arienzistes se sont embourbés ; il veut lui arracher les œillères conservatrices qui, depuis des décennies, l'empêchent de voir l'évolution des autres formes de musiques populaires, surtout l'explosion créatrice du jazz. Le tango doit certainement conserver ses racines populaires portègnes. Cependant, **Piazzolla** a la prétention d'être la preuve vivante que le tango est une musique qui a sa place sur la scène internationale et dont l'horizon peut s'ouvrir sur toutes les formes d'instrumentations. Il réussira effectivement à prouver que, comme le jazz, comme le rock, le tango est une des principales couleurs de l'américanité culturelle du 20e siècle.

Astor Piazzolla avec Nadia Boulanger en 1955.

Astor Piazzolla en compagnie des musiciens avec lesquels il connaît, à l'Olympia, ses premiers succès parisiens.

Jusqu'à la fin des années soixante, **Piazzolla** écrit essentiellement des tangos instrumentaux. Avec *María de Buenos Aires*, il commence à travailler en étroite collaboration avec le parolier **Horacio Ferrer** qui signera la plupart des textes des tangos chansons que composera **Piazzolla**. Encore une fois, le bandonéoniste sort des sentiers battus : écrits dans une langue très personnelle caractérisée par nombre de néologismes construits à partir du *lunfardo*, les textes de **Ferrer** sont d'une grande qualité littéraire. La critique ne peut ignorer les succès populaires que remportent ces chansons ; elle insiste néanmoins sur le fait que beaucoup de pièces du tandem **Piazzolla-Ferrer** se présentent comme des ballades : on reconnaît que ce sont de belles chansons, mais on ne veut pas y reconnaître du tango. Privilégiant les voix rauques (**Amelita Baltar** créera un grand nombre de ses tangos chansons), **Piazzolla** ouvre la porte à une nouvelle génération d'interprètes, parmi lesquels on redécouvre un **Roberto Goyeneche** vieillissant, dont la voix désormais usée correspond admirablement bien à la nouvelle sensibilité du tango.

Au début des années soixante-dix, **Piazzolla** est fatigué des débats stériles qu'il suscite plus ou moins malgré lui (le musicien aura toujours le don des déclarations fracassantes, voire provocatrices), tellement fatigué qu'il fait un infarctus. Le climat politico-social argentin est aussi de plus en plus malsain. **Piazzolla** prend la route de l'Europe. Les conservateurs pensent peut-être se voir ainsi débarrassés de leur trouble-fête, de leur trouble-tango. En contraignant le *nuevo tango* à adopter la scène internationale, ils sonnaient eux-mêmes le glas de leur chère tradition.

Piazzolla tous horizons

Le plus souvent accompagné par le **Quinteto Tango Nuevo** qui le suivra jusqu'à nos jours (et qui, dans les dernières années, regroupait **Piazzolla** au bandonéon, **Fernando Suarez Paz** au violon, **Pablo Ziegler** au piano, **Horacio Malvicino** à la guitare et **Hector Console** à la contrebasse), celui qu'on appelle maintenant *el troesma* (*el maestro* : le maître en *vesré*, le verlan *lunfardo*) saura se montrer très opportuniste. **Piazzolla** signe des contrats avec des maisons de disques internationales qui contribuent à lui donner une grande visibilité. Il s'associe de temps à autre avec des musiciens de jazz déjà connus pour tenter de remarquables expériences dans un genre qui pourrait prendre le nom de tango-fusion. En 1974, il se présente en spectacle et enregistre un disque avec le saxophoniste baryton **Gerry Mulligan** ; il recommence l'expérience en 1987 avec le vibraphoniste **Gary Burton**.

En France, il collabore avec des vedettes de la chanson. Sa prestation en première partie du spectacle de **Georges Moustaki** à l'Olympia en 1977 est acclamée par la critique. En 1982, **Piazzolla** écrit la musique de *Crime passionnel*, un « *opéra tango de chambre pour homme seul* » sur un texte de **Pierre Philippe**, remarquablement rendu par **Jean Guidoni**. **Piazzolla** compose également de nombreuses musiques de films — entre autres, en 1974, celle de *Lumière*, le film de Jeanne Moreau. En 1973, Bertollucci avait approché **Piazzolla** pour écrire la musique du *Dernier tango à Paris*, mais le bandonéoniste n'étant pas disponible, on fera appel au saxophoniste d'origine argentine **Gato Barbieri**, qui signera pour l'occasion l'une des plus poignantes trames sonores de l'histoire du cinéma avec quelques tangos mémorables... **Piazzolla** se reprendra par la suite avec (pour ne citer que les films présentés sur le marché international) *Il pleut sur Santiago*, de Helvio Soto ; *Armaguedon*, de Alain Delon ; *Henri IV*, de Marco Bellocchio et, surtout, les pièces instrumentales de *Tangos, l'exil de Gardel* et, en 1988, les tangos de *Sur* (*Sud*), deux films de Fernando Solanas — cette dernière bande sonore présente entre autres un tango chanté par **Roberto Goyeneche** : *Vuelvo al sur (Je retourne au sud)*, qui s'avère être une des plus belles pages mélodiques de **Piazzolla**.

Le disque titré *Lumière* d'après le film, porte en Argentine le nom de *Suite troileana* (Suite « troïlienne » — dédiée à **Aníbal Troilo**) ; la pièce titre du disque français y est présentée sous le titre de *El amor (L'amour)*. **Piazzolla** a souvent cette habitude de présenter, d'un disque à l'autre, une même pièce sous des titres différents, ou des pièces dont les thèmes sont extrêmement apparentés. Le bandonéoniste s'en est justifié en expliquant que, face à la censure existant alors en Argentine et qui interdisait certaines pièces instrumentales à cause de leur titre, il a pris le parti de changer tout simplement certains titres pour contourner ces interdictions. (Il reste que les rapports de **Piazzolla** avec les dictatures argentines des années soixante-dix ont été questionnables : si on ne peut voir en lui un collaborateur, sa relative indifférence aux affaires politiques fut à tout le moins regrettable.) Au-delà de cette explication, on peut remarquer qu'il arrive quelquefois à **Piazzolla** de se répéter, ceci tant au niveau de la composition que de l'orchestration. Ce qui n'est pas si étonnant dans une œuvre aussi abondante que la sienne, et il s'agit le plus souvent de pièces mineures qui, quelquefois, d'une version à l'autre, aboutissent à des compositions remarquables.

Avec une telle visibilité, il n'est pas étonnant que la carrière de **Piazzolla** connaisse finalement, au début des années 80, une envergure internationale. Malgré les efforts qu'il continue à faire pour que le tango soit reconnu par la grande musique symphonique, c'est le monde du jazz qui l'accueille. Le bandonéoniste devient l'une des têtes d'affiches des grands festivals internationaux. Et voilà que les festivaliers, des amateurs pourtant avertis, au fait des tendances de la modernité jazzistique la plus urgente, s'entendent applaudir à tout rompre quelque chose qui rappelle malgré tout la musique kitsch, tout à fait dépassée, qui servait de fond sonore aux épanchements sentimentaux de leurs grands-parents. En mettant aussi fortement de l'avant sa propre carrière, **Piazzolla** venait de sortir le tango des limbes de la culture.

Le retour du tango

Grâce au *nuevo tango* d'**Astor Piazzolla**, alors que l'Argentine demeure sourde à ses innovations, le reste du monde redécouvre cette musique qui avait fait les beaux jours des années vingt. À partir du milieu des années soixante-dix, l'écho international que reçoit la musique piazzollienne oblige la critique portègne à adoucir ses positions. On ne peut rester insensible à la charge émotive de pièces comme *Libertango* et *Violentango*. Si on se refuse toujours à en parler comme étant des tangos, on nuance le jugement en reconnaissant en **Piazzolla** le compositeur d'admirables thèmes aux couleurs de tango. Du même coup, on admet que certaines de ses anciennes compositions du tournant des années soixante — plus particulièrement *Adíos, Nonino (Adieu, Nonino)*, écrite à la mémoire de son père, Nonino Piazzolla — sont devenues, avec le temps, des classiques, voire des chefs-d'œuvre.

Les succès d'**Astor Piazzolla** réveillent la sensibilité internationale pour le tango qui s'était endormie depuis la Deuxième Guerre mondiale. À l'époque de la tangomanie des Années folles, qui s'est étirée jusqu'à l'entre-deux-guerres, on a connu un certain nombre d'artistes non-argentins fortements attirés par l'expérience du tango. Après la guerre et jusqu'au milieu des années soixante-dix, à l'époque où cette musique est, en Argentine, plus traditionnelle et plus typique que nature, sur la scène internationale le tango était relégué aux seuls parquets des compétitions de danse sociale. À la fin des années soixante-

dix, alors que le tango portègne étouffe sous la botte des militaires, les travaux de **Piazzolla**, comme ceux de plusieurs autres musiciens argentins contraints à l'exil (le bandonéoniste **Juan José Mosalini**, le compositeur et arrangeur **Edgardo Cantón**, les membres du **Cuarteto Cedrón**, etc. — la plupart installés à Paris) connaissent à nouveau un écho très sonore chez des artistes non-argentins.

Léo Ferré et **Jacques Brel** avaient créé quelques tangos de leur cru qui leur permettaient de jouer avec l'ironie qu'éveillait la mélancolie surannée de cette musique à papa. Dix ans plus tard, **Piazzolla** a redonné ses lettres de noblesse à cette musique : il fait redécouvrir l'originalité expressive qui a continué à travailler le tango sous le costume vieillot dont on l'avait affublé. On n'a plus besoin de le chanter au deuxième degré ; on continue certainement à exploiter la facilité qu'a le tango de se prêter à sa propre caricature mais, en même temps, il devient le symbole d'une résistance aux dictatures kafkaïennes, et la mélancolie et le défaitisme fin de siècle y trouvent une résonance des plus évocatrice. La sensibilité émotive de notre époque est plus grossière qu'auparavant : avec ses gros sabots sentimentaux (qui ne l'empêchent pas de danser avec grâce et élégance), le tango se découvre sur la même longueur d'onde que les années quatre-vingt, tout comme il avait été synchrone avec la sensibilité des années vingt. De plus, il s'inscrit directement dans la vague rétro qui balaie notre fatigue postmoderniste. La plupart des grandes voix de la chanson contemporaine, ceci tant dans le domaine francophone qu'anglophone, se laissent toutes de temps à autre tenter par le tango (**Tom Waits** a écrit plusieurs tangos, dont *Tango till they're sore* ; **Joe Jackson** est l'auteur d'un *Tango atlantico*).

Parallèlement, la dictature s'affaiblit en Argentine. La chute du général Viola permet le rapatriement d'un certain nombre de musiciens. **Piazzolla** lui-même y est maintenant nettement mieux accueilli qu'auparavant. Le retour du tango sur la scène internationale coïncide ainsi avec un retour du tango en Argentine même. Le tango du tournant du siècle avait dû attendre la tangomanie qu'il suscita en Europe pour se faire une place chez lui ; un peu de la même façon, l'écho international du *nuevo tango* réveille le tango portègne. Le parcours de ***Tango Argentino***, un spectacle créé à Paris en 1984 par les chorégraphes **Claudio Segovia** et **Héctor Orezzoli**, apparaît symbolique du double retour du tango qui s'effectue alors. Réunissant sur scène les meilleurs danseurs, musiciens, chanteurs et chanteuses argentins contemporains, le spectacle connaît un succès parisien remarquable qui reçoit immédiatement un écho international — chose inimaginable dix auparavant, quand le tango n'était encore qu'un souvenir fatigué de l'éclat des Années folles. Cette réussite prouve que le tango bénéficie désormais d'une nouvelle audience internationale. Mais justement, le succès de **Tango Argentino** est d'abord international. C'est après avoir été, en 1985, un des événements les plus courus de Broadway qu'il triomphera finalement à Buenos Aires l'année suivante.

Depuis, les spectacles de tango et les écoles de danse refleurissent à Buenos Aires. Même la jeune génération, qui l'avait délaissé au profit du jazz et du rock, redécouvre dans le tango une musique qui recommence à lui parler. À côté de quelques nouveaux noms, **Piazzolla** continue à participer à ce mouvement dont il demeure en quelque sorte le phare le plus visible jusqu'à l'été 1990. Il est en France lorsqu'il subit une thrombose cérébrale qui, à l'âge de 69 ans, le laisse hémiplégique. Bien que toujours vivant, le plus grand nom du tango contemporain, qui avait su faire entendre sa voix au-dessus de la mêlée des traditionalistes, s'est définitivement tu...

La « nouvelle musique argentine »

Depuis 1935, dans tous les cafés de Buenos Aires, une photo de **Gardel** s'empoussiérait dans son coin. La révolution du *nuevo tango* a permis au tango de se remettre, cinquante ans plus tard, du deuil de l'immense chanteur. Les meilleurs tenants de la tradition retrouvent l'occasion de s'exprimer. Le *nuevo tango* est loin d'avoir effacé toutes les traces du tango d'antan. Mis à part quelques patriarches comme **Enrique Cadícamo** et **Osvaldo Pugliese**, la plupart des grands noms de l'âge d'or et de la rénovation sont morts. Cependant, les nouvelles technologies de repiquage d'enregistrements anciens redonnent vie au répertoire traditionnel. Avec l'introduction du disque compact, on assiste à la mise en marché d'un nombre impressionnant de compilations d'enregistrements de **De Caro**, de **Canaro**, de **Firpo**, de **Troilo**, etc. À Buenos Aires, une jeune station comme FM Tango diffuse du tango à la radio 24 heures par jour !

De nouveaux ensembles reprennent le flambeau d'une tradition doublement rénovée, comme le **Sexteto Sur**, un nouveau sextuor constitué de jeunes musiciens, exemple éloquent de cette nouvelle sensibilité argentine au tango. Tel est également le cas du **Cuarteto Cedrón**. Avec **Juan Cedrón** au chant et à la guitare, **Carlos Carlsen** à la guitare et au violoncelle, **Miguel Praino** au violon et **César Stroscio** au bandonéon, ce quatuor fondé en exil propose un double répertoire de tangos traditionnels et de nouvelles compositions s'inspirant très directement de la problématique politique (ils ont entre autres mis en tango des poèmes de **Bertolt Brecht**), ce qui leur aura valu une interdiction sévère sous la dernière dictature. Le **Cuarteto Cedrón** s'affiche pourtant réfractaire à la révolution piazzollienne — ceci pour des raisons strictement politiques : les membres du **Cuarteto Cedrón** n'ont jamais pardonné à **Piazzolla** son absence de prise de position ouvertement antimilitariste. Par contre, la couleur des arrangements du **Cuarteto Cedrón** ne peut cacher l'influence du *troesma*. L'âpreté très expressive de la voix de **Juan Cedrón** s'inscrit directement dans la nouvelle esthétique introduite par **Amelita Baltar** et le vieux **Goyeneche**. D'ailleurs, le groupe tentera plusieurs expériences tout à fait piazzolliennes, entre autres la création de la cantate *Le chant du coq*.

Gotán (tango en verlan *lunfardo*) présente un son similaire à celui du **Cuarteto Cedrón**, où dominent les cordes et le bandonéon. Se vouant à la musique instrumentale, ce groupe s'avoue plus redevable au *nuevo tango*. Fondé également en exil, à Paris, à la fin des années soixante-dix, **Gotán** propose une musique qui, d'une certaine façon, est revenue de l'expérience piazzollienne. **Piazzolla** a certainement poussé le tango jusqu'à ses limites et au-delà ; avec **Jorge Ferro** au bandonéon, **Adrian Heath** au violon, **Juan Carlos Caceres** au piano, **Carlos Hergott** à la guitare et au violoncelle et **Guillermo Nuñez** à la contrebasse, **Gotán** crée un tout nouveau répertoire où les apports du *nuevo tango* permettent de mettre de l'avant une musique qui, à partir des racines du tango traditionnel, fait pousser des fleurs aux couleurs et aux contours tout à fait nouveaux.

Une partie de la critique argentine n'accepte toujours pas de suivre certains musiciens dans les écarts qu'ils se permettent par rapport aux structures traditionnelles du tango. **Piazzolla** avait lui-même lancé, au début des années soixante, l'expression « musique de Buenos Aires » pour caractériser son œuvre. On emploie maintenant la formule pour désigner les nouvelles expériences d'un tango post-piazzollien qui continuent à sortir des sentiers battus de la tradition. Avec la fin des dictatures, c'est toute la musique argentine qui se transforme en profitant du nouvel air de liberté qu'elle peut maintenant respirer. **Mercedes Sosa** puise dans le répertoire de la musique rurale traditionnelle pour fonder une *nueva canción* (nouvelle chanson) ; **Charlie García** fusionne rock américain et influences latines pour mettre de l'avant ce qui prend le nom de *rock nacional*.

On parle désormais de *nueva musica argentina* (nouvelle musique argentine) pour catégoriser ce nouvel élan de création — et on donne plus spécifiquement aux couleurs de tango qui traversent cette nouvelle musique le nom de « musique de Buenos Aires ».

Nestor Marconi est sans doute le nom le plus prometteur de cette nouvelle « musique de Buenos Aires ». Après avoir travaillé avec **Jorge Basso**, puis avec **Salgán**, **Stampone** et **Piazzolla**, le bandonéoniste fonde en 1973 le **Vanguatrio**. Le répertoire de ce groupe demeure passablement traditionnel, cependant, les arrangements de **Marconi** se laissent déjà pénétrer d'influences très jazzistiques. **Marconi** continue depuis une carrière fort réussie de compositeur et d'arrangeur (c'est lui qui a accompagné **Roberto Goyeneche** en 1989 sur *Tangos del sur*, le centième disque du vieux chanteur). La participation de **Marconi** à la musique de *Sur*, le film de Solanas, lui vaut d'être enfin vraiment remarqué autant par les amateurs que par la critique. Instrumentiste de très grand talent, on entrevoit alors déjà en lui le successeur d'**Astor Piazzolla** — rôle que **Marconi** assume effectivement depuis que la maladie a terrassé le vieux *troesma*. Moins radical dans ses choix esthétiques que le maître du *nuevo tango*, **Marconi** propose un répertoire constitué en partie de ses propres compositions : s'il ne délaisse pas entièrement le tango traditionnel, les versions qu'il propose de grands classiques du genre sont par contre traversées d'un phrasé extrêmement novateur.

Que l'on s'inscrive dans la continuité ou en rupture du *nuevo tango*, il apparaît désormais que l'on doit à **Astor Piazzolla** d'avoir redonné un incontournable nouvel élan de vie au tango argentin.

Le répertoire du nuevo tango

Les musiciens du passé ont gravé leurs enregistrements originaux sur différents supports — du rouleau de cire au 78 tours qui contenait tout au plus deux pièces sur chaque face : les copies contemporaines de leurs enregistrements sont nécessairement des repiquages. (C'est pour cette raison que, plutôt que de faire référence aux disques originaux de ces musiciens, nous avons travaillé à partir des titres de leurs compositions.)

Plus nous avançons dans la période contemporaine, plus les disques que nous sommes en mesure de trouver sur le marché sont le véhicule d'édition originale — jusqu'à ce que, depuis quelques années, les réimpressions en disques audionumériques recommencent à mettre les discographies sens dessus dessous. C'est pourquoi, tout en continuant à parler des pièces particulières, nous ferons désormais davantage référence aux titres des albums.

Sous les dictatures des années soixante-dix, les disques de tangos que l'on produisait étaient majoritairement des réimpressions d'enregistrements anciens. De cette période datent justement la plupart des compilations de la *guardia vieja*, de l'âge d'or et de la rénovation que nous pouvons consulter aujourd'hui. À partir des années quatre-vingt, le nombre de nouveaux enregistrements monte en flèche. Nombre d'artistes se retrouvent désormais sous les bannières des grandes compagnies internationales de disques. Cependant, la production des maisons proprement argentines et des filiales nationales des maisons internationales - demeure malheureusement difficilement accessible sur les marchés nord-américain et européen.

Le tango de concert

C'est ce qui arrive avec la plupart des ensembles qui ont lancé le tango de concert des années soixante. Pour entendre **Los Astros del Tango** et les autres groupes de l'époque, il faut se contenter des quelques pièces que l'on retrouve sur des anthologies récentes (comme la *Historia del tango* et *Grandes del tango instrumental* publiés chez Music Hall, ou *Argentine Tango* sur Victor Japon). Le problème n'est pas différent avec les grands solistes du moment : **Adolfo Berón**, **Roberto Grela**, **Juancito Diaz**, **Hugo Diaz**, etc.

Bien qu'ils continuent toujours à produire de nouveaux enregistrements, des groupes aussi célèbres que le **Sexteto tango** et le **Sexteto mayor** sont également cantonnés aux seules éditions argentines de leurs disques. Même chose avec le légendaire **Quinteto Real**. Étant donné que la production de ce groupe date davantage que les autres, on peut comprendre qu'elle soit plus difficilement accessible. Par contre, quand **Horacio Salgán** fait renaître le **Nuevo Gran Quinteto Real** en 1987, c'est pour enregistrer leur *Maestros del tango* sur étiquette Philips.

Horacio Salgán

Les premiers enregistrements d'**Horacio Salgán** sont eux aussi fort mal servis à cause de leur production locale. Par contre, avec *Trottoirs de Buenos Aires, Une soirée de tango avec Horacio Salgán (piano) et Ubaldo de Lío (guitare)*, publié en 1988 par les disques Circé, et *Tangos '91* chez Milan Sur, on peut enfin découvrir le duo avec lequel **Salgán** a mené, depuis 1959, l'essentiel de sa carrière d'instrumentiste.

Ces disques présentent des versions salganiennes de tangos classiques qui nous permettent d'être à l'écoute des influences du jazz que le pianiste met de l'avant. Nous introduisant aux changements que **Salgán** contribue à apporter dans l'esthétique du tango, on retrouve sur cet enregistrement en spectacle les principaux titres de l'œuvre de **Salgán** : *A fuego lento (À petit feu), Don Agustín Bardi, Tango del eco (Tango de l'écho)* et *Aquellos tangos camperos (Ces tangos champêtres)*, cette dernière pièce écrite en collaboration avec **De Lío**.

Le vanguardismo

Les tenants de l'avant-garde contemporaine de **Salgán** ne sont également disponibles sur nos marchés que dans les récentes compilations. Les rares pièces que l'on est en mesure d'entendre, *Concierto en la luna (Concert dans la lune)* d'**Oscar Maderna** et *Margarita de Agosto — Fuga a 3 (Marguerite d'août — fugue à 3)* de **Raúl Garello**, suffisent à nous faire goûter au meilleur comme au pire de ces modernistes qui s'avèrent souvent

de meilleurs instrumentistes que de bons compositeurs.

Tel est le cas de **Leopoldo Federico** et de **Osvaldo Berlingieri**. Ces instrumentistes hors pair ont chacun un disque disponible sur le marché international : *Buenos Aires Today* pour **Federico** et *Identificación* pour **Berlingieri**. **Federico** propose quelques compositions des plus intéressantes — surtout son *A Ernesto Sábato*, écrit en collaboration avec **Raúl Garello** et **Roberto Grela**, interprété en duo par **Federico** au bandonéon et **Grela** à la guitare. Quant à **Berlingieri**, son exploration d'un univers sonore plus « à la mode » que véritablement moderne est peut-être trop datée : dans tous les domaines, le modernisme du tournant des années soixante-dix a plutôt mal vieilli.

Astor Piazzolla

Tout au contraire de ses contemporains, les très nombreux disques de **Piazzolla** (une trentaine de titres en autant d'années) inondent le marché international du tango. Tellement que **Piazzolla** est à peu près le seul *tanguero* contemporain à bénéficier d'une visibilité digne de ce nom. Comme ses succès font du bandonéoniste un investissement plus sûr pour les compagnies de disques, une bonne partie de ses enregistrements se voient actuellement réimprimés — d'une manière plus ou moins ordonnée et cohérente — en copies audionumériques. (Ce transfert étant loin d'être terminé, dans les lignes qui suivent nous ferons référence aux titres originaux de ces enregistrements ; ceux-ci sont malheureusement quelquefois changés dans les nouvelles éditions, certaines réunissant de temps à autre plusieurs disques anciens sous un seul nouveau titre.)

On peut entendre **Piazzolla** parmi les musiciens qui accompagnent **Aníbal Troilo** — entre autres sur *El inmortal « Pichuco »*, une récente réimpression d'enregistrements de **Pichuco** datant de 1941. Les tout premiers enregistrements de **Piazzolla** à la tête de son propre orchestre (comme *El Desbande* et *Se armó*, datant de 1946 à 1947) laissent résonner l'importance de l'influence qu'ont pu exercer sur lui les rénovateurs contemporains. Mais tout change dans les années cinquante.

Le nuevo tango

Octeto Buenos Aires, *Lo que vendrá* et *Esencia musical* datent de cette période où **Piazzolla** avance timidement quelques-unes de ses compositions au sein d'un répertoire partagé entre modernistes et tangos traditionnels dont il transforme déjà radicalement l'orchestration.

Piazzolla enregistre peu dans les années soixante. Il faut cependant souligner le remarquable *Révolution du tango* de 1965. Le disque contient un cycle « du diable » : *Tango diablo, Romance del diablo* et *Vayamos al diablo (Allons au diable)*. On y découvre également les deux dernières parties d'un autre cycle de pièces, cycle « de l'ange » commencé quelques années auparavant avec *Tango del angel*, et complété ici par la *Milonga del angel* (une des plus belles réussites de **Piazzolla**) et *Re-*

surrección del angel (Résurrection de l'ange).

Dès le début des années soixante-dix, paraissent de nombreux disques qui seront des jalons significatifs de son évolution. En compagnie de son quintette (auquel il adjoint, de temps à autre, des sections de cordes plus ou moins imposantes selon les occasions), **Piazzolla** enregistre des disques aux titres de *Tangos* et *Adios, Nonino*. Son répertoire est désormais essentiellement sinon exclusivement piazzollien (il propose sa propre vision des classiques du genre dans une *Historia del tango*).

Pendant son exil plus ou moins volontaire, Piazzolla « électrifie » pour un temps ses arrangements dans *Olympia '77, Piazzolla '77, Piazzolla '78* et dans *Libertango* — un disque qui, malgré des orchestrations pas toujours heureuses, présente, en plus d'une nouvelle version de *Adíos, Nonino*, un ensemble de 7 pièces dont l'écriture est extrêmement réussie : *Libertango, Meditango, Undertango, Violentango, Novitango, Amelitango* (dédié à **Amelita Baltar**) et *Tristango*.

Les disques les plus intéressants de cette période demeurent cependant ceux que **Piazzolla** grave en compagnie de son seul quintette. *Tango Futur* est un album double dont deux faces sont enregistrées en studio et les deux autres en spectacle. On y retrouve entre autres les célèbres *Primavera porteña, Verano porteño, Otoño porteño* et *Invierno porteño* (*Printemps, Été, Automne* et *Hiver portègnes* : les « Quatre saisons » tango de **Piazzolla**).

Astor Piazzolla à Buenos Aires en 1989.

L'enregistrement le plus réussi de l'époque porte le titre de **Escualo**. Les six longues pièces du disque — *Biyuya, Movimiento continuo (Mouvement continu), Verano del '79 (Été de 1979), Chin chin, Escualo (Squale* — **Piazzolla** est un amateur de pêche au requin) et *Marejadilla (Petite vague)* — proposent un concentré des plus évocateur de la respiration piazzollienne du tango.

La dernière décennie

Au début des années 80, **Thèmes originaux** rend compte d'une expérience limite au niveau de la recherche des nouveaux horizons mélodiques du bandonéon. Parallèlement, trois disques en spectacle (**Concierto para quinteto, Live in Wien** et *Tristezas de un Doble A*) manifestent l'étonnante force émotive que **Piazzolla** et son quintette savent mettre en scène. De cette décennie datent également deux expériences de tangos symphoniques : le **Concierto para bandoneon • Tres tangos** que **Piazzolla** interprète avec l'Orchestra of St. Luke's sous la direction de Lalo Schifrin ; puis, sous le seul titre de **Tango**, l'Orchestre philharmonique de Liège, sous la direction de Léo Brouwer, offre une version symphonique de *Adios, Nonino* ainsi qu'un *Concerto pour bandonéon et guitare* que **Piazzolla** interprète avec **Cacho Tirao**.

Enfin, à la fin des années 80, **Piazzolla** réalise ce qui peut être considéré comme ses trois meilleurs disques : des œuvres d'une pleine maturité. Produits aux États-Unis par la maison American Clavé, *Tango : Zero Hour (Tango, heure H)*, en 1986 ; *The Rough Dancer and the Cyclical Night (Tango Apasionado) (Le danseur sans ménagement et la nuit cyclique (Tango passionné)* — trame musicale d'un ballet créé à New York en 1987, enregistrée avec la collaboration du saxophoniste de jazz **Paquito D'Rivera** — et, en 1989, *La Camorra : La Soledad de la Provocación Apasionada (La querelle : la solitude de la provocation passionnée)*, un disque qui sera malheureusement le dernier enregistrement de **Piazzolla**.

Enveloppé de couleurs particulièrement sombres, *Tango : Zero Hour* offre les versions définitives d'un ensemble de pièces de différentes époques : *Tanguedia III* (que **Piazzolla** venait d'écrire pour *Tangos, l'exil de Gardel*, le film de Solanas) ; une nouvelle version de la *Milonga del angel* ainsi que du *Concierto para quinteto (Concerto pour quintette)*, *Milonga loca (Milonga folle)*, *Michaelangelo '70*, *Contrabajissimo* (« *Ultracontrebassant* ») — qui ne peut faire autrement qu'évoquer le *Contrabajeando* que **Piazzolla** avait écrit vingt ans auparavant avec **Troilo** — et *Mumuki*.

De son côté, *The Rough Dancer...* propose une magistrale réussite de tango-fusion. Avec ses saveurs de jazz et de musique expérimentale, bien plus qu'une musique de scène, ce disque est la démonstration du fait que, suite à ses recherches à la limite de la dissonance, **Piazzolla** est en mesure d'ouvrir sa musique à de nouveaux horizons. (Signalons que,

peu de temps auparavant, **Piazzolla** avait particulièrement réussi les pièces instrumentales d'une autre musique de spectacle : celle de la mise en scène du *Songe d'une nuit d'été* que Jorge Lavelli avait signée en 1986 pour la Comédie française.)

Finalement, *La Camorra*. On y retrouve de magistrales nouvelles versions de *Soledad (Solitude)* — déjà enregistré sur *Lumière* —, d'une *Fugata* extraite de *María de Buenos Aires* et de deux thèmes tirés des musiques écrites pour le film *Sur*, de Solanas : *Sur : los sueños (Sud : les rêves)* et *Sur : regresso al amor (Sud : retour à l'amour)*. Mais le disque vaut surtout pour *La Camorra I, II et III* : trois longues pièces qui nous font explorer l'immense territoire d'intensité émotive que **Piazzolla** est en mesure de mettre dans sa musique.

Ni chantable, ni dansable, dans ce dernier cycle, le *troesma* réussit une de ses meilleures créations de musique pure : un tango tout à fait nouveau, un tango limite, assurément — à la limite de tous les genres musicaux. Comme le diront certains puristes, *La Camorra* n'est plus du tango ; peut-être, mais c'est en tout cas du plus pur **Piazzolla** — enregistré un an avant que le virtuose ne se retrouve paralysé.

L'écho du nuevo tango

C'est d'abord à l'extérieur de l'Argentine que l'expérience piazzollienne suscitera les réactions les plus créatrices. Depuis une dizaine d'années, la plupart des grandes villes du monde ont maintenant des ensembles de tango à demeure. Ces derniers sont le plus souvent constitués en partie de musiciens argentins qui ont peut-être, d'une certaine façon, pris goût à l'exil. Mais l'expérience de musiciens du cru ajoute des nuances intéressantes aux coloris originels du tango.

Amsterdam est l'un des centres du nouveau tango international — et le port d'attache de **Tango Cuatro**. Avec **Carel Kraayenhof** au bandonéon, **Piet Capello** au piano, **Roberto Lieschke** à la guitare et **Gustavo Lorenzatti** à la contrebasse, les musiciens de **Tango Cuatro** mettent l'argentinité qu'ils ont dans l'âme, sinon dans le sang, aux couleurs des ports du nord.

De Suisse, les membres du quintette **I Salonisti** (**Daniel Zisman** et **Lorenz Hasler** aux violons, **Ferenc Szedlàk** au violoncelle, **Béla Szedlàk** à la contrebasse et **Werner Giger** au piano) s'inscrivent dans le projet symphonique de **Piazzolla**. **I Salonisti** se spécialise dans la prestation de versions « de chambre » de la musique populaire du début du siècle. Lorsqu'il leur arrive de s'associer au bandonéoniste **Oscar Guidi**, c'est pour faire la preuve que le tango sait s'accommoder admirablement bien des structures établies de la musique sérieuse.

Dans une perspective similaire, mais avec une tonalité plus contemporaine, les membres du **Quatuor Enesco** se sont associés au guitariste **Benoît Schlosberg** et à **Juan José Mosalini** pour proposer une version « quatuor à cordes » des « Quatre saisons portègnes » d'**Astor Piazzolla**. Toujours du côté de la musique dite sérieuse, les clavecinistes **Mario Raskin** et **Oscar Milani** ont enregistré d'étonnantes versions pour deux clavecins des principales pièces d'**Astor Piazzolla.**

La nouvelle musique argentine

L'expérience piazzollienne apportera finalement une contribution remarquable au regain évident du tango traditionnel que connaît actuellement l'Argentine. Mis à part les nouveaux succès d'ensembles plus anciens, ce retour argentin au tango se signale par le surgissement de plusieurs nouveaux ensembles comme le **Cuarteto Cedron** et **Gotán**.

Le *nuevo tango* suscitera également de nouvelles expériences en Argentine même — qui seront identifiées sous la bannière de la nouvelle musique argentine. Pour s'en tenir aux musiciens les plus sensibles au tango, **José Luis Castiñeira de Dios** est de ceux qui endossent pleinement cette nouvelle « musique de Buenos Aires ». Il a travaillé avec **Mercedes Sosa** et **Susana Lago** à la création d'un nouveau « folklore » argentin. Auteur de plusieurs musiques de scène et de films, il signe entre autres les chansons de *Tangos, l'exil de Gardel*, le film de Solanas dont **Piazzolla** a écrit la trame instrumentale.

Sur un tout autre horizon, il faut signaler l'expérience de **Lito Nebbia** qui, dans un *Encuentro con Gardel y Le Pera* (Rencontre avec Gardel et Le Pera), propose une étrange fusion de tango et de musique « nouvel âge ». Aussi étonnantes sont les productions de **Buenos Aires 8**, un groupe vocal qui chante de curieuses versions *a cappella* de tangos traditionnels mais aussi de pièces de **Piazzolla**.

Nestor Marconi

Le nom le plus représentatif de cette musique de Buenos Aires est celui de **Nestor Marconi**. Déjà, au sein du répertoire généralement traditionnel de son **Vanguatrio** des années soixante-dix, on retrouve un *Tema para tres (Thème pour trois)* que **Marconi** avait écrit avec **H. O. Valente**. Mais ce n'est que très récemment que **Marconi** se voit véritablement lancé sur la scène du nouveau tango (depuis que l'on a découvert en lui le seul musicien en mesure de combler le vide laissé par la maladie de **Piazzolla).**

Dans un album au titre de *Un bandoneón de Buenos Aires*, **Marconi** propose plusieurs de ses compositions — *Para el recorrido (Pour la route)*, écrit avec un dénommé **Baffa** ; *Tiempo cumplido (Temps passé)* et *Corrientes arriba (Voilà [la rue] Corrientes)* —, ainsi que des interprétations fort originales de quelques classiques du répertoire. Par contre, dans son plus récent disque, *El amanecer*, mis à part un *Moda tango (Mode tango)* de son cru et une nouvelle version de *Tiempo cumplido*, **Marconi** se contente de réactualiser un répertoire fort conservateur. Ce qui nous oblige à reconnaître que, malgré tout, l'écho argentin du *nuevo tango* n'est peut-être pas aussi puissant et novateur qu'on aurait été en mesure de l'espérer.

Le dernier **Quinteto Nuevo Tango** : Horacio Malvicino, Héctor Console, **Astor Piazzolla**, Fernando Suarez Paz et Pablo Ziegler.

Finale

*L'avenir d'une musique qui n'a jamais cru
au lendemain*

Un siècle après son apparition, le tango commence enfin à se déterritorialiser. Certains diront qu'il perd ses racines, que ce n'est plus du tango ; d'autres, qu'il découvre de nouveaux territoires.

Le charme que le tango a pu exercer, au début du siècle, lors de ses incursions sur des scènes étrangères, tenait surtout à son exotisme de latino sensuel et ténébreux. Jusqu'à récemment, le tango argentin est demeuré une musique fortement imprégnée de l'imaginaire socioculturel portègne, alors que sa version internationale s'établissait comme un des hauts lieux du kitsch. L'amateur contemporain demeure un personnage qui continue d'étonner la galerie des mondanités culturelles. On comprend s'il s'agit d'un Argentin ; on sourit complaisamment si l'accent qui lui manque est compensé par sa chemise lamée et ses souliers vernis blancs.

À l'extérieur de l'Argentine, la critique s'explique les succès (bien relatifs) des spectacles et des disques contemporains de tango en termes de mode plus ou moins passagère liée à la vague rétro qui balaie depuis quelques années les grandes plages de la modernité. Pendant ce temps, en Argentine, l'écho de ces succès internationaux du tango flatte certainement la vanité nationale. Cependant, on se montre dubitatif devant les expériences tangos entreprises par des musiciens étrangers.

Le territoire de la rupture

Lancinante plainte de la mélancolie immigrante, un des traits esthétiques du tango traditionnel tient à son caractère répétitif. Célébration d'une fidélité renfrognée dans le passé et les souvenirs, cette musique a toujours été foncièrement réfractaire à l'innovation et au changement — d'où le scandale que suscita la rupture du *nuevo tango*. La transformation radicale apportée au niveau esthétique a été et demeure difficile à accepter parce qu'elle dévoilait enfin au grand jour la déchirure fondatrice du tango ; suintant de la blessure immigrante, cette musique s'est voulue un baume pour faire passer la douleur pulsant de cette cicatrice socioculturelle sur le visage de l'argentinité. Quand la révolution piazzollienne se met à assumer pleinement (voire avec une certaine arrogance) la rupture esthétique qu'elle avance, le *nuevo tango* remet cette vieille blessure à nu — une plaie que de toute façon les contraintes de l'exil contemporain venaient de rouvrir.

Le tango est né de la reterritorialisation argentine de cultures disparates ; la déterritorialisation plus ou moins forcée qu'il connaît dans les années soixante-dix le pousse à renouer avec cet éclatement culturel qui l'a fait naître. Sous la double impulsion de l'exil et du *nuevo tango*, cette musique se voit contrainte à explorer ce qui se situe au-delà des frontières de ce qui avait été son territoire tant géographique que temporel.

L'espace de la solitude

En titrant son deuxième disque ***Once upon a time — Far away in the south*** (*Il était une fois — Très loin dans le sud*), le bandonéoniste **Dino Saluzzi** se fait un drapeau de la déterritorialisation spatio-temporelle à laquelle s'ouvre la musique de Buenos Aires. En s'associant ici à la trompette de **Palle Mikkelborg**, à la contrebasse de **Charlie Haden** et aux percussions de **Pierre Favre**, **Saluzzi** fait se rejoindre le sud profond de son Argentine d'origine et la nordicité aérienne du son typique à l'étiquette de jazz ECM — une expérience récemment continuée avec ***Volver***, un disque signé par le **Enrico Rava/Dino Saluzzi Quintet** où le bandonéoniste propose une remarquable version du vieux tango de **Gardel** qui donne son titre à l'album.

C'est habituellement en solo que **Dino Saluzzi** se produit. Assumant à lui seul bandonéon, voix, percussions et flûtes, il avait réalisé un premier album au titre de ***Kultrum***. Puis, en 1988, il propose un troisième album, ***Andina***, toujours sur ECM. En 1991, il publie enfin, sous le titre de ***Argentina***, l'enregistrement d'un concert donné à Berlin en 1984. Si certains de ses thèmes (on ne peut plus parler de composition, **Saluzzi** s'adonnant à des improvisations très libres) portent des titres comme *Tango y Bandoneón* et *Tango of Oblivion* (*Tango de l'oubli*), le répertoire de **Saluzzi** est surtout traversé d'un souffle continental qui renverse toutes les flûtes du folklore andin. L'écriture de **Saluzzi** ouvre la musique de Buenos Aires à un tout nouveau monde musical. Le plus souvent, il n'y a que la sonorité particulière du bandonéon pour y faire entendre un écho de tango — un écho certes lointain, naissant des immensités solitaires auxquelles se sont confrontés non seulement les premiers immigrants, mais qui permet aussi à **Saluzzi** de se faire l'écho de l'origine indienne refoulée de toutes les cultures américaines.

Un nouveau *nuevo tango*

La mort de **Gardel** a fait qu'on a longtemps cru en Argentine qu'il n'y aurait plus de tango après la disparition du *zorzal*. Depuis que **Piazzolla** est disparu de la scène et du disque, on voit naître une génération de néo-traditionalistes qui, endossant avec ferveur la révolution du *nuevo tango*, sont convaincus qu'il ne saurait plus y avoir de tango après **Piazzolla**.

Moins aventureux que **Saluzzi** dans son exploration des nouveaux territoires du tango (sans être pour autant moins radical), le bandonéoniste **Juan José Mosalini** pose les premiers jalons d'un *nuevo nuevo tango* qui évitera peut-être à cette musique de sombrer dans la léthargie d'un nouveau deuil. Instrumentiste hors pair, **Mosalini** est souvent sollicité pour travailler avec des artistes au répertoire relativement traditionnel dont il rehausse les couleurs mélodiques avec un phrasé des plus imaginatif et très libre. De tous les bandonéonistes contemporains, **Mosalini** est le plus attentif aux richesses de l'improvisation. Sous le titre de ***Don Bandoneón***, il avait réalisé en 1979 un disque solo proposant une étonnante exploration des potentialités musicales de son instrument. (Signalons que cet enregistrement contient entre autres *Buenas noches, che bandoneón* (*Bonne nuit, toi, bandonéon*), une pièce où **Mosalini** illustre magistralement un texte écrit et récité par **Julio Cortázar**.)

Mosalini s'associe en 1983 à deux musiciens de jazz : le pianiste **Gustavo Beytelmann** et le contrebassiste **Patrice Caratini** (tous trois avaient travaillé avec **Piazzolla** dans les années soixante-dix). Ils réalisent ensemble ***La Bordona***, le premier album de ce qui devient dès lors un trio. Les pièces que l'on retrouve sur ce disque sont tirées d'un répertoire passablement conservateur : entre autres *El choclo* et *La cumparsita* ; *Nocturna* (*Nocturne*) de **Plaza** ; *Inspiración* (*Inspiration*) de **Peregrino Paulos** et **Luis Rubinstein**, et *Contrabajeando* (« *Contrabassant* ») de **Troilo** et **Piazzolla**. L'orchestration est cependant très innovatrice. Les différents thèmes mélodiques deviennent prétextes à de longues improvisations où se croisent les langages du jazz et du tango.

Le trio continue et affine par la suite son expérience avec les disques *Imagenes* (*Images*) et *Violento* (*Violent*). Ils réunissent d'abord sur *Imagenes* une série de pièces écrites par les membres du trio — accompagnées d'une *Ballade pour un trio argentin* signée par le jazzman français **Martial Solal**. Puis, **Mosalini**, **Beytelmann** et **Caratini** composent également la plupart des pièces de *Violento* auxquelles ils ajoutent cette fois deux pièces de **Thelonious Monk** et **Charles Mingus**. Les amateurs pouvaient malgré tout reconnaître les thèmes traditionnels du premier album ; ils chercheront longtemps dans *Imagenes* et *Violento* le rythme typique de leur chère musique. Parce qu'ils n'y retrouvent pas le langage des *dixiebands* de la Nouvelle-Orléans, certains puristes du jazz refusent d'identifier au jazz les disques de John Coltrane ou les récentes productions de Miles Davis ; de la même façon, les traditionalistes du tango, et certains néo-traditionalistes piazzolliens, refusent d'entendre le souffle de tango qui respire dans ces nouvelles musiques.

À l'heure des rendez-vous manqués

Ces tangos déterritorialisés se caractérisent non seulement par le fait qu'ils sont matériellement réalisés en dehors de l'Argentine, avec la collaboration de musiciens non argentins : ils débordent de l'argentinité, de la « portégnité » plus ou moins fictive dans laquelle le tango s'est enraciné depuis un siècle. Ce tango contemporain délaisse ce qui a été son imagerie traditionnelle : les patios de l'enfance, le maté de maman, les fiancées d'hier devenues prostituées, les *malevos*, les *guapos*, les *compadres*, etc. On se débarrasse de ces clichés chéris qui, bien qu'ils aient pu être à l'origine le reflet d'une certaine réalité, ne servaient plus (et ce depuis plusieurs décennies) qu'à « faire tango » — de la même manière que le jazz s'est délesté de ses nègres d'Épinal et de ses champs de coton de carte postale.

Cette musique continue à s'inscrire dans un imaginaire essentiellement urbain et nocturne, tout comme le jazz continue à être la revendication d'une abolition de tous les esclavages culturels. Elle continue à porter un immense poids de nostalgie sur ses épaules. Les premiers tangos déterritorialisés des années soixante-dix et quatre-vingt affichaient une mélancolie des Années folles : ils célébraient le bon vieux *Temps du tango*. Le tango le plus contemporain ne cherche plus à réaliser cet impossible rendez-vous avec l'euphorie de son propre passé. Il est l'écho de la désillusion nostalgique de la fin d'un siècle qui réalise qu'il a manqué tous ses rendez-vous avec les lendemains meilleurs qu'il a

Dino Saluzzi.

Patrice Caratini, Gustavo Beytelmann et **Juan José Mosalini.**

pu s'imaginer — ce qui fait qu'il est tout à fait à l'heure au rendez-vous de « *La société post-moderne [...] où règne l'indifférence de masse, où le sentiment de ressassement et de piétinement domine, où l'autonomie privée va de soi, où le nouveau est accueilli comme l'ancien, où l'innovation est banalisée, où le futur n'est plus assimilé à un progrès inéluctable.* » [1]

Fast tango in New York

Dans les *Tango Agression, Tango Funebre, Tango Triste* et *Tango Fatal,* du duo allemand **Tango Mortale Blue** (**Anja Lechner** au violoncelle, **Peter Ludwig** au piano), résonne la chute de tous nos murs de Berlin : ils auront beau tomber, les véritables culs-de-sac des grandes avenues de la modernité sont au fond de nous-mêmes. Tout récemment, le quatuor **Tangoneon** (**Olivier Manoury**, bandonéon ; **Michael Nick**, violon ; **Isabelle d'Auzac**, contrebasse ; **Enrique Pascual**, piano) se sent peut-être encore le besoin de passer par **Piazzolla** (avec *Lo que vendrá*). Mais avec son *Allusion* de candombé, avec sa *Milongue,* avec son *Tangoneando,* **Tangoneon** se donne explicitement une *Última cita* avec la tradition : un *Dernier rendez-vous,* une *Dernière citation* (dans le titre de *La última cita,* d'**Agustín Bardi**, le mot *cita* peut vouloir signifier rendez-vous, mais aussi citation — comme dans citation à comparaître).

Déjà en 1981, **Carla Bley** lançait au visage de la mélancolie son ironique *Reactionnary Tango (in three parts)* (*Tango réactionnaire — en trois parties*) — récemment repris par le groupe **Viveza** dans une remarquable version *in palm court style,* cette musique de salon des années vingt qui nous permet de découvrir l'écho début de siècle qui résonne malgré tout dans la modernité de **Carla Bley.** Cinq ans plus tard, *Tellus* (un « Audio Cassette Magazine » se consacrant à la diffusion de la nouvelle musique new-yorkaise) nous faisait entendre une toute nouvelle pulsion de tango. Avec *Play within a play* (*Jeu dans une pièce — de théâtre*), de **David Garland, Cinnie Cole** et **Zeena Parkins** ; *Tango : The South Bronx,* de **Chris DeBlasio** ; *The More He Sings, The More He Cries, The Better He feels... Tango* (*Plus il chante, plus il pleure, mieux il va... tango*), de **Robert Scheff** ; *Tango Urbane,* de **Molly Elder,** etc., ce magazine sonore nous obligeait à réaliser l'expérience précieuse que le tango pouvait puiser dans son histoire afin de faire face aux avatars de la fébrilité plus ou moins malsaine des rues de la capitale de tous les travers de notre modernité. Des tangos à faire trébucher les amateurs de rythmes *bien mar-*

cados — de toute façon, personne ne saurait être vraiment certain de son pas sur les trottoirs de notre fin de siècle.

Tout récemment, le guitariste de jazz **Al Di Meola** s'associait au bandonéon de **Dino Saluzzi** pour signer *World Sinfonia*. En plus d'y présenter deux pièces de **Piazzolla** (les première et troisième parties de la *Tango Suite)* et d'y saluer le *troesma* avec un *Last tango for Astor (Dernier tango pour Astor)*, cet album propose une symbiose extrêmement novatrice des genres. Cet écho new-yorkais de l'influence marquante d'**Astor Piazzolla** en dehors des cercles trop restreints du tango proprement argentin se fait ouvertement sentir chez le **Kronos Quartet**, un des ensembles les plus réputés de la nouvelle musique américaine, avec lequel **Astor Piazzolla** aura effectué son dernier enregistrement avant d'être terrassé par la maladie. En accompagnant le quatuor sur *Five Tangos Sensations (Cinq sensations tangos)*, le bandonéoniste voit désormais son nom inscrit à l'annuaire de la modernité musicale la plus pressante, aux côtés de Philip Glass et de Terry Ryley.

L'inévitable rencontre

De New York origine également l'expérience la plus significative du tango déterritorialisé. Après avoir œuvré pendant plusieurs années au sein du groupe de jazz d'avant-garde **The Loundge Lizards**, le pianiste **Evan Lurie** se consacre désormais au tango. Son premier album est paru en 1987 sous le titre de *Pieces for bandoneon (Pièces pour bandonéon)*, suivi d'un second en 1990 titré *Selling Water by the Side of the River (Vendre de l'eau au bord de la rivière)*. Le pianiste avait déjà enregistré un *Inevitable (Tango)* sur *Happy? Here? Now? (Content? Ici? Maintenant?)*, son disque solo de 1985. Il avait également fait inclure de ses tangos au répertoire des **Loundge Lizards** : *Determination — for Rosa Parks* et *The Punch and Judy Tango* ; toutes ces pièces sont reprises sur **Pieces for bandoneon**. La formation que dirige **Evan Lurie** est désormais un quintette de tango on ne peut plus traditionnel : **Lurie** au piano, **Alfredo Pedernera** au bandonéon, **Jill Jaffe** au violon, **Marc Ribot** à la guitare et **Tony Garnier** à la contrebasse.

Les modernistes argentins étaient à l'écoute du jazz ; **Lurie** propose une expérience tout à fait inverse : pour la première fois, nous sommes devant un jazzman à l'écoute du tango. Son langage harmonique et mélodique puise autant dans les rythmes les plus traditionnels du tango que dans la musique la plus contemporaine. Et voilà que les compositions d'**Evan Lurie** sont aussi bien reçues par les amateurs de jazz contemporain les plus avertis que par les jeunes *tangueros* argentins! Première et unique fusion véritable et entière des deux genres, la musique d'**Evan Lurie** réinscrit le trait d'union qu'il y avait à l'origine entre ces deux musiques : les deux principales innovations musicales du 20e siècle, nées toutes deux dans des ports américains, à la même époque et dans des conditions similaires.

Une finale trompeuse

Loin de lui faire quitter la voie de son destin, les transformations les plus récentes qu'a connues le tango le reconduisent au contraire à ses sources les plus essentielles. Avec certainement moins de vitalité créatrice que d'autres genres, le tango n'est pas pour autant qu'un des beaux fleurons du trésor musical de ce siècle. Son avenir est sans doute incertain — mais le tango s'est toujours mal conjugué au futur : il n'a jamais tellement cru au lendemain. À chaque époque, le tango a laissé entendre son dernier souffle — et à chaque fois, c'était pour nous étonner et nous montrer qu'il n'avait pas encore tout dit. Comme dans les orchestrations de **Pugliese** où chaque pièce se termine sur un long silence avant de laisser tomber la note finale [2], il y a des décennies que le tango nous étonne d'un dernier sursaut de vie.

Notes

[1] Gilles Lipovetsky, *L'ère du vide*, Gallimard, Les Essais, p. 11.

[2] Sur une récente « reconstruction » numérique d'enregistrements de **Pugliese**, un malheureux technicien a systématiquement coupé cette coda surprise qui se fait tant attendre...

Tangoneon : Olivier Manoury, Michael Nick, Isabelle d'Auzac et Enrique Pascual.

Alfredo Pedernera et **Evan Lurie**.

Glossaire

En plus du vocabulaire spécifique au domaine du tango et des termes espagnols employés dans le texte, ce glossaire regroupe un ensemble de mots et d'expressions en usage dans les textes de tangos ainsi que dans l'argot de Buenos Aires — le *lunfardo* — et son verlan — le *vesre* (vr.).

Abacanarse : devenir un *bacán*, s'enrichir, vivre comme les riches.

Abrirse : se séparer ; au jeu : ne pas demander de cartes, passer son tour.

Academia : salle de bal populaire.

Acamalar : entretenir une femme ; économiser, conserver.

Afanar : voler.

Afilar : courtiser, draguer.

Aflojar : se décourager.

Ajoba : (vr.) *abajo* : en bas.

Almacén : épicerie-restaurant des quartiers populaires.

Al ñudo : inutile, inutilement.

Amasijar : blesser à mort.

Amurar : quitter, laisser tomber ; faire la conquête d'une femme.

Angel : charisme.

Apoliyar : dormir.

¡Araca ! : cri d'alerte : attention !

Armar camorra : « armer la querelle » ; commencer la querelle.

Armar un cigarillo : « armer une cigarette » ; rouler une cigarette.

Arrabal : faubourg ; le mot désigne cependant plus que le seul lieu des quartiers de la proche banlieue : il en émane une odeur de mauvaise vie qu'on ne retrouve en français que dans l'adjectif « faubourien ».

Arrabalero/a : originaire du *arrabal*.

Arrespe : fantoche.

Asado : repas de bœuf.

¡Atenti ! : attention !

Atorrante : personne qui ne veut pas travailler ; chose ou personne sans valeur.

Atorrar : dormir.

Atroden : (vr.) *adentro* : dedans.

Bacán/a : « grossium » ; qui a les moyens d'entretenir quelqu'un.

Bafi : moustache.

Bagayo : femme laide.

Bagual : sauvetage, salut.

Bailetín : petit bal misérable.

Bailongo : « guinche », « bastringue ».

Balconear : « balconner » ; observer, se contenter de faire le spectateur.

Balurdo : faux.

Banda occidental, banda oriental : noms traditionnels des territoires traversés par le Río de la Plata — Uruguay et Paraguay sur la rive orientale, Argentine sur la rive occidentale.

Bandoneón : sorte d'accordéon d'origine allemande, instrument typique du tango argentin.

Barra : bande, groupe.

Barrilette : cerf-volant.

Bataclana : « danseuse du Bataclan » ; femme qui s'exhibe.

Batilana : délateur.

Batifondo : tumulte, vacarme.

Batir : informer, faire de la délation.

Bepi : (vr.) voir *pibe*.

Beguén : béguin.

Berretin : obsession, caprice.

Biaba : bastonnade.

Bien marcado : « bien marqué » ; manière de jouer le tango en accentuant le rythme.

Bobo : montre ; cœur.

Boca : « bouche » ; quartier italien de Buenos Aires.

Bochinchero : vantard.

Boedo : quartier pauvre de Buenos Aires.

Boga : (vr.) *abogado* : avocat.

Boliche : bistrot mal famé.

Bolomqui : (vr.) voir *quilombo*.

Bonja : (vr.) *jabón* : savon.

Botón : agent de police.

Bozal, bozalón : personne de race noire, arrivée en Amérique peu de temps après l'abolition de l'esclavage et qui prétend à un mode de vie similaire à celui des Blancs.

Bramaje : (vr.) voir *hembraje*.

Brapala : (vr.) *palabra* : mot.

Breca : (vr.) voir *cabrero*.

Brema : (vr.) *hembra* : femme, femelle.

Breón : (vr.) *hombre* : homme.

Breto : (vr.) *sobreto* : soubrette.

Briyo : « brillant » ; bijou, pierre précieuse.

Broli : (vr.) *libro* : libre.

Bronca : colère, rage.

Bufoso : revolver.

Bulín : « piaule », garçonnière, meublé.

Bulo : (vr.) voir *bulín*.

Burrero : fanatique de courses de chevaux.

Burro : cheval de course.

Buyón : « bouillon » ; nourriture.

Cabo : (vr.) voir *boca*.

Cabrearse : se fâcher.

Cabrero : fâché, secoué.

Caburé : séducteur, don juan.

Cachada : moquerie.

Cachafaz : éhonté.

Cachar : se moquer.

Cafiolo : souteneur.

Cafishio : « marlou » ; proxénète.

Cajetilla : fanfaron.

Calar : s'apercevoir.

Camba : (vr.) voir *bacán*.

Cambalache : chiffonnier.

Camorra : querelle ; bande de querelleurs.

Campana : « sentinelle » ; celui qui surveille les environs pendant que les autres font leur coup.

Campanear : observer en cachette.

Cana : police ; prison, dépôt.

Caña : alcool créole.

Cancha : habileté à résoudre des problèmes, expérience.

Canchero : habile.

Canción : chanson.

¡Canejo ! : exclamation de surprise.

Cañemu : (vr.) *muñeca* : poupée.

Canillita : camelot, vendeur de journaux.

Canfinflero : souteneur.

Candombé : danse et musique des esclaves argentins.

Canguela : bal populaire.

Canyengue : qualificatif d'une façon de marcher et de danser typiquement *arrabalera*, en se balançant d'une manière canaille.

¡Carancanfunfa ! : exclamation : « sapristi ! »

Carne : « viande » ; chair : prostituée.

Carpeta : dextérité, habileté.

Catrera : lit, couche, « pieu ».

Caudillo : chef de faction.

Celma : (vr.) voir *almacén*.

Chacar : se sortir d'un piège ; déposséder quelqu'un.

Chacarera : genre musical issu de l'Argentine rurale.

Chafe : agent de police.

Chambergo : chapeau.

Champán, champagné, champaña : champagne.

Chamuyar : parler, convaincre, baratiner.

Changuí : avantage trompeur.

Chanta : morale douteuse.

¡Che ! : toi ! ; tic de langage très répandu chez les Argentins.

Chicato : aveugle.

Chiflado : fou.

China : prostituée, « gonzesse ».

Chiqué : « du chiqué ».

Chiquilin : môme ; très jeune personne.

Chirola : argent, « oseille ».

Chiruza : fille.

Chitrulo : sot, idiot.

Chorro : voleur.

Cifra : danse et musique apparentées à la milonga.

Cimarrón : maté.

Ciruja : revendeur d'ordures ; chirurgien.

Clandestino : « clandé » ; bistrot clandestin.

Clavada : la « bagatelle ».

Cocinero : (vr.) *cinco* : cinq.

Cocó : cocaïne.

Cocoliche : argot des immigrants portègnes d'origine italienne.

Codillo : jeu de cartes.

Cofla : (vr.) *flaco* : maigre.

Como en botica : « comme en boutique » ; en grande quantité.

Copero : riche, somptueux.

Copetín : apéritif.

Celectivo : autobus.

Colo/a : (vr.) *loco/a* : fou/folle.

Colorado : rouquin.

Compadraje : bande de caïds.

Compadre : « compère » ; caïd du quartier.

Compadrito : « frappe » ; brigand frimeur, à l'élégance voyante, dont le nom comme les attitudes sont les diminutifs du *compadre*.

Compadrón : bravache, beau parleur.

Coniba : (vr.) *abanico* : éventail.

Conventillo : « petit couvent » ; immeuble des quartiers populaires.

Copero : élégant.

Corrida : « course » ; figure de tango.

Corroma : (vr.) voir *marroco*.

Cortada : départ, retraite.

Cortarse : se séparer, partir.

Corte : « coupure » ; figure de tango ; blessure ; couteau.

Cosimú : (vr.) *músico* : musicien.

Cotorro : lieu d'habitation ; planque.

Cotur : (vr.) voir *turco*.

Criollo : « créole », fils du pays ; personne à la peau foncée.

Croto : vagabond ; travailleur occasionnel.

Cuchillero : manieur de couteau, surineur.

Cueca : genre musical issu de l'Argentine rurale.

Cultismo : « cultivé » ; snob.

Cumparsa : fanfare populaire.

Cuore : cœur.

Curda : « cuite ».

Currar : tromper.

Dacur : (vr.) voir *curda*.

Dagor : (vr.) *gorda* : grosse.

Dar bolilla : accorder son attention.

Dar corte : prêter attention, prendre soin.

Dar dique : faire semblant de prêter attention aux demandes amoureuses d'autrui.

Darique : (vr.) *querida* : chérie.

Dar la cana : « donner la prison » ; appréhender ; arrestation d'une personne.

Darse corte : se mettre en valeur.

Darse dique : se donner de l'importance.

Davi : (vr.) *vida* : vie.

Debute : excellent.

De grupo : simulation, fausseté.

Dejar en la palmera : être dans la dèche.

¡Dequera! : exclamation : attention !

Derpa : (vr.) *departamento* : département.

Desayunarse : s'informer.

Descamisados : « sans chemises » ; partisans à la base du pouvoir politique de Juan Domingo Perón.

Descangallado : détérrioré, estropié.

Deschavar : dénoncer, révéler.

Diome : (vr.) *medio* : milieu, centre.

Dique : ostension, prétention.

Diquero : coquet ; qui se donne de l'importance.

Dope : (vr.) *pedo* : pet.

Drema : (vr.) *madre* : mère.

Drepa : (vr.) *padre* : père.

Dulce de leche : sorte de confiture de lait et de sucre.

El Bajo : « le bas », quartier de la prostitution.

Efe : foi.

Embretar : cerner, entourer.

Embrocar : filer discrètement une personne.

Embrolar : confondre, embrouiller.

Empeñada : petit pâté en croûte.

Encanar : emprisonner.

Encarnar el espinel : préparer un coup.

Encopao : personne qui s'est fait avoir, qu'on a trompée.

Encurdelarse : se saouler.

Engrupido : personne qui se fait une idée trop haute d'elle-même.

Engrupir : tromper ; faire marcher.

Escabiar : boire de l'alcool.

Escabiao : ivrogne, alcoolique.

Escabio : boisson alcoolique.

Escoba : « balai » ; guitare.

Escolasear : jouer pour de l'argent.

Escorchar : molester.

Escrachar : envie de casser la gueule à quelqu'un.

Escracho : (insulte) photographie, visage, portait ; personne désagréable.

Esgunfiar : fatiguer, lasser.

Espamento : scandale, désordre.
Espamentoso : qui exhibe ses biens, qui se met en valeur ; vantard.
Espiantar : sortir, s'en aller.
Esquena : dos.
Estancia : « ranch » ; vaste propriété terrienne rurale.
Estanciero/a : propriétaire d'un *estancia ;* caractéristique du milieu des propriétaires d'*estancias*.
Estilo : genre musical issu de l'Argentine rurale.
Estrilar : se fâcher, s'irriter.
Estufar : fatiguer, lasser.

Fajar : frapper.
Fané : usé, abattu, décrépit.
Fariñera : dague.
Faso : cigarette.
Fercho : (vr.) *chofer* : chauffeur.
Fiaca : paresse.
Fifí : homme à l'élégance voyante.
Fileteador : dessinateur de lettres pour enseignes.
Florida : riche quartier commercial de Buenos Aires.
Fonola : tourne-disque.
Francesito/a : petit Français, petite Française : au féminin, le mot est presque synonyme de prostituée.
Franchuta : Française.
Fritura : « friture » ; vieux disque qui grinche.
Fuelle ; fueye : « soufflet » ; bandonéon.
Fulano/a : homme/femme.
Fulero : sans beauté, inutile ; chose ou personne indigne de confiance.
Funyi : « champignon » : chapeau.
Furca : manœuvre de brigand.

Galán : « galant » ; jeune premier.
Gallego : gallicien, Espagnol.
Gambetear : éluder.
Gapar : (vr.) *pagar* : payer.
Garabo/a : homme/femme amusant/e.
Garufa : la « noce », la « virée » ; noceur.
Gauchada : faveur.

Gaucho : « cow-boy » argentin : paysan chargé de surveiller les déplacements du cheptel.
Gavión : séducteur, don juan.
Gayola : prison.
Gil : stupide, candide.
Gocie : (vr.) *ciego* : aveugle.
Gola : gorge ; par où « ça gouale ».
Gomía : (vr.) *amigo* : ami.
Gotán : (vr.) tango.
Grandes exitos : grands succès.
Grebano : homme d'origine italienne.
Grela : femme sensuelle.
Gremu : (vr.) *mugre* : crasse.
Grilo : poche de pantalon.
Gringo : étranger ; qui ne parle pas espagnol.
Griseta : « grisette ».
Grone : (vr.) *negro* : nègre.
Grullo : franc, honnête.
Grupo : mensonge.
Gualén : (vr.) *lengua* : langue.
Guapo : « gouape », homme d'honneur.
Guardia vieja : « vieille garde » ; première génération de musiciens de tango au tournant du siècle.
Guiñé : guigne.
Guita : fric.
Gusano : « ver » ; bandonéon.

Habanera : danse afro-cubaine à l'origine du tango.
Hablar fino : parler avec raffinement, avec affectation.
Hembraje : groupe de femmes.
Hincha : acolyte.

Irse a baraja : abandonner la lutte.
Ispa : (vr.) *país* : pays.

Jaevi, javie : (vr.) voir *vieja*.
Jailaife : *(angl. : « high-life »)* homme de la haute ; la vie dans la haute.
Jaliva : (vr.) *valija* : valise.
Jaula : « cage » ; bandonéon.
Jermu : (vr.) *mujer* : femme.
Jetra : (vr.) *traje* : complet, costume.
Jonca : (vr.) *cajón* : tiroir, caisse.
Jopio : (vr.) *piojo* : pou.

Jotraba : (vr.) *trabajo* : travail.
Junado : bien connu par la police.
Junar : découvrir les intentions de quelqu'un.

Laburo : travail.
Ladrar : crier, protester.
Lancear : voler à la tire.
Lancero : voleur à la tire.
Leones : pantalons.
Letrista : parolier de tangos.
Levantador de quiniela : preneur de paris clandestins.
Ligar : gagner au jeu ; gagner le respect des autres ; gagner les faveurs d'une personne du sexe opposé ; se faire incarcérer.
Linyera : vagabond, fripier.
Logi : (vr.) voir *gil*.
Lompa : (vr.) *pantalón* : pantalon.
Londonien : snob, qui méprise le tango.
Lope : (vr.) *pelo* : cheveux, poil.
Lora : pouffiasse, putain.
Lorca : (vr.) *calor* : chaleur.
Lunfardo : argot citadin de Buenos Aires.

Macana : mensonge.
Macró : maquereau.
Madame : « madame » ; tenancière.
Malandra, malandrín : délinquant, voyou, malandrin.
Malevaje : la canaille, la pégraille (appellation générique).
Malevo : canaille, pégreux.
Mamado : ivrogne, alcoolique.
Mamarse : se saouler.
Manate : « magnat » ; homme riche.
Mandolión : bandonéon.
Mangar, manguear : mendier, faire la manche.
Mango : papier-monnaie d'une valeur d'un peso.
Manyamiento : identification policière.
Manyar : rendre ses comptes, se mettre à table ; manger.
Marroco : pain.
Masaico : fille, servante.
Maté : tête ; calebasse pour infuser le maté (sorte de thé d'herbe argentin), et l'infusion elle-même.
Maula : lâche, couard.

Mayorengo : homme d'importance ; officier de police.
Mechera : voleuse d'étalage.
Me duele al coco : j'ai mal à la tête.
Medialuna : « demi-lune » ; figure de tango.
Menega : argent.
Merca : (vr.) *mercadería* : marchandise ; commerce.
Mersa : foule ; populace.
Metejón : grand amour, passion ardente et dévastatrice.
Meterle : aller de l'avant.
Miché, misché : client de prostituée ; micheton.
Milonga : musique des faubourgs, à l'origine du tango ; lieu où l'on danse la milonga ; femme plus ou moins légère, entraîneuse.
Milonguero : qui relève du domaine de la milonga.
Milonguita : entraîneuse.
Milongón : ancêtre de la milonga.
Mina : « nana » ; femme gentille et souvent légère.
Minga : rien.
Mionca : (vr.) *camión* : camion.
Mishiadura : pauvreté.
Misio, mishio : pauvre.
Mistongo : sans éclat, pauvre.
Molinette : « moulinette » ; figure de tango.
Morfar : manger.
Morlaco : argent, billet.
Morocho/a : noiraud/e ; personne au teint et aux cheveux foncés ; par extension, personne « du pays » (en opposition à la « pâleur » des Européens).
Mufa : cafard, « déprime ».
Muguet : muguet (évocation de fraîcheur).
Música de Buenos Aires : « musique de Buenos Aires » ; tango contemporain.

Naca : (vr.) voir *cana*.
Ñaca : (vr.) voir *caña*.
Naifa : femme.
Naife : (*angl. : knife*) couteau.
Nales : de *nacionales* : peso.
Ñase : (vr.) *seña* : signe.
Ñoba : (vr.) *baño* : bain.
Noerma : (vr.) *hermano* : frère ; ami.
Noma : (vr.) *mano* : main.
Ñorica : (vr.) *cariño* : tendresse.

Ñoricompa : (vr.) *compañero* : compagnon, camarade.

Ñorse : (vr.) *señor* : monsieur.

Nota : (vr.) voir *tano*.

No te metas : Ne t'en mêle pas.

Novi : (vr.) *vino* : vin.

Nueva canción : nouvelle chanson argentine contemporaine.

Nueva música argentina : nouvelle musique argentine ; renouveau musical rendu possible par la chute de la dictature militaire.

Nuevo tango : nouveau tango mis de l'avant à partir des années soixante par Astor Piazzolla et quelques-uns de ses contemporains.

Ocho : « huit » ; figure de tango.

Orilla : « lisière », « rive » ; quartier périphérique.

Orillero : originaire des *orillas*.

Orquesta criolla : « orchestre créole » ; nom des premiers ensembles traditionnels de tango.

Orquesta típica : « orchestre typique » ; ensemble classique de tango, établi par Julio De Caro, composé de deux bandonéons, deux violons, un piano et une contrebasse.

Orre : (vr.) voir *reo*.

Otario : naïf, jobard.

Oyo : (vr.) *yo* : je, moi.

Paco, pacoy : paquet de billets de monnaie ; « pacson » ; beaucoup d'argent.

Paica : femme.

Palmar : mourir ; payer.

Palmera : la dèche.

Pamentero : grimaceur.

Pamento : grimace.

Pampa : plaines de l'Argentine.

Pampero/a : originaire de la *pampa*.

Papa : « jolie chose » (peut s'appliquer autant à une personne qu'à un objet).

Papusa, paripusa : femme attirante, « poupée ».

Parar la olla : faire à manger.

Parlar : parler.

Pasito de Buenos Aires : « petit pas de Buenos Aires » ; pas de base du tango populaire.

Patinar : dépenser.

Pato : sans le sou.

Patota : bande de voyous.

Patotero : membre de la *patota* ; fripouille.

Payada : chanson des rues.

Payador : chanteur des rues.

Pebete/a : petit garçon, petite fille.

Pechador : mendiant.

Pechar : mendier, faire la manche.

Pelandrún : vagabond, paresseux.

Pelechar : prospérer.

Pelpa : (vr.) *papel* : papier.

Percanta : « gagneuse » ; compagne du souteneur.

Peringundín : bistrot à filles.

Pernó : Pernod.

Pesado, pesao : « lourd », homme fier, toujours prêt à se battre.

Peteta : « môme », jeune fille.

Piantao : fou, qui a perdu la raison.

Piantar : s'échapper, partir.

Pibe/a : jeune garçon/jeune femme ; fiancé/e.

Pilchas : vieux vêtements, fringues.

Pipermín : peppermint.

Pipiolo : jeune homme sans expérience de la vie.

Piropo : « compliment » adressé à une passante.

Pituco : richard, snob.

Piyar la vida en serio : prendre la vie au sérieux.

Piyarse : s'estimer, se prendre au sérieux.

Pogru : (vr.) *grupo* : groupe.

Poligriyo : homme qui ne vaut rien.

Porota : surnom de femme.

Porteño : « portuaire » ; portègne, gentilé traditionnel des habitants de Buenos Aires, ville portuaire.

Posta : magnifique, extraordinaire.

Poti : (vr.) *tipo* : type.

Potiem : (vr.) *tiempo* : temps.

Pucho : « clope ».

Punga : vol à la tire, larcin.

Punguista : voleur.

Quebrada : « brisure » ; figure de tango.

Queco : maison de prostitution.

¡Que vachaché ! : Qu'est-ce que ça fout !

231

Quía : (vr.) *aquí* : ici.
Quilombo : bordel.
Quiniela : comptoir de paris clandestins.
Quartier : quartier.

Ragú : faim.
Rajar : fuir, disparaître.
Rana, ranún : astucieux.
Ranada : astuce, renardise.
Rechiflado, rechiflao : pris de folie.
Rechiflarse : se rebeller.
Remanyado : récidiviste.
Renovatión : période de regain du tango dans les années quarante.
Reo : pauvre, humble ; louche.
Requintado : manière de porter le chapeau incliné sur l'œil.
Requintar : se vêtir avec affectation.
Rioba : (vr.) *barrio* : quartier.
Rioplatense/a : originaire de la région du Río de la Plata.
Robreca : (vr.) voir *cabrero*.
Roca : (vr.) *carro* : voiture.
Rocho : (vr.) voir *chorro*.
Robe : robe de chambre.
Rock nacional : musique populaire argentine contemporaine.
Romper la cara : casser la gueule.
Rope : (vr.) *perro* : chien.
Ruflera : faubourienne.

Sábado inglès : « samedi anglais » ; congé de fin de semaine « à l'anglaise », incluant le samedi.
Sabalaje : pègre.
Sabalo : pégreux.
Saca : (vr.) *casa* : maison.
Sainete : saynète ; théâtre populaire.
Same : (vr.) *mesa* : table.
Samica : (vr.) *camisa* : chemise.
Sapos de otro pozo : « grenouille d'un autre trou » ; quelqu'un qui n'est pas à sa place.
Satén : satin.
Sempio : (vr.) *pensión* : pension.
Sentada : « assise » ; figure de tango.
Shacaba : vol.
Shacar : tromper, frauder quelqu'un.
Shusheta : chouchou ; le préféré de la classe ; mignon.

Solfeaba : vol.
Solfear : voler.
Sobe : (vr.) *beso* : baiser.
Sope : (vr.) *peso*.
Sopre : (vr.) *preso* : prisonnier.
Sotana : poche intérieure ; sac.
Sotreta : « cheval qui ne sert à rien » : insulte adressée à une personne inutile ou qui profite d'une situation.
Sorru : (vr.) *russo* : russe.
Sova : (vr.) *vaso* : vase.
Sover : (vr.) *verso* : vers.
Suissé : liqueur d'absinthe.
Surmenage : surmenage.

Taerpu : (vr.) *puerta* : porte.
Tafies : (vr.) *fiesta* : fête.
Tagai : (vr.) *gaita* : musette.
Taita : chef de bande.
Tallador : gouape.
Talompa : (vr.) *pantalón* : pantalon.
Talope : (vr.) *pelota* : balle.
Tamango : soulier rustique.
Tambo : au 19e siècle, lieu où se tiennent les fêtes de la population noire.
Tango canción : tango chanson.
Tango for export : interprétations édulcorées de tango destinées aux touristes et à l'étranger.
Tango romanza : tango instrumental, non destiné à être dansé.
Tanguero : qui appartient au domaine du tango ; musicien ou amateur de tango, qui le danse, qui connaît son histoire, qui vit le tango ; il est prétentieux de s'affubler soi-même du titre de *tanguero* : ce sont les *tangueros* établis qui l'accordent à celui qui sait se montrer à la hauteur.
Tano : « rital ».
Tarasca : femme dévoyée ; pouffiasse.
Tarros : souliers.
Taura : homme vaillant ; bon danseur ; joueur fortuné.
Tayar : homme vaillant et audacieux.
Tefrén : (vr.) *frente* : en avant, en face de.
Tegén : (vr.) *gente* : gens.
Telefón : téléphone.
Telo : (vr.) *hotel* : hôtel.
Tesuer : (vr.) *suerte* : chance.

Teyebis : (vr.) *billetes* : billets.
Timba : jeu de hasard ; local de jeux de hasard.
Timbos : (vr.) *botines* : bottines.
Tira : policier en civil ; personne employée par la police.
Toau : (vr.) *auto* : automobile.
Tocifeca : (vr.) *cafecito* : petit café.
Toco : somme d'argent.
Todigor : (vr.) *gordito* : petit gros.
Tomarse el raje : fuir, prendre ses jambes à son cou.
Tombo : (vr.) voir *botón*.
Toraba : (vr.) *barato* : bon marché.
Tordo : (vr.) *doctor* : docteur.
Tovén : (vr.) voir *vento*.
Trocén : (vr.) *centro* : centre.
Troesma : (vr.) *maestro* : maître.
Trompa : (vr.) *patrón* : patron.
Turco : « turc » ; immigrant syrien ou libanais.

Vals : valse.
Varón : « viril » — employé sous forme de substantif.
Vedera : de *vereda* : trottoir.
Vento, **ventolina** : argent, fric.
Vesre : verlan portègne (*revés :* envers, en verlan).
Vichar : guetter, fureter.
Vidalita : de vie facile ; jeune homme attiré par la vie facile.
Vieja : « vieille » : mère.

Viola : guitare.
Votacén : (vr.) *centavo* : centime.
Vovi : (vr.) *vivo* : vivant.
Vos : tu : vouvoiement de familiarité.
Vuaturé : voiturette.

Yatebo : (vr.) *botella* : bouteille.
Yeca : (vr.) *calle* : rue.
Yeta, **yettatura** : malchance.
Yira : femme qui fait le trottoir ; personne qui déambule sans but.
Yirar : déambuler ; tapiner.
Yigoló, gigoló : gigolo.
Yobaca : (vr.) *caballo* : cheval.
Yotivencico : (vr.) voir *conventillo*.
Yoyega : (vr.) voir *gallego*.
Yugar : travailler.
Yugo : travail.
Yuguiyo : col dur de chemise.
Yumba : onomatopée décrivant l'articulation du phrasé des orchestres de Osvaldo Pugliese.

Zamba : « samba » argentine (très différente de la samba brésilienne).
Zarzo : anneau, bague.
Zorzal : nom d'une fauvette sud-américaine ; un des surnoms de Carlos Gardel.

Discographie

Cette discographie se limite aux enregistrements dont il a été question dans le texte. Elle est complétée par une sélection de titres parmi les albums les plus intéressants et, pour la plupart, disponibles sur les marchés européen et nord-américain.

Alba (Haydée)
Tango Argentin, Ocora, Radio France.

Almeida (Laurindo), Byrd (Charlie)
Tango, Picante.

Anselmi (Reynaldo)
Argentina Tango, A.S.P.I.C.
El Gringo, S.O.S. Tango, Forlane.

Antología del tango rioplatense, Vol 1. (Desde sus comienzos hasta 1920), Instituto nacional de Musicología "Carlos Vega".

Argentina tango, CBS.

Argentine Tango, Victor.

Baltar (Amelita)
Amelita Baltar interpreta a Piazzolla-Ferrer, CBS.

Barbieri (Gato)
Last Tango in Paris, United Artists Records.

Basso (Jorge)
Inspiración, Music Hall.

Berlingieri (Osvaldo)
Identificación..., Music Hall.

Berón (Adolfo)
Una guitarra para el tango, Music Hall.

Blázquez (Eladia)
Eladia, EMI.

Bley (Carla)
Social Studies, WATT/ECM.

Buenos Aires 8
Timeless, Music Hall,
Vocal group, Music Hall.

Caló (Miguel)
Elegante paripusa, EMI.

Canaro (Francisco)
La melodía de nuesto adiós (1932-1938), El bandoneón.
Los mejores de Francisco Canaro, EMI.

Canteros (Arminda)
Tangos, McGill.

Cantón (Edgardo), Cortázar (Julio), Cedrón (Juan)
Trottoirs de Buenos Aires, Tangos de Edgardo Cantón et Julio Cortázar, chantés par Juan Cedrón, Polydor.

Castiñeira de Dios (José-Luis)
Nueva musica argentina, Milan.

Castillo (Alberto)
Con permiso, soy el tango, EMI.
Siga El Baile, EMI.

Charlo
Charlo con Francisco Canaro & Francisco Lomuto y sus orquestas típicas (1928-1929), El bandoneón.

Cuarteto Cedrón
Chansons d'un pays quelconque / Le cheval du manège (Sélection), Musidisc.
"Chansons traditionnelles d'Argentine" (Tango-Milonga-Estilo-Vals), Polydor.
Cuarteto Cedrón chante Bertolt Brecht, Musidisc.
Cuarteto Cedrón chante Raul Gonzalez Tuñon, Polydor.
Le chant du coq — cantate ; Instrumentaux originaux, Musidisc.

De Caro (Julio)
El inolvidable Julio De Caro y su sexteto típico (1926-1928), El bandoneón.

Demare (Lucio)
Lucio Demare y su Orquesta típica (1942-1944) « Tango guapo », El bandoneón.

Diaz (Hugo) (harmoniciste)
Homenage a Carlos Gardel, Dimension.
Hugo Diaz en Buenos Aires, Tonodisc.

Diaz (Hugo) (bandonéoniste) — **Trio Hugo Diaz**
Classical Tango Argentino, ARC Music.
20 best of classical « Tango argentino », ARC Music.

Di Meola (Al)
World Sinfonia, Tomato.

Di Sarli (Carlos)
Milonguero viejo, Music Hall.

Domingo (Placido)
Placido Domingo sings Tangos, Deutsche Gramophon.

Falcón (Ada)
Ada Falcón con Francisco Canaro y su Orquesta Típica (1929-1942), El bandoneón.

Federico (Leopoldo)
Buenos Aires Today, Music Hall.
Min-On 7a Série, Music Hall.
Sentimiento criollo, Music Hall.

Fernando (Adolfo)
Tribute to Carlos Gardel, Classical Tango Argentino, ARC Music.

Fiorentino (Francisco) ; Omar (Nelly)
    Francisco Fiorentino Con Orquesta Dirigida por Astor Piazzolla ;
    Nelly Omar Con Francisco Canaro y su Orquesta Típica, El bando-
    neón.

Firpo (Roberto)
    Bravo porteño, Odeon.
    Roberto Firpo y su cuarteto « Alma de bohemio », El bandoneón.

Fontán (Gogui)
    Mariposa de Lujo, Pentagrama.

Francini (Enrique Mario), Pontier (Armando)
    Francini-Pontier y su Orquesta Típica « A los amigos » , El bando-
    neón.

García (Carlos)
    Tango All Stars, Victor.

García (Carlos), Garello (Raúl)
    La Orquesta del tango de Buenos Aires, Milan Sur.

Gardel (Carlos)
    Su obra integral, El bandoneón
    vol. 1, « Su Buenos Aires querido »
    vol. 2, « Amores difíciles »
    vol. 3, « Gardel en Barcelona »
    vol. 4, « Las mujeres aquellas »
    vol. 5, « Eran otros hombres »
    vol. 6, « Anclao en Paris »
    vol. 7, « Gardel en Nueva York »
    vol. 8, « Garçonniere, carreras, timba... »
    vol. 9, « Criollita decí que sí »
    vol. 10, « Gardel por el mundo »
    vol. 11, « Pobres chicas »
    vol. 12, « Aquellas parras »
    vol. 13, « Cuídense porque andan sueltos »
    vol. 14, « Tomo y obligo »
    vol. 15, « Bandoneón arrabalero »
    vol. 16, « Tango argentino »

Garello (Raúl)
    Grandes exitos, EMI.

Gobbi (Alfredo)
    El violín romántico del tango, RCA.

Gotán
    Buenos Aires, Arc en Ciel.

Goyeneche (Roberto)
    Tangos del sur, Milan.

Grandes del tango instrumental, Music Hall.

Grandes voces del tango, Music Hall.

Gubitsch (Tomás)
    Sonata domestica, IDA.

Gubitsch (Tomás), Calo (Oswaldo)
    Resistiendo a la tormenta, Musica Records.

Historia del tango, Music Hall.

I Salonisti & Oscar Guidi
Café Victoria, EMI.
Nostalgico, EMI.

Jackson (Joe)
Big World, A&M.

Jacinta
Tango, mi corazón, Messidor.

Kronos Quartet/Piazzolla (Astor)
Five Tango Sensations, Elektra/ Nonesuch.

Lomuto (Francisco)
Francisco « Pancho » Lomuto y su Oquesta típica (1930-1941), El bandoneón.

Loundge Lizards (The)
Big Heart, Island.
No Pain for Cakes, Island.

Lurie (Evan)
Happy ? Here ? Now ?, Les disques du Crépuscule.
Pieces for bandoneon, Les disques du Crépuscule.
Selling Water by the Side of the River, Island.

Maizani (Azucena)
Azucena Maizani « La ñata gaucha » (1928-1935), El bandoneón.

Mano a mano
Tango Joyeux, Milan Sur.

Marconi (Nestor)
Octeto de Buenos Aires, El amanecer, Victor.
Un bandoneón de Buenos Aires, Milan Sur.
Vanguatrio, Recuerdo, Victor.

Maure (Hector)
Nostalgias, Music Hall.

Milhaud (Darius)
Le bœuf sur le toit ; La création du monde, Nonesuch.

Milva
Milva Tango, Dischi Ricordi.
Milva and Astor Piazzolla, Live at the Bouffes du nord, Metronome.

Mores (Mariano)
O.K. Mr. Tango, CBS.

Mosalini (Juan José)
Don Bandoneón, Hexagone.

Mosalini (Juan José), Beytelmann (Gustavo), Caratini (Patrice)
Imagenes, Label Bleu.
La Bordona, Cara.
Violento, Label Bleu.

Munarriz (Valeria)
Théâtre Gérard Philipe, Je te chante un tango..., Le Chant du monde.
Quel tango !, Le Chant du monde.

Nazareth (Ernesto)
Brazilian Tangos and Waltzes of Ernesto Nazareth, Pro Arte.

Nazareth (Ernesto), Scott (James), Lamb (Joseph F.)
Rags and Tangos, London.

Nebbia (Litto)
Encuentro con Gardel y Le Pera, Milan Sur.

Nuevo Gran Quinteto Real
Maestros del tango, Philips.

Orquesta Juan D'Arienzo
La cumparsita, Philips.

Pansera (Roberto), Jubany (Miguel), Federico (Domingo)
Evita/Tango popular opera, Music Hall.

Piazzolla (Astor)
Adiós, Nonino, Trova.
Astor Piazzolla • Alberto Ginastera, Milan Sur.
Astor Piazzolla et compagnie, Vogue.
Astor Piazzolla : La cumparsita, Melancolico, Buenos Aires, Tango del angel, Music Hall.
Astor Piazzolla & Piazzolla-Trelles, Oblivion, Atoll.
Astor Piazzolla plays Astor Piazzolla, Atoll.
Astor Piazzolla y su Orquesta « Se armó » (1946-1948), El bandoneón.
Astor Piazzolla y su orquesta típica (1947), Canta : Aldo Campoamor, « El Desbande », El bandoneón.
Concerto para bandoneón • Tres tangos, Nonesuch.
Concierto para quinteto, Alfa.
Famille d'artistes, Milan.
Histoire du tango, Polydor.
La Camorra : La Soledad de la Provocación Apasionada, American Clavé.
Libertango, Music Hall.
Libertango, Polydor.
Live in Wien, Messidor
Lo que vendrá, Music Hall.
Lumière, Polydor.
María de Buenos Aires, Trova (version 1968).
María de Buenos Aires, opera-tango, Milan (version 1987).
Musique de films : Tango, Henri IV, Milan.
Musique originale du « Songe d'une nuit d'été » de William Shakespeare, Milan.
Octeto Buenos Aires, Start.
Olympia '77, Polydor.

Original Tangos from Argentina, vol. 1, RCA.
Original Tangos from Argentina, vol. 2, RCA.
Piazzollissimo, Astor Piazzolla, 1974-1983, Just A Memory
    Vol. 1, Libertango, Lumière
    Vol. 2, Persecuta (Piazzolla '77), Chador (Piazzolla '78)
    Vol. 3, Escualo, Sette sequenze
Pulsación, Alfa.
Révolution du tango, Polydor.
Tango, Music Hall.
Tango Futur, RCA.
Tangos y Milongas, Guitar Music, Jorge Oraison, Etcetera.
Tango : zero hour, Pangea.
The Rough Dancer and the Cyclical Night (Tango Apasionado), American Clavé.
Tristezas de un Doble A, Messidor.
Sur, Una pelicula para llevar en el corazón, Milan.

Piazzolla (Astor), Berlingieri (Osvaldo)
    Vanguardistas del tango, Music Hall.

Piazzolla (Astor), Burton (Gary)
    The New Tango, Astor Piazzolla & Gary Burton, WEA.

Piazzolla (Astor), Goyeneche (Roberto)
    Astor Piazzolla & Roberto Goyeneche, RCA.

Piazzolla (Astor), Mulligan (Gerry)
    Summit (reunion cumbre), Music Hall.

Pugliese (Osvaldo)
    Osvaldo Pugliese y su orquesta típica (1949), Canta : Jorge Vidal, El bandoneón.
    Grandes exitos con... Osvaldo Pugliese y su Orquesta Típica, EMI.
    Mato y voy, EMI.

Quartango
    Quartango, Les entreprises Radio-Canada.

Quinteto Pirincho
    Cuando llora la milonga, EMI.
    Quinteto Pirincho, dirección : Francisco Canaro (1938), El bandoneón.

Raskin (Mario), Milani (Oscar)
    Piazzolla, Tangos pour 2 clavecins, Disques Pierre Verany.

Rinaldi (Susana)
    Buenos Aires... Paris, Philips.
    Grabado en vivo, Philips.
    De otros tiempos, Philips.
    La Reina del Plata, Philips.
    Susana Rinaldi, Milan Sur.

Rio de la Plata
    Tango, Arion.

Rivero (Edmundo)
    Edmundo Rivero canta a Discépolo, Philips.

Rizzo (Luis) — Trio Luis Rizzo
  Tangos d'hier et d'aujourd'hui, Circé.

Salgán (Horacio), De Lio (Ubaldo)
  Tangos '91, Milan Sur.
  Trottoirs de Buenos Aires, " Tango", une soirée avec Horacio Salgán,
  piano, Ubaldo de Lío, guitare, Circé.

Saluzzi (Dino)
  Andina, ECM.
  Argentina, West Wind Latina.
  Kultrum, ECM.
  Once upon a time — Far away in the south, ECM.

Saluzzi (Dino), Rava (Enrico) — Enrico Rava/Dino Saluzzi Quintet
  Volver, ECM.

Satie (Érik)
  Satie Insolite, Le Chant du monde.

Sexteto Mayor
  Sabor a Buenos Aires, EMI.

Sexteto Mayor, Pugliese (Osvaldo), Gardel (Carlos)
  Tangomania, Odeon.

Sexteto Sur
  Lo que vendrá, SC.

Sexteto Tango
  Lo Mejor del Sexteto Tango, RCA.

Shafer (Karl-Heinz)
  Extérieur, nuit, Musiques et dialogues, RCA-Milan.
  Extérieur, nuit, Tangos, RCA-Milan.

Schlosberg (Benoît), Quatuor Enesco, Mosalini (Juan José)
  Éloge du tango/Les saisons, Adda.

Sosa (Julio)
  El Album De Oro De Julio Sosa, El Varón del Tango, CBS.

Sosa (Mercedes)
  Mercedes Sosa en Argentina, Fontana, Série Amarela, Polygram.

Stampone (Atilio)
  Atilio Stampone, Misca.

Stravinsky (Igor)
  Jazz, Stravinsky Conducts Stravinsky, CBS.
  Histoire du soldat, Philips.

Tango Argentino, Original Cast Recording, Atlantic.

Tango Cuatro
  Tango Cuatro, CBS.

Tango Mortale Blue
  Tango Mortale Blue, Spectrum, Vergo.

Tangoneon
  Tangoneon, Silex.

Tango X 4
   Tanguissimo, Disques Ermitage.

Tangos Argentinos, Music Memoria.

Tanturi (Ricardo)
   Las grandes creaciones de Ricardo Tanturi, « El caballero del tango », RCA.

Tellus, The Audio Cassette Magazine, # 16
   Tango, Harvestwork.

The Tango project, Nonesuch.

The Tango project II, Two to tango, Nonesuch.

Troilo (Aníbal)
   Aníbal Troilo y su orquesta típica (1941), El inmortal « Pichuco », El bandoneón.
   Quejas de bandoneón, Music Hall.
   Todo Troilo, Music Hall.
   Troilo for export, RCA.

Troilo (Aníbal), Grela (Roberto)
   Taconeando, Music Hall.

Viveza
   Encore, Skylark.
   In Palm Court Style, Skylark.

Waits (Tom)
   Rain Dogs, Island.

Weill (Kurt)
   Johnny Johnson, Polydor.
   Lost in the Stars, The Music of Kurt Weill, A&M.
   Stratas sings Weill, Nonesuch.
   Teresa Stratas, The Unknown Kurt Weill, Nonesuch.
   The Seven Deadly Sins ; Little Threepenny Music, CBS.
   The Threepenny opera, London.
   Ute Lemper chante Kurt Weill, Milan.
   Ute Lemper sings Kurt Weill, London.

Bibliographie

AIDA (Association Internationale de Défense des Artistes victimes de la répression dans le monde), *Argentine : une culture interdite, Pièces à conviction 1976—1981*, Petite collection Maspero.

Albin (Glenn), « Tango TriBeCo, Evan Lurie », *Interview*, janvier 1987.

Alburquerque (M. A.), *Antología de tangos*, Ed. Ondas, 1966.

Alley (Robert), *Le dernier tango à Paris*, J'ai Lu.

Alposta (Luis), *El lunfardo y el tango en la medecina*, Torres Agüero Editor, 1986.

Andreu (Jean), *La Argentina de hoy*, Masson et Cie, Regards sur le monde hispanique.

Anguita (Louis), *El libro de oro del tango*, Ed. Libro español.

Antología del tango rioplatense, Vol. 1, (Desde sus comiensos hasta 1920), Instituto Nacional de Musicologia "Carlos Vega", 1980.

Assuníao (Fernando), *El Tango y sus circunstancias (1880-1920)*, Ed. El Ateneo, 1984.

Astarita (G. J.), *Pascual Contursi, su vida u obra*, La Campana, 1981.

Arroyuelo (Javier), Lopez Sanchez (Raphael), « TangoMania », *Vanity Fair*, octobre 1985.

Barnes (Clive), « Come and Dance the Tango, it's Peculiarly Spectacular », *New York Post*, 10 octobre 1985.

Bernan (Janice), « A Passion for Tango », *Newsday*, Part III, Weekend, 4 octobre 1985.

Barcia (J.), *Tango, tangeros y tango cosas*, Plus Ultra, 1976.

Bates (Hector ; Luis J.), *La historia del tango*, Ed. Compañia General Fabril Financiera S.A., 1936.

Bernes (Jean-Pierre, Alban), « Cortes y quebradas, ou Borges généalogiste du tango », *Europe*, mai 1982.

Bialor (Perry A.), « Tango », *Ballet News*, janvier 1986.

Borges (Jorge Luis), *Evaristo Carriego*, Points, 1984.
El idioma de los Argentinos, M. Gleizer, 1928.

Borges (Jorge Luis), Bullrich-Palenque (Sylvina), *El compadrito. Su destino, sus barrios, su música*, Emecé, 1945.

Borges (Jorge Luis), Clemente (José Edmundo), *El languaje de Buenos Aires*, Emecé, 1963.

Bossio (J. A.), Gobello (José), *Tangos, letras y letristas*, Plus Ultra, 1979.

Bozzarelli (Oscar), *Ochenta años de tango platense*, Ed. Osbos, 1972.

Briand (René), *Crónicas del tango allegre*, Centro Editor de America Latina, 1972.

Buenos Aires, port de l'extrême-Europe, sous la direction de Graciela Schneier-Madanes, *Autrement*, hors série no 22, février 1987.

Buenos Aires : tiempo Gardel 1905-1935, Ed. El Mate, 1966.

Cadícamo (Enrique), *Cancionero*, Ed. Torres Agüero, 1977.

Gardel en Paris, su debut, Ed. Corregidor, 1984.

Canaro (Francisco), *Mis bodas de oro con el tango (1906-1956)*, Bs. As, 1957.

Cantón (Dario), *Gardel ¿a quién le cantas ?*, Ed. de la Flor, 1972.

Carella (Tulio), *Tango, mito y esencia*, Centro Editor de America Latina, 1966.
Carlitos Gardel como nunca se lo vió, Esp. Revista Gente, 1976.

Carretero (Andrés), *El compadrito y el tango*, Ed. Pampa y Cielo, 1964.

Casadevali (Domingo), *Buenos Aires, arrabal, sainete, tango*, Ed. Fabril, 1968.
El Tema de la mala vida en el teatro nacional, Kraft, 1957.

Castellanos (Pintín), *Entre cortes y quebradas, candombé, milongas y tangos en su historia*, Ed. Colombino, 1961.

Centeya (Julián), *Porteñerias : selección de frases y modismos de uso popular*, Ed. Freeland, 1971.
Primera antología de tangos lunfardos, Ed. Astral, 1967.

Christin (Pierre), Goetzinger (Annie), *Le tango du disparu*, Flammarion, Roman/BD, 1989.

Clarke (Gerald), Dutka (Elaine), « Love Those Crazy Steps, The Sexy Tango is Broadway's Latest Craze », *Time*, novembre 1986.

Contursi (Pascual ; José María), *Cancionero*, Ed. Torres Agüero, 1977.

Copi, *La vie est un tango*, Ed. Libres-Hallier, 1979.

Corce (Arlene), « Dancing Institutions », *The New Yorker*, 22 juillet 1985.

Couselo (Jorge Miguel), Chiérico (Osiris), *Gardel, mito-realidad*, Ed. A. Peña Lillo, 1964.

De Caro (Julio), *El Tango en mis recuerdos*, Ed. Centurión, 1964.

Defino (Armando), *Carlos Gardel, la verdad de una vida*, Ed. Compañia General Fabril Editora, 1968.

Del Campo (Isabel María), *Retrato de un ídolo. Vida y obras de Carlos Gardel*, Ed. Albores, 1955.

Deluy (Henri), Yurkievich (Saúl), *Tango, une anthologie*, P.O.L, 1988.

De Paula (Tabaré), « El tango : una aventura politica y social, 1910-1935 », *Historia*, no 11, mars 1968.

Discépolo (Enrique Santos), *Cancionero*, Ed. Torres Agüero, 1977.

Dos Santos (Estela), *Las Mujeres del tango*, Centro Editor de America Latina, 1972.

Dujovne Ortiz (Alicia), *Buenos Aires*, Éditions du Champ Vallon, coll. "des villes", 1984.

Eichelbaum (Edmundo), *Carlos Gardel, L'âge d'or du tango*, Denoël.
« Le éros du tango n'est pas fatigué. Quelques propos paradoxaux sur l'érotique du tango », *Tango*, no 2, avril-mai-juin 1984.

Etchebarne (Miguel), *La Influencia del arrabal en la poesía argentina culta*, Kraft, 1955.
Juan Nadie, vida y muerte de un compadre, Ed. Alpe, 1954.

Fernandez (Augusto), *Por siempre Carlos Gardel*, Ed. Latinpress latinoamericanas, 1973.

Fernandez (Enrique), « Foreign Entangoments », *Voice*, 22 octobre 1986.

Ferran (Antonio), *La Mala vida en el 900*, Ed. Arca, 1967.

Ferrer (Horacio), *El libro del tango : arte popular de Buenos Aires*, ed. Antonio Tersol.
El libro del tango, crónica y diccionario, 1850-1977, Ed. Galerna, 1977.

Ferrer (Horacio), Sierra (Luis Adolfo), *Discépolín*, Ed. del Tiempo, 1965.

Fléouter (Claude), *Le tango de Buenos Aires*, J.-C. Lattès, 1979.

Flores (Celedonio), *Cancionero*, Ed. Torres Agüero, 1977.
Cuando pasa el organito, Ed. Freeland, 1965.

Folino (Norberto), *El tango, Sel. pref. y notas de Norberto Folino*, Ed. J. Alvarez, 1967.

Francolao (Meri),*Tiempo de tango*, Ed. America Norildis, 1977.

Gagliardi (Hector), *Por las calles del recuerdo*, Ed. Julio Korn, 1970.

Galasso (Norberto), *Discépolo y su época*, Ed. Jorge Alvarez, 1967.

García Jiménez (Francisco), *Así nacieron los tangos*, Ed. Corregidor, 1980.
Cancionero, Ed. Torres Agüero, 1978.
Carlos Gardel y su época, Ed. Corregidor, 1976.
El Tango, historia de medio siglo, 1880-1930, Ed. Universitaria, 1964.
Estampas de tango, Ed. Rodolfo Alonso, 1968.
Memorias y fantasmas de Buenos Aires, Ed. Corregidor, 1976.
Vida de Carlos Gardel contada por José Razzano, Bs. As., 1946.

Gobello (José), *Crónica general del tango*, Editorial Fraterna, 1980.
Conversando tangos, Ed. A. Peña Lillo, 1976.
Diccionario lunfardo, Ed. A. Peña Lillo, 1977.
Lunfardia, Ed. Argos, 1935.

Gobello (José), Stilman (Eduardo), *Diálogos de Villoldo*, Ed. Freeland, 1964.
Las letras del tango : de Villoldo a Borges, Ed. Brújula, 1966.

González Bermejo (Ernesto), *Les révélations d'un cronope. Entretiens avec Julio Cortázar*, VLB Éditeur, 1988.

González Castillo (José), Castillo (Catúlo), *Cancionero*, Ed. Torres Agüero, 1977.

Gonzalez (Sergio), « Flamenco et tango », *Tango*, no 2, avril-mai-juin 1984.

Guarnieri (Juan Carlos), *El Habla del boliche*, Ed. Florense y Lafon, 1967.

Guedalla (Philip), *Argentina tango*, Ed. El Ombú, 1933.

Guibert (Fernando), *El compadrito y su alma*, Ed. Perrot, 1957.
Los Argentinos y el tango, Ministerio de Cultura y educación, 1973.
Tango, Ed. Colombo, 1962.

Haba (Enrique), *Esquema del tango : club de la guardia viaje*, Ed. Mimeografeada, 1968.

Historia del tango — T.1 : Sus orígenes. T.2 : Primera época. T.3 : La Guardia vieja. T.4 : Epoca de oro. T.5 : El Bandoneón. T.6 : Los Años veinte. T.7 : La Epoca Decareana. T.8 : El Tango en el espectáculo. T.9 : Carlos Gardel. T.10-11 : Las Voces del tango. T.12 : La Milonga, el vals. T.13 : Los Cantantes. T.14 : Osvaldo Pugliese. T.15 : Di Sarli. T.16 : Aníbal Troilo. T.17 : Los Poetas, Ed. Corregidor, 1976.

Hornblower (Margot), « Fast Tango in New York », *Washington Post*, 28 janvier 1986.

Kiselgoff (Anne), « The Tango Whirls With Passion », *The New York Times*, 20 octobre 1985.

Kleiman (Dena), « It Takes Two Who Tango », *The New York Times*, 15 octobre 1985.

Kroll (Jack), Guthrie (Constance), « More Than Just a Dance », *Newsweek*, novembre 1985.

La letras del tango, Antología Cronológica 1900-1980, Coordinación y Prólogo de Eduardo Romano, Editorial Fundacion Ross, 1990.

Le Pera (Alfredo), *Cancionero*, Ed. Torres Agüero, 1977.

Le tango, Hommage à Carlos Gardel, Actes du Colloque International, Toulouse 13-14 novembre 1984, Édition préparée par Jean Andreu, Francis Cerdan, Anne-Marie Duffau, Université de Toulouse-Le Mirail/Éché Éditeur.

« Littérature argentine », *Europe*, no 690, octobre 1986.

Lladó (José María), *Carlos Gardel*, Barcelone, Ed. Bruguera, 1956.

Marambio Catán (Juan Carlos), *60 años de tango*, Bs. As., 1973.

Matamoro (Blas), *Historia del tango*, Centro Editor de America Latina, 1971.
La Ciudad del tango, Ed. Galerna, 1969.

Milkewitz (Harry), *Psicología del tango*, Ed. Alfa, 1964.

Milkowski (Bill), « Music : the father of modern tango, Astor Piazzolla », *Interview*, janvier 1987.

Monette (Pierre), *Macadam tango*, Éditions Triptyque, 1991.

Morena (Miguel), *Historia artística de Carlos Gardel*, Ed. Freeland, 1976.

Natale (Oscar), *Buenos Aires, negros y tango*, Peña Lillo editor, 1984.

Penón (Arturo), Garciá Méndez (Javier), *Petite histoire du bandonéon et du tango*, VLB Éditeur, 1987.

Piazzolla (Diana), *Astor*, Emecé, 1987.

Pratt (Hugo), *Corto Maltese, Tango*, Casterman, 1987.

Rodriguez (Tino), *Aprenda lunfa básico por el sistema Tino Rodriguez*, Ed. Torres Agüero, 1982.
Perfeccione de lunfa básico por el sistema Tino Rodriguez,Ed. Torres Agüero, 1981.
Doctorese en lunfa básico por el sistema Tino Rodriguez, Ed. Torres Agüero, 1981.

Romero (Manuel), *Cancionero*, Ed. Torres Agüero, 1978.

Sábato (Ernesto), *Discussíon y Clave*, Bs. As., 1963.

Salas (Horacio), *Le Tango*, Actes Sud, 1989.

Sarmiento Vargas (Mario), *La Verdad sobre la muerte de Carlos Gardel*, Bs. As., 1945.

Silbido (Juan), *Evocación del tango*, Bs. As., 1964.

Soliño (Victor), *Mis tangos y los Atenienses*, Montevideo, Ed. Alfa, 1967.

Tallon (José Sebastián), *El Tango en su etapa de música prohibada*, Ed. Instituto Amigos del Libro Argentino, 1959.

Tiempo (César), *Así quería Gardel*, Ed. Bell, 1955.

Tucci (Terig), *Gardel en Nueva York*, Webb Press, 1969.

Ulla (Noemi), *Tango, rebelión y nostalgia*, Ed. Jorge Alvarez, 1967.

Vergara (Valentín), *Vive ! (La presencia permanente de Carlos Gardel)*, Ed. Dosve, 1957.

Vidrat (Daniel), *El Tango y su mundo*, Ed. Tauro, 1967.

Vilar (Jean-François), *Bastille Tango*, Presses de la Renaissance, 1986.

Vilariño (Idea), *Las Letras de tango*, Ed. Shapire, 1965.

Villar-Roel (Luis F.), *Tango, folklore de Buenos Aires*, Idea-graf., 1957.

Yurkievich (Saúl), Havraneck (Annick), Deluy (Henri), « Le tango », *Action poétique*, no 100, été 1985.

Zubillaga (Carlos), *Carlos Gardel*, Ediciones Júgar, coll. Los juglares, 1976.

Index

Compositeurs, interprètes et
 paroliers

Table des matières

MARQUIS
Montmagny, Qc
mars 1992